就业、利息与货币通论

[英] 凯恩斯________著　　赵彦锋________译

The General Theory of Employment,Interest and Money

地震出版社
Seismological Press

图书在版编目（CIP）数据

就业、利息与货币通论 /（英）凯恩斯著；赵彦锋译 .
-- 北京：地震出版社，2021.12
书名原文：The General Theory of Employment,
Interest and Money
ISBN 978-7-5028-5271-9

Ⅰ . ①就… Ⅱ . ①凯… ②赵… Ⅲ . ①凯恩斯主义
Ⅳ . ① F091.348

中国版本图书馆 CIP 数据核字 (2021) 第 224536 号

地震版 XM4635/F（6169）

就业、利息与货币通论
［英］凯恩斯 著
赵彦锋 译
责任编辑：张 平
责任校对：凌 樱

出版发行：地震出版社
北京市海淀区民族大学南路 9 号 邮编：100081
发行部：68423031 68467991 传真：68467991
总编室：68462709 68423029
证券图书事业部：68426052
http：//seismologicalpress. com
E-mail：zqbj68426052@ 163. com
经销：全国各地新华书店
印刷：固安县保利达印务有限公司

版（印）次：2021 年 12 月第一版 2021 年 12 月第一次印刷
开本：710 × 960 1/16
字数：306 千字
印张：20.75
书号：ISBN 978-7-5028-5271-9
定价：80.00 元

译者序

约翰·梅纳德·凯恩斯（John Maynard Keynes，1883—1946年），宏观经济学创立者

在世人眼中，梅纳德·凯恩斯（John Maynard Keynes，1883—1946年）是一个充满矛盾的传奇：游走于权力核心的边缘人；回归家庭的同性恋纨绔子弟；对市场充满质疑的投机家；憧憬政治家生涯的知识分子……但是他最引人瞩目的身份仍是“天才的经济学家”“宏观经济学之父”：他可以用9页文字全面深刻地概述一次改变世界格局的战争起因；他可以用10多份简要表格在近一个世纪前就揭示出全球经济开始一体化这一重大事实；他可以用一本书倾倒几代学人，让众多的经济学家们以“凯恩斯主义者”自傲；他可以用一个经济理论影响过去、现在的经济政策制定，并将继续影响未来若干年的经济思想！

凯恩斯出生于1883年6月5日（有趣的是，亚当·斯密的生日也是6月5日，两者隔了160年），凯恩斯的父亲约翰·内维尔·凯恩斯是剑桥大学的讲师兼管理人员，出版过关于经济学方法和哲学的书；其母亲是一位德高望重的公理会牧师之女，一生力行善事。凯恩斯天资聪颖，他14岁进入伊顿公学主修数学，并获得奖学金。1902年，19岁的凯恩斯就读英国剑桥大学，获得了数学荣誉学位一等学位。而在就读剑桥大学期间，凯恩斯在文化圈、艺术圈、政治圈结交了很多知名人士，例如哲学家数学家罗素、伦理学家乔治·摩尔、经济学家马歇尔、剧作家萧伯纳，政治家丘吉尔和他也都有深交。

1905年，凯恩斯获得了剑桥文学硕士学位，随后他选择滞留剑桥一年，师从马歇尔和庇古攻读经济学，并同时准备公务员考试。1906年，凯恩斯以第二名的成绩通过了公务员考试，入职印度事务部。因为这个名次，他还情绪低落了很久。凯恩斯对印度其实并不太感兴趣，但是在任职期间为其第一部经济著作《印度通货与金融》（Indian Currency and Finance,1913）做了大量研究准备工作，也算有所收获。

1908年，凯恩斯辞去了印度事务部职务，回剑桥任经济学讲师，一直工作到1915年。这几年里，凯恩斯过着轻松愉快的生活，闲暇时打打高尔夫球，去蒙特卡洛赌博，搞书籍和艺术品收藏，还多次去意大利、法国、希腊、西西里岛游历。他的学术工作也同样搞得有声有色：1909年，凯恩斯以一篇概率论论文入选剑桥大学国王学院院士，另外一篇关于指数的论文获亚当·斯密奖。

在第一次世界大战期间，凯恩斯被政府召到财政部帮助制定战时财政计划，他凭借聪明才智和独特思维很快成为核心人物。战后，他又代表英国财政部参加了巴黎和会，和会成为凯恩斯一生的转折点。在和会上，他极力劝说协约国对德国不要施加过多的惩罚。劝说无效后，他写下了《和平的经济后果》（1919）。在这部著作中，凯恩斯认为德国永远不会遵从条约中苛刻的经济条款，而且德国会对欧洲持续的稳定造成威胁，还可能因为感觉自身被压迫而发动另一场战争。

1929年，经济危机席卷西方，资本主义世界的工业生产下降了约37%，国际贸易数量减少了2/3。到处是衣衫褴褛的乞讨者，等待领取失业救济的人排起了长队。整个西方社会笼罩在一片痛苦、恐惧与绝望的空气中，人们都在问：出路在哪里？

人们把目光投向经济学家们，结果几年下来，经济危机没有缓解，许多著名经济学家的声誉却都不同程度地受到了损害：货币理论大师费雪对经济持乐观态度，结果其不但在股市中亏损近1 000万美元，还成为美国人嘲讽的对象；米塞斯与哈耶克主张自由放任经济学说，但因为经济一直没有好转而显得尴尬。就在此时，凯恩斯提出了一项经济政策，他建议政府在衰退期间通过主动的赤字开支来启动经济，建议增加有效内需以复苏经济。而反映他这些理论思想的著作就是我们这部《就业、利息与货币通论》（以下简称《通论》）。最终，凯恩斯的经济政策获得了成功，他把阴郁的西方社会从经济危机中拯救出来。

《通论》不仅被认为是20世纪西方经济学最重要的著作，而且也被一些西方学者誉为划时代的巨著，甚至可以和马克思的《资本论》以及达尔文的《物种起源》相提并论，而凯恩斯本人也因之跻身于世界思想界的巨人行列。美国的著名教授哈利斯在1953年曾经写道：也许我们应该早一点宣称《通论》和达尔文的《物种起源》以及马克思的《资本论》一起构成了过去一百年中出现的最重要的著作。

从1929—1933年大萧条后的罗斯福新政，到1973年的石油危机及20世纪70年代西方各国的经济衰退，凯恩斯本人的理论以及后来不断扩充和发展的凯恩斯主义经济学，几乎支配了整个西方世界经济理论界。《通论》的出版和问世，创立了宏观经济学分析框架，构建并演变出宏观经济学和微观经济学的分支。继而，西方各国的经济学界几乎人人都成了凯恩斯主义者。凯恩斯主义经济学的理论主张，也成了战后西方国家经济政策的不二选择。正是因为凯恩斯经济学理论带来的巨大影响，美国总统尼克松在1971年说“我们现在都是凯恩斯主义者”。

凯恩斯主义的理论体系是以解决就业问题为中心，而就业理论的逻辑起点是有效需求原理。其基本观点是：社会的就业量取决于有效需求，而有效需求指的是商品的总供给价格和总需求价格达到均衡时的总需求。当总需求价格大于总供给价格时，社会对商品的需求超过商品的供给，资本家就会增加雇佣的工人数量，扩大生产；反之，当总需求价格小于总供给价格时，就会出现供过于求的状况，资本家或者被迫降价出售商品，或者让一部分商品滞销，此时就会因为没有办法实现其最低的利润而裁员，减少生产。因此，就业量取决于总供给与总需求的均衡点。由于在短期内，生产成本和正常利润波动不大，因而资本家愿意供给的产量不会有很大的变动，总供给基本是稳定的。这样，就业量实际上取决于总需求，这个与总供给相均衡的总需求就是有效需求。

凯恩斯进一步认为，由消费需求和投资需求构成的有效需求，其大小主要取决于消费倾向、资本边际效率、流动偏好三大基本心理因素以及货币数量。

总之，凯恩斯认为，由于存在“三大基本心理规律”，从而既引起消费需求不足，又引起投资需求不足，使得总需求小于总供给，形成有效需求不足的情况，导致了生产过剩的经济危机和失业，这是无法通过市场价格机制调节的。他进一步否定了通过利率的自动调节必然使储蓄全部转化为投资的理论，认为利率并不是取决于储蓄与投资，而是取决于流动偏好（货币的需求）和货币数量（货币的供给），储蓄与投资只能通过总收入的变化来达到平衡。不仅如此，他还否定了传统经济学认为可以保证充分就业的工资理论，认为传统理论忽视了实际工资与货币工资的区别，货币工资具有刚性，仅靠伸缩性的工资政策是不可能维持充分就业的。他承认资本主义社会除了自愿失业和摩擦性失业外，还存在着“非自愿失业”，原因就是有效需求不足，所以资本主义经济经常出现小于充分就业状态下的均衡。这样，凯恩斯在背叛传统经济理论的同时，开创了总量分析的宏观经济学。

近十年来，关于凯恩斯主义是否可用的问题，一直存在争论。20世纪70年代资本主义世界出现的高失业、低增长、高通胀，使得一部分人把凯恩斯主义视为滞涨的罪魁祸首，认为凯恩斯主义应该彻底退出历史舞台；但2008年的金融危机又让凯恩斯主义悄然回归——各国政府纷纷开始认识到，有必要支付巨额财政资金来帮助经济复苏，或至少能阻止失业的进一步增加，防止已濒临破产的企业陷入更加深重的危机——而这类由政府支付资金救助经济复苏的计划，通常被称为“凯恩斯经济刺激计划”。在2008年10月23日出版的一期美国《时代》周刊杂志上，罗伯特·卢卡斯甚至说：“我猜想，现在人人都成了藏在散兵坑中的凯恩斯主义的拥护者。”

1946年，凯恩斯因为心脏病发作在家中去世。他的一生可谓精彩无比：作为官员，他参与过政策的制定，见证过诸多的历史时刻；作为经济学家，他开创了宏观经济学，成为与亚当·斯密相提并论的经济学奠基人；作为股票投资者，他通过炒长线赚过大钱，去世后留下41万英镑的个人资产；作为学者，他屡屡在媒体上亮相，算得上是一位知名经济学家……在他晚年，有人问他：如果能重新活一次，他会做一些什么不同的事？凯恩斯的回答是“如果能再多喝点香槟就好了”！

作者序

这本书主要是为我的经济学家同行们写的，但是，我也希望其他读者能够读懂。写作本书的首要目的是构建一个理论，其次是论述如何把这个理论运用于实践。假如正统的经济学出现了错误，那么这种错误不会出现在为了保持逻辑的一致性而构筑起来的上层建筑中，而会出现在这个理论的前提缺少明确性和普遍性时。因此我只能通过采用高度抽象的辩解和很多的批判性争论，来实现劝说经济学家们以批判的眼光重新审视他们某种理论的基本假设的目的。虽然我本身希望少一点抽象性辩解和批判性争论，但是不得不承认它们非常重要，这种重要性不仅体现在能够解释我的观点，而且还能体现出这些观点与当前主流理论的差异。可以预言，对于我的理论，那些属于“古典理论”学派的人，要么认为我完全是错误的，要么认为我完全没有什么新意。这两种观点（也可能还有其他的第三种观点）是否正确，其中的对与错就留给后人评说吧。我具有争议性的理论部分，目的在于为某种解答提供一些支持性的材料，以便使别人作出正确的判断。因此如果在探求和其他的理论观点之间的区别时，这些具有争议性的部分显得过于尖锐，那么我在此请求大家原谅。当然，我现在所反驳的理论，自己也曾深信了很多年，所以不会忽视其中所包含的正确观点。

老实说，这场争论的焦点是非常重要的，如果我的解释是正确的，那么必须首先说服我的同行经济学家们，而不是一般的大众。目前在争论的这个阶段，虽然也欢迎普通大众参与到这场争论中来，但是普通大众只能作为旁观者，通过经济学家们的解释尽量弄清楚经济学家彼此观点之间的严重分歧——这种严重分歧正在摧残经济理论对现实的作用。只要这种分歧继续存在，那么它们的摧残作用就还会继续下去。

我本人要比别人更清楚这本书与五年前出版的《货币论》之间的联系。在我看来，其中的观点只是多年思维脉络的一种自然演化，而这些在读者看来，可能有时会给他们造成一种思想观点错乱的感觉。对读者来说，这种理解上的困难不会由于我认为非改不可的一些术语而减少。凡是这种名词的改变，我都会在后文中指出。但是这两本书之间的一般关系可以用下面的论述简单地说明：当我开始写《货币论》时，仍然是立足于传统理论的思想，认为货币的影响是独立于供求理论之外的；然而在我完成这本书时就已取得了一些进展，倾向于把货币理论回归到总产量的理论中。可是由于难以摆脱古典理论对本人先入为主的束缚，所以没能够清楚地论述产量水平的变化所带来的影响。如今看来，这已经成为该书理论部分非常突出的缺陷（第三章和第四章）。我所谓的“基本均等式”是在既定产量的假设下所勾勒出来的瞬时画面。假设给定了产量，这些均等式试图表明这些驱动力是如何发展的（包括利润的非均衡），这些驱动力又是怎样因此而改变产量水平的。但是由于动态的发展与这种瞬时的画面相区别，所以它变得不完整且非常模糊。从另一方面来说，这本书包括了主要研究从整体上决定产量和就业水平变化的驱动力是什么；虽然货币是以一种基本的、特殊的方式在经济结构中起到重要的作用，但是对于货币的技术细节，我们还是做了不去理论的处理。我们发现，货币经济在本质上是这样一种经济：就是当人们对未来的看法改变时，这种经济不仅能够影响就业的方向，而且能够影响就业的数量。但是考虑到人们对未来的看法也可能发生改变，所以我们分析经济行为的方法目前仍基于需求和供给相互作用理论，而且是以这种方法与我们关于价值的基本理论相联系的。如此一来，就引导我们得到更为普遍的结论。这种结论包括了我们所熟悉的古典理论，并且古典理论是作为一个特例存在于这一更为普遍的结论之中。

写作这样一本书的作者，如果想要独辟蹊径且又要避免犯错误，那么就必须勇于接受批评，并多和别人交流。就一件事情而言，如果一个人独自想太多，那么他就会在短期内做出愚蠢的思考，社会科学多是如此，尤其是在经济学方面。当这样的事情发生时，我们就不能把某人的思想变成结论性的实验，不论是形式的还是经验的。在本书的写作过程中，我得到了R.F.卡恩先生持续性的建议和建设性的批评，这比在写作《货币论》时得到的帮助还要多。如果没有他的建议，那么本书中的很多内容都不能成形。我还要感谢来自琼·罗宾逊夫人、R.G.霍特里先生和R.F.哈罗德先生的帮助。哈罗德先生检阅了书稿。剑桥皇家学院的本苏珊-巴特先生编纂了索引。

本书的写作对作者来说是一个自我挣脱的过程——挣脱传统思想和表达的束缚。如果作者的努力是成功的，那么，大多数读者在阅读本书的过程中就会发现这一点，本书中所表述的很多思想其实都是非常简单和明了的。理解本书的难点并不在于了解这些新的思想，而在于摆脱旧有思想的束缚，因为我们很多人都是在旧有思想的影响下长大的，而且这些思想已经深深地扎根于我们想法的每一个角落。

J.M.凯恩斯

1935年12月13日

目 录
CONTENTS

第一卷 引 论

第二卷 概念与观念

第三卷 消费倾向

第四卷　投资诱惑

第五卷　货币工资和价格

第六卷　一般理论所引发的若干短论

第一卷

引　论

第1章 什么是通论

本书之所以命名为《就业、利息与货币通论》，重点就落在“通论”的“通”字上。之所以使用这样一个书名，是为了把我的论点和结论与古典理论[1]的论点和结论的特点进行对比。古典理论已经支配统治阶级和学术界的思想有一百多年了，不论是在实际应用方面还是在理论方面都是如此，而我也是在这种思想的教育中长大的。在后文中我将要说明的是，古典理论其实只适用于某些特殊情况，而不适用于一般情况，均衡论所假定的情况只是多种可能均衡位置的特殊点。另外，古典理论所假定的特殊例子的特征并不符合我们实际生活的经济社会的特征，因此，如果我们想要把这种理论应用到现实生活中，会发现这种理论只能带来误导性的结果，甚至是灾难。

[1] “古典经济学家”包括李嘉图、詹姆斯·穆勒和他们的前辈们。也就是说，包括那些在李嘉图时代达到巅峰的理论的创建者们。我习惯于把李嘉图的后继者，即那些接受了李嘉图的经济学观点并把这些观点继续完善的人也包括在“古典学派”的范畴内。例如，约翰·米勒、马歇尔、埃奇沃思和庇古教授等。

第2章 古典经济学的假设

那些论述价值和生产理论的论文或专著大部分都把焦点放在两个问题上：一是一定量的雇用资源数量在不同用途之间的配置问题；二是在假定一定量的雇用资源数量的情况下，这些资源的相对报酬以及利用这些资源所生产出来的产品的相对价值是由什么条件决定的问题[1]。

对于可用资源数量这样的问题，例如，就业人口的规模、自然资源的数量和积累的资本数量等，往往都是简略地提及，纯粹的古典理论很少对诸如什么因素决定了可用资源的实际可用数量进行深入细致的探讨。当然，如果说古典理论对这些问题完全没进行探讨，也是不可能的，因为关于就业数量变动的探讨是很多的。而我也并不是说这个话题被人们忽略了，而是说关于这些问题的基本理论被人们想得太简单了，以至于它最多只能被稍微提及一下[2]。

[1] 这是李嘉图的思想。李嘉图表示自己对国民所得的问题没有兴趣，因为国民所得问题与国民所得的分配问题是有区别的。他的表态说明他比较正确地评估了自己理论的特点，颇有自知之明。但是他的后继者们，却缺乏他这种敏锐的判断力，并用处于争论中的古典理论来探讨财富的本源问题。1820年9月9日，李嘉图写给马尔萨斯的信中有如下一段话：“关于政治经济学，你认为是探寻财富的本质和本源，而我则认为政治经济学应该是探寻决定产品在各个阶层之间分配问题的法则，而这种产品是由社会各个阶层共同合作生产出来的。没有任何的法则可以决定分配的数量，但是存在一个相当准确的法则可以决定分配的比例。随着时间一天天过去，我越来越觉得对前者的探索是无用的，而对后者的探索才是这门科学的真正目标。”

[2] 比如，庇古教授在《福利经济学》（第4版，第127页）中写道：“在整个讨论中，除了对立的一方具有明确的声明之外，否则将忽略这样的事实：很多劳动力资源由于违背了所有者的意愿而没有被雇佣。”当李嘉图明确表示放弃对作为整体的国民所得的数量的探讨时，庇古教授在这本讨论国民所得的书中，坚持认为同样的理论不仅适用于完全就业的状态，对于非自愿失业存在的情况，这样的理论也是适用的。

二

我认为，古典理论对就业问题的研究建立在两个基本假设的基础上，然而这两个基本假设实际上很少被讨论。这两个假设前提是：

1.工资等于劳动的边际产出。

如果说一个就业人员的工资等于减少相同单位的就业人数（一个人）所导致的损失的产值（其中也减去了由于产值的减少而引起的其他成本支出）。在假设竞争和市场是不完善的情况下，那么按照这个规则，工资与劳动力的边际产出之间的等式就会被破坏。

2.在给定就业量的条件下，工资的效用等于该就业量的边际负效用。

也就是说，一个就业人员的实际工资应该等于维持这些给定数量的劳动力能够继续进行工作的数量，这里的实际工资以就业人员自我估算为准。在第一个假设中，如果存在竞争不完善的情况，那么工资与劳动力的边际产生就不是相等的；相同的条件下，如果能够把这些就业的劳动力组合起来，那么每个劳动力都适用于这个原则的假设就被破坏了。而这里提到的负效用是指，存在这样的一个效用或工资水平，使得个人或者团体有充足的理由选择不去工作，而不接受比某一最低的工资水平还要低的工资。

上述假设与所谓的“摩擦性”失业并不矛盾。因为对该假设在现实中进行解释时，允许考虑连续的充分就业中出现的各种不完善的调整，而各种调整情况都会出现暂时的失业。例如，由于计算误差或者暂时需求而导致专门资源相对需求数量之间不均衡；或者由于不可预测的变化而造成时间的滞后；或者由于从一种雇用状态变换到另一种雇用状态是需要时间的（转换工作或行业），因此就会造成非静态的社会中存在一定比例的资源，这些资源在“变化工作状态”这一过程中存在失业状态。除了“摩擦性”失业之外，这个假设与“自愿性”失业也是相容的。“自愿性”失业是指由于立法、社会实践、集体议价、对变化的迟钝反应和个人的固执等原因，人们拒绝或不接受相当于其边际生产力产出价值的工资而造成的失业。古典理论认为，“摩擦性”失业和“自愿性”失业包括了所有的失业类型。他们不承认第三种失业类型的存在，也就是我下面定义的“非自愿性”失业。

按照古典理论的这两个假设条件，由于受到这样的限制，雇用资源的数量实际上已经被这两个假设前提决定了。第一条假设给我们提供了就业的需求曲线；第二条假设给我们提供了就业的供给曲线。劳动力的数量固定在这样一个点上，即边际产品所带来的边际效用等于边际就业所带来的负效用。

通过上述分析，我们认为可能增加就业的方法只有四种。

（1）改革组织机构或从长期规划出发，减少“摩擦性”失业。

（2）通过变动增加一个雇用劳动力可用的实际工资来减少劳动的边际负效用，以此来减少“自愿性”失业。

（3）如果把工资的数量看作一个工业，那么增加这个工业中劳动的边际生产力（把工资的数量看作工资物品工业，是庇古教授常用的说法，是指货币工资的效用所依靠的物品价格）。

（4）使非工资物品价格的上涨幅度大于工资物品的上涨幅度；使非工资劳动者的支出从工资物品转移到非工资物品上去。

据我了解，上面这些就是庇古教授《论失业问题》的本质内容——现存的古典理论中关于就业原理解释的唯一比较详尽的著作[1]。

二

古典理论关于失业的分类，即上面所说的那两个基本假设，真的能概括所有的失业现象吗？实际上，总会存在这样的事实：总有一部分人愿意接受现行的工资水平，但是却常常找不到工作。人们一般都认为，作为一种规则，只要存在对劳动力的需求，那么在现行的工资水平下总有持续不断的劳动力供应[2]。古典理论认为这种现象与他们的第二条假设并不冲突，因为现行工资水平下对劳动力的需求也许已经供大于求，但这是由于工人之间达成了

[1]　在19章的附录中有关于庇古教授的《论失业问题》更为详细的论述。

[2]　参阅庇古教授的上文引文。

某种协定或默契，拒绝接受低于现行工资水平的工作。也就是说，他们拒绝在较低的工资水平下进行工作。如果工人们都愿意接受比现行工资水平还要低的工资，那么劳动力供给才会增加，就业量才会扩大。如果上述情况是事实，那么这种失业尽管看起来是非自愿的，但是从严格意义上来说，还应该被包括在上面所说的“自愿性”失业的范畴，因为，这种“自愿性”失业是由于集体工资协定的结果引起的。

这些论述引出了我的两种观察：一是关于劳动者对实际工资和相应的货币工资的态度分别是什么。当然，这一点在理论上是无关紧要的；但是第二点是非常重要的。

我们暂时做这样的假设：劳动者不准备为较低的货币工资而工作，对现行货币工资水平的降低将会导致劳动者通过罢工或其他方式从已经被雇用的劳动力市场中退出。那么，是否由此可以得到这样的结论：现行的实际工资水平准确地度量了劳动的边际负效用？答案是未必的。因为尽管降低现行工资水平会导致一部分劳动者退出就业，但是如果这种现行工资水平的降低是由于工资物品的价格上升引起的，那么以工资物品来表示的现行货币工资价值的下降未必会造成劳动者退出就业的结果。也就是说，在某个范围之内，劳动者所要求的是最低的货币工资水平，而不是最低的实际工资。古典理论总是假设这点不会对他们的理论造成任何实质性的影响。然而事实并非如此。因为假如劳动力的供给不是以实际工资为唯一自变量的函数，那么古典学派的论述就全部崩溃了，实际就业量的问题就变得难以确定[1]。古典理论似乎没有认识到：除非劳动力的供给是以实际工资为唯一自变量的函数，其劳动的供给曲线就会随着价格的每一次变动而变动。因此，古典理论的方法是和其非常特殊的假设紧密联系在一起的，不能用他们的方法来处理更为一般的情况。

现在的经验通常会告诉我们这样一个毋庸置疑的情况：劳动者坚持要求的是货币工资，而不是实际工资，这种情况是一种普遍的现象，而不仅仅是

[1] 关于这点，在下文第19章附录中有详细的解释。

一种可能性。尽管劳动者经常抵制货币工资的削减，但是当工资物品的价格上涨时，也就是劳动者的实际工资相对减少时，劳动者并不总是会把他们的劳动从市场中撤离出来。有人会有这样的说法：对劳动者来说，抵制货币工资的削减而不抵制实际工资的减少是不符合逻辑的。我们在后面将要给出理由，证明这种现象并不是像乍看起来那样不符合逻辑。然而，不论这种现象是否符合逻辑，经验表明，劳动者实际上就是按照这样的规则行事的。

此外，有种论点认为失业作为经济衰退特征也是由于劳动者拒绝接受货币工资的削减而造成的。对于这个论点，也没有清楚的事实论据加以支持。对于1932年美国的失业，人们没有合理的解释，不知道到底是由于劳动者拒绝接受货币工资的削减造成的，还是由于劳动者要求超过经济机构的生产能

《伦敦街景》，荷兰画家简·托罗普绘于1888年。从画中可以看到，一群瘦骨嶙峋、衣着敝旧的穷苦人站在街上。托罗普的画作属于现代艺术流派，其女查丽和她的儿孙都与欧洲艺术在现代主义发展过程中的主要变化密切相关

力所负担的实际工资造成的。在劳动者的最低的工资需求和社会生产力没有任何显著变化的情况下，就业量却会经历非常显著的变化。劳动者在经济衰退时期的表现与在经济繁荣时期的表现相比，并没有更加不讲道理，劳动者的生产力也没有变得更小。这些来自实践经验的事实给我们提供了充足的理由来怀疑古典理论分析的充分性。

从统计分析的角度研究货币工资的变化与实际工资的变化之间的关系，是件很有意思的事情。对于某一个特定行业中工资变化的例子，我们可以期望实际工资的变化与货币工资的变化是保持同一方向的。但是，在整个行业工资水平都发生变化的例子中，我们发现，实际工资的变化与货币工资的变化不但不会保持相同的方向，而且经常会保持相反的方向。换句话说，当货币工资上升时，实际工资就会下降；反之亦然，当货币工资下降时，实际工资就会上升。这是因为在短期内，货币工资的下降和实际工资的上升都伴随着就业量的下降，但是两者各自具有不同的原因：在就业量下降的情况下，劳动者比较易于接受工资的削减；当产量减少而资本设备不变时，劳动者在给定资本设备的边际生产率就会增加，相应地，实际工资就会不可避免地上升。

假设现行的实际工资水平是最低的，如果工资水平进一步降低，那么不会有更多的劳动者愿意继续进入劳动者市场，在这种情况下，除了摩擦性失业之外，非自愿性的失业是不存在的。但是如果认为我们假定情况一定如此，那么也是不符合常理的。因为即使工资物品的价格上升，而实际工资下降，那么在现行的货币工资下，仍然有比现在雇用的劳动力更多的劳动力愿意就业。如果这种情况是真实的，那么与现行的货币工资等价的工资物品就不能准确地表示劳动力的边际负效用，所以第二条假设前提也是站不住脚的。

但是，这里还存在一种更基本的反对观点。第二条假设产生于这样的观念：劳动者的实际工资依赖于劳动者与企业主之间的关于工资的讨价还价。当然，这种讨价还价实际上是关于货币工资的，而劳动者所接受的实际工资与他们同企业主讨价还价所确定的货币工资也有很大关系。因此，他们认为，可以由讨价还价确定的货币工资也决定了实际工资的高低。古典理论认为，只要劳动者接受货币工资的削减，他们的实际工资便会降低。实际工资的趋向等于劳动力的边际负效用的假设，显然是建立在假设劳动者处于可以自己决定其实际工资的位置，尽管他决定不了在这一工资水平下的就业量。

简而言之，古典理论坚持认为企业主与劳动者之间的工资协议决定了实际工资。因此，假设企业主之间存在自由竞争，劳动者之间不存在限制性的组合联盟，那么只要劳动者愿意，他们就能够使自己的实际工资等于在该工资水平下企业主愿意雇用劳动力的边际负效用。如果情况不是如此，那么就不存在任何的理由来期望实际工资与劳动的边际负效用趋向于相等。

必须牢记，古典理论的结论是适用于整个劳动力市场的，它并不仅仅意味着如果一个单独的劳动者接受其同行所不愿意接受的货币工资的减少就可以获得被雇用的机会。古典理论的这些结论如同其适用于开放性的市场一样，也同样适用于封闭的市场系统，这些结论不取决于开放性经济系统的特征，也不取决于一个单独国家的货币工资的减少对其外贸造成的影响，对这些问题的讨论已经超出了我们讨论的范畴。古典理论的这些结论也不是产生在对银行系统与信贷系统产生一定影响的以货币表示的工资支出的减少所造成的间接影响的基础上，这些间接的影响我们将在第19章进行详细的探讨。这些结论建立在一种信念的基础上，即封闭的经济系统中，一般会伴随着货币工资水平的下降，在短期内的任何限定条件下，必将引起实际工资的减少，尽管很多情况下，这种下降是不成比例的。

现在，实际工资的一般水平取决于企业主与劳动者之间的关于货币工资的协议这样的假设就不具备显而易见的正确性。然而人们却很少有努力去试图证明或推翻这种说法，这的确是很奇怪的事情。原因可能是这种假设与古典理论的一般性假设也是不一致的，古典理论引导我们要相信价格是由以货币形式表示的边际直接成本决定的，而货币工资又在很大程度上决定了边际直接成本。因此，如果货币工资改变了，人们会期望通过古典理论得出这样的结论：价格也会以相同的比例进行变化。而实际工资和失业率的水平实际上是与工资变化之前保持一致的，由此造成的劳动力的任何小的收益或损失都是由于其他要素的边际成本没有发生变化而造成的[1]。然而，古典学派却把研究从这条线的思考中转移开来，部分是由于古典理论学家们深信劳动力处于能够决定其工资的地位；部分是由于一种先验观念，即认为价格取决于货币的数量。而且一旦接受了劳动力总是处于可以自己决定实际工资的地位这样的观念，并采纳这样的观点，就会与另一种观点相混淆——劳动力总是处于能够决定与充分就业水平相适应的实际工资这样的地位。这里所说的充分就业是指与给定的实际工资水平相适应的最大雇用劳动量。

综上所述，对古典理论的第二个假设前提，我们提出两种反对意见。第一种与劳动者的实际行为表现相联系。在货币工资不变的情况下，由于价格上涨而引起的实际工资下降，却并不会引起现行工资水平下可用劳动力的供给量低于价格上涨前实际已经雇用的劳动力数量。如果在此假定情况下劳动力的供给量会低于价格上涨前的劳动力数量，那么实际上就等于说即使生活成本略有小幅上涨，现行工资水平下愿意工作的失业者都将会撤出劳动力市场。这种奇怪的论点竟然构成了庇古教授的《论失业问题》的基础[2]，并被所有正统学派的学者所默认。

在接下来的章节中，我们将要进一步讨论第二种更为尖锐的反对意见。这种反对意见是基于我们反对古典理论的假设——实际工资的一般水平是直接由工资协议论的特点决定的。古典学派所做出的工资协议决定了对实际工资的水平的假设，实际上是犯了一个策略性错误。因为，对于全部劳动者而言，可能不存在任何办法可以用来衡量货币工资一般水平的工资物品的价值等于现行的就业量的边际负效用。也可能不存在任何方法能使全体的劳动者与企业家就货币工资讨价还价时，能够把实际的工资调整到某一既定水平。这就是我们的观点。我们将要努力证明，实际上是其他的驱动力在决定实际工资的一般水平。努力尝试着把这个问题弄清楚是本书的主题之一。我们将要证明，对我们生活于其中的经济体制的误解是如何产生，并怎样被逐步加深的。

[1] 这个结论确实有一定的真实性，尽管工资水平的变化所造成的结果是非常复杂的，这些结论我们将在第19章进行论述。

[2] 参阅第19章的附录。

三

尽管个人与团体之间关于货币工资的争论经常被认为决定了实际工资的一般水平，然而，实际上它与第二种反对意见是相关的。由于存在劳动力的不规律流动，不同行业中的工资也不趋向等于该行业的净收益。因此，任何个人或者团体愿意接受把自己的货币工资减少到他人之下就等于是承受实际工资水平相对下降的结果，这对他们来说，就构成了充分的理由去抵抗货币工资的削减。另外一方面，由于货币购买力的变化对所有的劳动力来说都是相同的，因此拒绝由此而引起的实际工资的每一次下降也是不切实际的。实际上作为一般的规则，由此引起的实际工资的减少并不会被拒绝，除非这种货币购买力的下降程度到了非常极端的地步。而且某个行业中拒绝接受货币

照片拍摄于1909年，当刘易斯·海因拍摄这张照片时，一脸稚气的拉乌尔·朱利安已经在佛蒙特州伯灵顿的棉纺厂车间工作了两年的时间

工资的减少并不会对总就业量的增加造成阻碍，其严重程度要远低于全部行业抵制实际工资的降低时所引起的阻碍。

换句话说，针对货币工资的争论，主要影响着实际工资总量在不同的劳动者群体中的分配，而不是影响每一位劳动者的平均实际工资。劳动者团体联合起来的作用只在于保护他们相对的实际工资，实际工资的一般水平则取决于经济系统中其他的驱动力量。

幸运的是，尽管是非自觉性的，但劳动者却是本能地比一些古典学派的经济学家更懂得经济的人，那是因为他们一贯拒绝接受很少甚至从来不曾普及到每个人身上的货币工资的减少，尽管他们的货币工资的真实价值已经超过了现存的雇用劳动力的边际负效用。然而工人们并不排斥与增加总就业量相联系的并且保持相对不变的货币工资水平的实际工资的减少，除非实际工资减少幅度过大并处于现存的雇用劳动量的边际负效用之下。无论货币工资减少的幅度多么小，对于每一个工会而言，都要对此进行抵制。但是任何工会都不会因生活成本每一次偶然的增加就进行罢工，因此工会没有给增加总就业量设置任何障碍，而古典学派却认为工会阻挠了就业量的增加。

四

现在，我必须对第三种类型的失业进行定义，严格意义上说，这种类型的企业可以称之为“非自愿性”失业，古典理论不承认存在这种失业的可能。

很明显，所谓的“非自愿性”失业并不是简单地指劳动能力没有得到充分的利用。例如，如果人们有能力一天工作10小时，而他只工作了8小时，那么并不构成我们所说的“非自愿性”失业。也没有把一部分人由于报酬低于一定程度而选择不工作，从而撤出劳动力市场的现象称为“非自愿性”失业。更进一步说，我定义的“非自愿性”失业也排除了“摩擦性”失业。因此我对“非自愿性”失业的定义是相对货币工资而言的，在工资物品的价格小幅上涨时，仍然愿意在现行的货币工资水平下进行工作的劳动力的总供给与总需求都大于现存的劳动力供给与需求的情况下，人们处于非自愿性的考虑而失业的现象。下面章节中将会给出“非自愿性”失业的另外一种定义，当然这两种定义都在讨论同样的问题。

根据古典理论的第二条假设，实际工资等于就业的边际负效用；相应地，由此可以解释为：不存在“非自愿性”失业。我们应该称这种情况为“充分”就业，而“摩擦性”失业与“自愿性”失业与这里所定义的“充分”就业是一致的。我们发现此定义非常符合古典学派的某些特征。古典理论只能被看作在“充分”就业状态下的分配理论。只要古典理论这两条基本假设存在，那么就不会存在我们上面所说的“非自愿性”失业。明显的失业可能是由下面的原因引起，即在“不同的工作”类型之间变换工作而造成的暂时的失业；专业化程度的加深而造成的对劳动力需求的时断时续，以及工会对其他劳动力的雇用采取排外的措施等。古典学派的学者们由于忽视了其理论背后的特殊假设，所以在其所谓的完美假设逻辑基础上不可避免地得出这样的结论：所有失业（除去上述例外）都是由于人们拒绝接受与劳动力要素的边际生产率相适应的报酬造成的。古典理论的经济学家可能同情拒绝接受货币工资削减的劳动者，承认为了暂时接受工资的降低而拒绝失业未必是明智之举，但是科学研究的实事求是精神驱动他们承认这种拒绝接受货币工资的削减的行为是所有一切麻烦的根源。

显然，假如古典理论只适用于“充分”就业的状况，那么，把它运用到“非自愿性”失业的状况就是错误的——如果这样的状况存在（并且谁又能否认呢？）。古典学派的学者们如同生活在非欧几里得几何世界中的欧几里得几何学家一样，当他们发现实际生活中的两条平行的线总是会相交时，就会指责这两条线没有画直——在其看来，直线平行是避免两条线不幸发生碰撞的唯一补救方法。可事实上，除了放弃关于平行线的公理并创立非欧几里得几何学之外，并没有其他的补救方法。我们需要推翻古典理论的第二条假设前提，并创造出一个新的经济系统的理论体系，在严格意义上来说，这种新的经济系统的理论体系使“非自愿性”失业成为可能。

五

在强调我们的理论与古典理论体系的分歧时，也不应该忽视我们的理论与古典理论体系的一个重要的相同之处：我们依旧要坚持古典理论的第一个假设。因此，在这里我们必须考虑和研究一下第一个假设的内涵。

这个假设的意思，即在给定组织、机器设备和技术的情况下，实际工资与劳动输出量（即雇用劳动量）是相关的，即随着雇用劳动量的增加，将会伴随实际工资水平的下降。我并不反对这个古典经济学家认为的不可反驳的重要经济事实。在给定组织、机器设备和技术的情况下，每一单位劳动力所赚取的实际工资与就业量之间存在一种独特的关系。假如就业量增加，一般来说，在短期内用工资物品衡量的每单位劳动力的报酬是减少的，而利润是会增加的[1]。其实，这仅仅是大家都熟悉的一个命题的反面。这个命题就是短期内，假设机器设备等保持不变，那么工业生产是按照规模报酬递减这样的规律运行的。因此工资物品（工资物品决定实际工资）的产量必然随着就业量的增加而减少。实际上，只要这个命题正确，那么任何增加就业量的方法都必然会同时引起边际产品的降低，而以该产品所衡量的工资率也会降低。

但是，当抛弃第二条假设的时候，我们就会发现，尽管就业量的减少必然与劳动者能够得到以工资物品衡量的更多的工资有关，但是就业量的减少并不一定是由于劳动者要求更多数量的工资物品而产生的；劳动者愿意接受较低的货币工资水平继续进行工作也不是解决失业这种现象的好对策。我们这里谈到的工资理论与就业量之间的关系，暂不对其进行详细的阐述，在第19章和附录部分我们会对此进行详细的分析。

[1] 这个论点证明如下：假如雇用了n个劳动力，那么第n个劳动力每天的工作能够增加1蒲式耳的报酬，那么工资的购买力水平就是可以购买标价为1蒲式耳的产品。然而第$n+1$个劳动力可能只能增加0.9蒲式耳的产出，此种情况下，除非玉米的价格能够上涨到每天工资的购买力只能购买到0.9蒲式耳的水平，否则就业量是不可能增加到$n+1$个人的。与之前的总工资n蒲式耳相比，总的工资水平只能等于$9(n+1)/10$蒲式耳。因此，假如这第$n+1$个劳动力在劳动力市场上得到了雇佣，那么其中必然会包括收入从已经就业的劳动力的手中转移到企业主手中这样的一个过程。

六

从萨伊和李嘉图开始，古典学派经济学家就认为，供给能够自己创造需求。他们说这句话的意思可能是指生产中的全部成本都会直接地或间接地用于购买产品，在某种意义上来说，他们对这句话的含义并没有理解清楚。

约翰·穆勒在《政治经济学原理》一书中，对该原则做了清楚的表达：

“构成商品支出手段的东西也仅仅是商品。每个人对其他人的生产品进行的支出都是他自己拥有的产品。从字面的意义上来说，所有的出售者都不可避免地是购买者。如果我们能够把整个社会的生产率提高一倍，那么我们也可以把每个市场中的产品供应量提高一倍，但是同时，我们也应该把整个市场的购买力提高一倍。每个人都应该把自己的需求如同供应一样提高一倍。每个人都有能力购买到相当于之前两倍的东西，因为每个人用来进行交换的商品也是之前的两倍。”[1]

根据上述原则可以得出这样的推论：假设有人具有消费的能力而不进行消费，那么这种行为必然导致劳动力和商品从消费需求领域中解放出来，从而投资于资本财富的生产。下面一段内容是从马歇尔《国内价值的纯理论》[2]中摘录出来的，可以说明这种传统的看法：

“一个人的全部收入是用来购买产品和服务的。人们经常说，一个人花掉他的一部分收入，然后把另一部分收入存起来。在经济学上，这是一个人们普遍熟悉的公理：一个人用自己的储蓄所得收入的一部分来购买产品和服务的行为，与其直接用收入的一部分来购买产品和服务的行为是没有区别的。当他从自己所购买的产品和服务中获得当前的满足时，称之为消费的行为；当他将自己购买的产品和服务用于财务的生产并以此期望满足未来的需

[1] 引自《政治经济学原理》（第3卷）第14章第2节。

[2] 马歇尔著《国内价值的纯理论》，第34页。

求满足时，称之为储蓄行为。”

与上文类似的引文段落在马歇尔的后期著作中[1]，或在埃奇沃思、庇古教授的著作中都不是那么容易找到了。这些学说和原则在今天已经不是以这样粗糙的形式出现了。但是它仍然构成了整个古典学派理论的基础。没有它，古典学派理论就要崩溃。当代的经济学家在接受穆勒的观点时，也许会犹豫，但在接受以穆勒的观点为前提的某些结论时，他们会毫不犹豫。例如，在庇古教授的所有著作中，都认为货币的作用除了能够引起某些摩擦阻力之外，在其他方面根本没有任何区别。古典学派的现代经济学家可以像穆勒一样，以“真实”交换的情景作为理论基础来研究生产和雇用理论，然后在后面的章节中引出货币这个概念。现代的经济学思想仍然是建立在这样的观念之上：如果人们没有把他们的货币花费在一个方面，那么其肯定是以另外一种方式把货币花费掉了[2]。战后的经济学家很少能够始终如一地坚持这种观点，因为他们的观点受到相反思想的影响，同时也深深受到之前与其观念有着明显不同的经验事实的影响[3]。但是他们还没有做好充分的思想准备以完全接受由此产生的后果；所以也没有从根本上修改其理论。

首先，把来源于《鲁滨孙漂流记》故事中的不存在交换的经济体系中的某些结论应用到我们实际生活的经济中，可能是一种类比上的错误。鲁滨孙·克鲁索的经济系统认为，个人消费或者储蓄的收入是他们生产活动的结果，而且实际上是他们生产活动的唯一结果。除此之外，认为产出的成本总是能够被产

[1] 霍布森先生在其所著的《工业机理》引用了穆勒上面这段落，并指出马歇尔在其《工业经济学》的第154页有如下的评语：“虽然人们有能力购买，但是人们未必会选择使用这种购买能力。”霍布森认为：“但是马歇尔没有抓住这个事实的实质重要性，而且他看起来把这种行为限定在周期性的‘危机’中。”对于马歇尔后期的作品来说，这样的评论还是比较公平的。

[2] 马歇尔在其《工业经济学》第17页说：“用那种能够迅速变坏的原材料来做的衣服对贸易是不利的。因为如果人们不把他们的货币花费在购买衣服上面，那么他们就会以另外的方式把货币花费在其他的使劳动力就业的方面。”读者们会注意到，我再次引用了马歇尔早期的著作。马歇尔后来的著作《经济学原理》已经对这种说法非常怀疑了，以致他对这种说法非常小心谨慎。但是他始终没有把这些旧的观念彻底地从其经济学思想的基本假设中根除。

[3] 罗宾斯教授的过人之处就是，他始终如一地坚持一种思想上的一致性，他对实际的建议与其理论是属于相同的体系的。

20世纪早期雕刻插画，一个银行家正站在柜台前把钱币按面值分类

品的销售收益所弥补的结论，也是令人信服的，因为它很难与另外一个命题区分开来，该命题是：社会生产活动中的所有要素所产生的总收入等于其产值。

如此一来，人们会很自然地认为，如果一个人能够不通过掠夺他人的财富使自己富裕起来的话，其行为也会使整个社会富裕起来。因此（如前文引用马歇尔的话），个人的储蓄行为不可避免地会导致与之对应的投资行为。这毋庸置疑地会导致另外的一个结论：个人财富净增加值的总和必然等于社会总财富的净增加值。

可是，以这种方式考虑问题的人是受到某种幻觉的欺骗，这种幻觉使得两种在本质上不同的生产活动看起来是相同的。他们错误地认为，有一种特定的关系把决定现在不消费与决定留着未来消费两者联系起来。然而决定后者的动机与决定前者的动机，是截然不同的。

“总产出的需求价格与其供给价格是相等的命题”被看作古典理论的“平行公理”。承认了这个公理，就会有各种各样的问题随之而来——个人和国家节俭的社会优势理论、利率的传统观点理论、古典的失业论、货币数量论和国际贸易论等，除此之外的很多理论，我们随后都会提及。

七

在本章的上述各节中，我们指出了古典学派所建立的理论假设：

（1）实际工资等于现行的就业量的边际负效用；

（2）严格意义上说，不存在“非自愿性”的失业；

（3）供给能够自己创造需求。也就是说，在任何的产出水平与就业水平下，总需求的价格与总供给的价格是相等的。

然而，这三个假设在某种意义上都等同于一件事。它们之间是相互依存的，任何一个假设在逻辑上都包含其他两个假设。

第3章 有效需求原理

一

本章中我们会用到几个术语，随后将会对它们进行准确的定义。在给定技术、资源和成本的情况下，企业雇用一定量的劳动力主要需要两种类型的支出：首先是为生产要素（不包括其他的企业主）的当前服务而产生的支出，我们称这种支出为雇用劳动力的要素成本；其次是从其他的企业主那里购买产品而产生的支出，以及利用机器设备进行生产即没有使机器设备闲置而发生的折旧费用，我们称这种支出为就业劳动力的使用者成本[1]。利润就是最后进行的生产所创造的价值超过要素成本和使用者成本之外的部分，我们也可以称之为企业主的收入。就要素成本来说，从企业主的角度看，它当然是一种成本，然而，从生产要素本身来看，它却是这些生产要素的收入。因此，要素成本与企业主的利润共同组成了我们所定义的总收入，这种总收入是由于企业主雇用劳动力产生的。所以企业主的利润应该定义为：当他决定雇用一定量的劳动力时，是以努力获取最大利润为目标的。当我们从企业主的角度去看待这个问题时，把一定的就业量所产生的收入（要素成本加上利润）称为总收入方便我们分析问题。另一方面，一定就业量产出的总供给价格[2]是预期收益，这种预期收益使企业主认为雇用一定量的劳动力是值

[1] 使用者成本的精确定义将在第6章给出。

[2] 不能将其与一般意义上的每单位产出的供给价格相混淆。

1844年的英国雕刻插图。在一个小作坊里，人们正在忙碌，有人腌制咸鱼，有人整理钓竿，有人招呼顾客。在当时，家庭作坊或者小型工厂非常普遍，但是到了19世纪后半叶，这些家庭作坊或小型工厂就迅速被现代化工厂取代了

得的[1]。

在给定技术、资源和每单位劳动力要素成本的情况下，每一个厂家和企业的就业量，以及社会总体的就业量，都是依赖于企业主期望从这些相应的

[1] 读者会发现，我把使用者成本从总收益与特定产出的总供给价格中减去了，这样做就可以把总收益与总供给价格解释为不包含使用者成本。然而购买者的总支出当然是包括总的使用者成本的。为什么这种做法比较方便，将在第6章给出解释。最基本的问题在于我们可以对不包括使用者成本的总收入与总供给价格进行准确无误的定义，然而，由于使用者成本显然是依赖于工业发展程度与企业主从别人所购买的大小，因此，对购买者所支付的总收入没有明确的定义，这种总收入是包括使用者成本的。在一般的意义上，对个人生产者的总供给价格进行明确的定义时也会面对相同的困难。在总产量作为一个整体的总供给价格的例子中，也存在严重的重复计算问题，这种情况之前没有被正视过。如果一定要把使用者成本包含在总产量的供给价格中，那么只能通过设置特殊的假设前提来克服重复计算这个难题。例如，依据企业主所生产的产品是消费品还是资本品进行分类，这种方法是很模糊的、很复杂的，也是与事实不符的。然而如果把总供给价格定义为高于使用者成本，这些难题就迎刃而解了。我们建议读者在第6章及其附录中再看比较详细的讨论。

产出中所获得的预期收益的大小[1]。因为企业主追求的是利润最大化，所以就会竭尽全力使就业量达到符合其预期收入最大化的水平。

我们假定Z代表雇用N个人生产产品的总供给价格，那么N与Z之间的关系可以表示为$Z=\phi(N)$，我们把它称之为总供给函数[2]。同理，假定D代表企业主期望从雇用N个人中所获得的收益，那么N与D之间的关系可以表示为$D=f(N)$，我们把它称之为总需求函数。

现在，假定N的值在给定的情况下，预期收益大于总供给价格，也就是D大于Z；那么，企业主就有动机去雇用更多大于N的劳动力，为了得到生产要素，在必要时，企业主之间还会用提高成本的方式彼此竞争，直到N的值能够使Z与D相等才肯收手。因此，就业量取决于总需求函数与总供给函数之间的交点。因为只有在这个交点上，企业主的预期收益才是最大的。D在总供应函数与总需求函数交点上的值，称之为有效需求。这就是一般就业理论的本质，也是我们将要进行扩展分析的目标，在后文中我们还将用大量的篇幅讨论决定这两个函数的各种要素。

从另一方面来说，古典学派习惯于这样表达："供给自己创造需求"构成了所有正统经济理论的基础，实际上包括了对这两种函数做一种特殊假定。因为"供给自己创造需求"就意味着对所有的N来说，不论产量与就业量如何，$f(N)$ 总等于$\phi(N)$。当N增加时，$Z=(N)$也会相应地增加，$D= f(N)$也必然与Z增加相同的数量。换句话说，古典学派假定总需求价格总是会调整自己使得与总供给价格相适应；因此无论N的值如何，预期收益D总等于总供给价格Z。也就是说，有效需求不是只有一个均衡点，而是有很多不同范围的均衡点。因此，就业量是不确定的，只有劳动力的边际负效用才能确定一个上限。

如果情况果真如此，那么企业主之间的竞争总是会引起就业量的扩张，

---

[1]　一般情况下，企业主根据其生产规模进行切合实际的决策时，所依据的并不是一个确切的预期，而是有几个具有不同可能性与确定性的假定预期。然而我认为，如果企业主的预期收入是确定的，那么其所引起的行为，完全与企业主在面对组成他当时状况的程度不同的可能性时所做的决策也是相同的。

[2]　在第20章，与这个函数具有密切关系的一种函数，我们称之为就业函数。

直到总产量的供给不再具有弹性。也就是，有效需求不会再伴随着产量的增加而进一步增加。显然此时的就业量就是充分就业。在前面的章节中，我们已经用劳动者的行为给充分就业下了定义。我们现在达到了另外一个具有同等价值的衡量标准：当劳动力总产量的有效需求增加时，总就业量就不再具有弹性。萨伊定律所说的总产出的总需求价格等于其总供给价格，也就是说，不存在阻碍充分就业的障碍。然而，如果总需求函数与总供应函数之间的关系不是如此，那么就需要对经济理论的重要一章进行讨论和书写，如果不这样做，那么所有关于总就业量的讨论都是徒劳无益的。

二

在这里，我把以后章节里将要系统阐述的就业理论做一下简短的总结，尽管其中某些内容不是很容易理解，但是它或许对读者有所帮助。在接下来的章节中，我们都会对这里所提到的术语进行说明和定义。在这个简短的总结中，我们假定对每个被雇用者来说，其货币工资和其他要素成本都是恒定值（或称之为常数）。但是以后我们会取消这种简化，在这里只是为了方便论述。这种论述的基本特点在于不会受到货币工资变化的影响。

我们的理论框架可以概括如下：当就业量增加时，总的实际收入是增加的。社会心理状态是这样——当总的实际收入增加时，总的消费也会增加；但是总的消费没有总的实际收入增加得多。所以，如果所有就业量都是为了满足消费需求的增加额，那么雇主们将会受到损失。因此，为了满足任何给定数量的就业量，当期投资的数量必须足够吸纳在该就业量水平下超出社会选择总消费量的那部分产量。假如得不到这个投资量，那么企业主的收入将会比引导其雇用这个数量的劳动力的收入要少。因此可以得出这样的结论：假设社会的消费倾向是常量，就业量的均衡水平将取决于当前投资额，就业量的均衡水平是指不存在吸引雇主们增加或减少劳动力要素这样的一种情况。当期投资额依赖于我们所说的投资的诱惑，而投资的诱惑依赖于资本的边际效率和各式各样期限不同、风险不同的贷款利率。

因此，如果给定了消费倾向和新投资量，就只有一个均衡水平的就业量。而除了这个均衡水平的就业量之外，其他的所有水平的就业量都会引起产量的总供给价格与总需求价格的不均衡。这个均衡的就业量通常不能大于充分就业水平。也就是说，实际工资不能小于劳动的边际负效用。但是一般来说，我们也没有理由期望这个均衡水平的就业量就是充分就业水平。与充分就业水平相联系的有效需求是一个特例，这种情况只有在消费倾向与投资诱惑之间存在一种特殊的依赖关系时才会实现。这种特殊的依赖关系与古典理论的假设是相适应的，从某种意义上说，也是一种最理想的关系。但是这种关系只有偶然或者精心设计时才会存在：即当前投资提供的需求量正好等于充分就业状态下总产量的总供给价格与社会选择消费量之差时才会实现。

这一理论可以归纳为如下几个命题。

（1）在给定技术、资源和成本的情况下，收入（货币收入和实际收入）取决于就业量N。

（2）社会收入与社会消费之间的关系，可以用D_1表示，它依赖于社会的消费心理，我们称之为消费倾向。也就是说，消费依赖于总收入的水平，因而也就是依赖于就业水平N，除非消费倾向发生改变。

（3）企业主决定雇用的就业量N取决于D_1与D_2之和D，D_1代表社会的预期消费量，D_2代表预期的新投资量，D是我们上面所说的有效需求。

（4）由于$D_1+D_2=D=\phi(N)$，ϕ代表总供给函数，而在上面的第（2）条中我们知道，D_1是N的函数，我们可以表示为$\chi(N)$，它取决于消费倾向，由此可以推出：$\phi(N)-\chi(N)=D_2$。

（5）均衡水平的就业量取决于：①总供应函数ϕ；②消费倾向χ；③投资量D_2。这就是一般就业理论的本质。

（6）对每一个N值来说，在工资产品的工业中都有相应的劳动边际生产率与之对应，这决定了实际工资。因此，上述命题（5）受限于这样的条件：N不能超过真实工资减小到等于劳动的边际负效用时的就业量。这就意味并不是D的所有变化都与我们关于货币工资是不变的假设相一致。于是放弃这样的假设，对于全面充分地陈述我们的理论是非常重要的。

（7）根据古典学派的观点，对所有的就业量N来说，D都等于$\phi(N)$，只要就业量N小于它的最大值，那么就业量就始终处于均衡的位置。所以企业家之间的竞争可能会推动N值的增加，直到达到其最大值。只有在这一点上，才能达到古典学派所说的稳定均衡。

（8）当就业量增加时，D_1会增加，但是不如D增加的多。因为我们的消费会随着收入的提高而增加，但是不如收入增加得快。解决实际问题的钥匙就在于发现这个心理学规律。因为按照这样的规律，我们可以得出：就业量越大，相对应的产量总供给价格（Z）与企业主期望从消费者的支出中收回的那部分（D_1）之间的差额就越大。如果消费倾向不发生变化，那么就业量就不会增加，除非D_2能够同时增加来补充Z与D_1之间增加的缺口。所以除非发生古典学派所做的特殊假定情况：根据这样的假定，当就业量增加时，在实际经济运行中总有一种驱动力使得D_2增加到能够充分填补Z与D_1之间越来越大的缺口；否则，经济系统在没有达到充分的就业量N之前就可能找到自身的稳定均衡状态，即在给定的总需求函数与总供给函数的交点达到均衡状态。

因此，以实际工资表示的劳动力边际负效用对就业量不起决定作用。在给定工资水平情况下，可用的劳动力供给量只决定就业量的最大水平。就业量是由消费倾向和新投资的速度决定的，同时还和给定的实际工资水平有一定的联系。如果消费倾向和新投资的速度引起有效需求的不足，那么现行的实际工资水平下的劳动供给量将高于就业的实际水平，而均衡就业量的边际负效用将小于均衡实际工资。

上述分析为我们解释了“富裕中存在贫困”这种矛盾现象。因为可能会存在有效需求的不足，所以这种不足经常会引起就业量增加到一种均衡状态，但这种均衡状态不是充分就业的状态。尽管存在就业量的边际负效用低于劳动力的边际产品的价值这样的事实，但是有效需求的不足还是会阻碍生产过程。

一般来说，一个社会越是富裕，实际生产与潜在生产之间的缺口就越大，经济系统的缺点就越明显。原因不难理解:由于在一个贫穷的社会中，人

卡尔·马克思雕像

们更倾向于把产出的大部分都用于消费，因此，一个比较小的投资量就足以提供充分的就业；而在一个富裕的社会中，如果较富裕人群的储蓄倾向与社会中较贫穷人群的就业量是相适应的，那么富裕社会将具有更为强烈的潜在的富裕程度，有效需求原则的作用将驱使这个社会减少它的实际产量，更多的、更广泛的投资机会。如果在一个潜在富裕的社会中，投资驱动力很弱，那么不论这种社会多富裕，都会发展到使这个社会变得非常贫困的程度，以使得这个社会的实际产量超过消费的剩余部分萎缩至与微弱的投资驱动力相适应的程度。

但是更糟糕的是，不仅富裕社会中的消费边际倾向[1]变得更小，而且由于其资本积累已经很大，未来的投资机会也将变得更加没有吸引力，除非利率以非常快的速度降低到一定程度；这带领我们进入利息理论和为什么利息不会自动降低到与之相适应的水平，这将在第四卷中进行讨论。

因此，对消费倾向的分析和资本边际效率的定义以及利息理论是我们现有知识的三个主要缺口，必须对它们进行弥补。当那些弥补完成时，我们就

[1] 其定义在下面第10章叙述。

会发现价格理论可以作为我们理论的附属理论。同时我们也会看到货币在利息理论中扮演一个关键角色；我们也将尽最大的努力去分清货币不同于其他任何物品的特殊性。

三

李嘉图经济学的基本思想用一句话就可以概括，即我们“可以忽略总需求函数”。一个世纪以来，我们都是在这个观点的基础上学习经济学的。当然，马尔萨斯曾经强烈地反对过李嘉图关于“有效需求不可能不足”的经济学原则；但由于马尔萨斯不能明确地解释有效需求为什么以及怎么会不足或过剩，因此他没有完成一个可供人们学习的理论体系；而李嘉图却完全征服了英国，就像当时的教会征服了西班牙一样。李嘉图的理论不仅被市民所接受，而且被政治家和学术界所接受，而关于其学说的争论也停止了；反对的声音完全消失，停止了对这种理论的讨论。马尔萨斯曾经努力想解决的“有效需求”的困惑从经济学文献中消失。在马歇尔、埃奇沃斯和庇古教授的全部著作中，你不会发现他们曾经提到过“有效需求”，因为古典学派在他们的手中已经变成最成熟的体系。“有效需求”这一概念只能在不是当时主流的经济学家的著作中找到。例如，卡尔·马克思、西尔维奥·格赛尔或道格拉斯少校等。

李嘉图理论的完胜是令人充满好奇的，也是神秘的。很可能由于他的理论非常适合当时的社会环境。这个学说所得到的结论往往与没有经过系统学习所期望得到的结论是不同的，我想这些反倒增加了这个理论的权威性。而把此理论应用到实践中，常常令人难以忍受。不过，这个理论在逻辑上给上层的理论结构提供了非常一致的美感。而且把很多的社会不公和现实的残酷性解释为社会发展进程中不可避免的事件，而试图从整体上改变这些社会现实的努力都是徒劳无益的，这迎合了统治阶级的利益。同时，这个理论还给资本家个人的自由经济活动提供了辩证的方法，这样就得到了统治阶级和在社会上占据统治地位的力量的支持。

尽管这个理论直到后来都没有受到正统经济学家的质疑，但是依据该理论的模型所做的经济上的科学预测都失败了。随着时间的推移，该理论的权威性受到很大的质疑。继马尔萨斯之后的职业经济学家们显然并没有因为他们的理论结果与所观察到的事实之间不符而采取行动，但普通人都能观察到这种事实之间的不符。随着知识的增长，人们不愿意像尊敬其他学科的科学家一样尊敬经济学家，因为在人们心目中，其他学科的科学家的理论能够得到实践的检验，而经济学家的理论则不行。

因为传统经济学理论素来具有乐观精神，所以人们把经济学家看成是乌托邦一类的人物。这一类人离开这个世界去独自开垦属于自己的花园，并告诉人们：只要我们任由自然发展，那么这个世界上存在的所有事物都将以最好的方式向前发展。我认为，他们之所以这样想，是由于他们忽略了“有效需求的不足”可以拖累整个社会经济的繁荣。如果一个社会按照古典理论的假设那样运转，那么社会资源的就业量显然有一种向最佳的就业量水平运动的自然趋向。古典理论也许代表了我们对社会的经济运行方式的期望，但是，如果假定社会的经济运行方式果真如古典理论所描述的那样，那其实就等于我们研究所面对的困难就都不存在了。

第二卷

概念与观念

第4章　单位的选择

一

在本章以及接下来的三章中，我将努力澄清一些困惑，这些困惑与我们专门要讨论的问题并没什么特殊的关系，所以这几章的内容在本质上是偏离主题的。之所以在这里对这些偏离主题的内容进行讨论，是因为我发现别人用的处理这些困惑的方法并不适用于我所进行的独特研究。

在写本书的过程中，有三个困惑阻碍着我的进度，只有找到了解决这些困惑的方法，我才能更好地表达自己的意见。这三个困惑是：第一，选择适合整个经济系统问题的量与单位；第二，预期在经济分析中所起的作用；第三，收入的定义。

二

经济学家经常使用的几个量与单位不能令人满意，我们可以举例说明，例如：国民收入、实际资本的存量和一般价格水平。

（1）国民收入，按照马歇尔和庇古教授的定义[1]，只衡量了当前的产量或实际收入的数量，而没有衡量产量或货币收入的价值[2]。而且从某种意义上来说，国民收入取决于净产量，也就是说，必须从当期的产出中减去本期开始时现存的资本设备存量的损耗，两者之差才是社会的净增加量，它可以用

[1] 参见庇古《福利经济学》(Economics of Welfare)，第一编第3章。

[2] 尽管为了方便起见，组成国民收入的真实收入只限定于可以用货币来购买的产品和服务。

于社会经济活动中的消费，也可以牺牲当期的支出而留作资本的储蓄。在这个基础上，我们试图建立一种数量化的科学。但是我们努力所做的定义肯定会遭到强烈的反对，因为社会产品的产出和服务是不同质的。因此，从严格意义上说，净产量是不能用数量来衡量的，除非一些特殊情况，例如，当所有产出的产品都以相同的比例增加时。

（2）当我们为了计算净产量而试着测量资本设备的净增加值时，就更加困难了。因为只有找到某种基础，才能对本期生产出的新设备目录与本期所损耗的旧设备目录进行数量上的比较。我们不妨看一下庇古教授的做法：为了计算国民收入，庇古教授减去了这种折旧——"可以被称为'正常的'折旧，对这种正常性的实际检验就是看这些损耗是否能够被预见到，即使不是从细节上被预见到"[1]。但是，由于这种减法不是以货币作为衡量单位的，因此，庇古教授假设：尽管看不到物质的变化，但是物质的数量已经发生改变了。也就是说，他引入了价值变化的概念。而且当由于新技术的出现而引起新设备与旧设备的不同时，他也没有办法比较新旧两种设备的价值。我相信，庇古教授所追求的概念是正确的，对经济分析也是合适的，但是在没有采用令人满意的单位系统之前，对这些问题做出精确的概念定义就是不可能完成的任务。人们或许会采用这样一种方法来计算净产量：把一种实际产量与另一种实际产量进行比较，然后通过比较新资本设备的项目来抵消已经消耗的资本设备。实际上，这根本就不是一个办法。

（3）众所周知，一般物价水平这个概念是非常模糊、空泛的，所以利用这个概念进行因果分析得到的结果，就不会令人满意；但是对这个概念进行准确定义也不可避免。

然而，人们也的确把这些困难看作一个"难题"。它们从来都不是复杂的，或说它们也没有以任何方式阻碍商业决策，它们与经济事件所引起的原因也没有任何的关系。从这个意义上来说，这是一个"纯粹理论上的概念"。由此，我们能很自然地得出结论：这个概念不仅是缺少准确性的，而

---

[1]　参见庇古《福利经济学》(Economics of Welfare)，第一编第5章，"什么是维持资本的完整性"；以及他在《经济学杂志》1935年6月，第225页的一篇文章中所作的修改。

罗马时期的货币。金银天然不是货币，但货币天然是金银。纵观人类的文明史，金银一直作为主要货币使用，直到20世纪70年代布雷顿森林体系崩溃，美元宣布和黄金脱钩，这才进入了信用货币时代

且是不必要的。很明显，进行数量分析时，我们绝对不能使用任何数量上模糊的概念，一旦人们开始尝试用这些概念来进行数量分析，就会发现，不用这些模糊的概念，分析反而进行得更加顺利。

两组在数量上无法进行比较的混杂物体，本身就不能给数量分析提供支持。然而这种事实并不阻碍我们进行一些粗略地统计和比较，此类比较不是建立在严格计算的基础上，而是建立在某种广泛的判断基础之上。因此，在一定的限度内，这种粗略统计上的比较，既有意义又有效。所以诸如净实际产出、一般物价水平问题，最好的方法还是在历史的或统计的范围内进行描述，其目的或许是为了满足历史的、社会的好奇心，如果单论“绝对准确的描述”，就显得既不平常，也不必要。但是我们的因果分析要求必须是绝对准确的描述，不论我们对于这些具有数量关系的实际价值的掌握完整、准确与否。这句话可以用如下例子解释：假如今天的净产量大于十年或一年之前的净产量，而物价水平却低于十年或一年之前的物价水平；抑或说，维多利亚女王与伊丽莎白女王相比，在政治上看来，她是更好的女王，但从女人的角度看，她不是一个快乐的女人。这些陈述不是没有意义，也不是不能引起人们的兴趣，但是，它们却不适合作为数量分析的材料。假如我们试用如此模糊和非数量化的概念作为数量分析的基础，那么我们的计算就没有任何精确度可言。

三

请大家一定要记住，在每个特定的场合，企业主都是在做决策：给定资本设备情况下，应该雇用多少劳动力。当我们说需求预期增加时，实际上就等于说，总需求函数的增加将引起总产量的增加。也就意味着，工厂或企业在拥有资本设备不变的情况下，将会雇用更多的劳动力。就单个工厂或者生产同类产品的行业来说，假如我们愿意，还是可以合理地说出产量的增减。但是，当我们谈论的是所有工厂的生产活动时，我们就不能准确地说出产量的增减，除非用一定资本设备上投入的劳动量作标准来进行表述。在这里，是用不着社会总产量和一般物价水平的概念的，因为我们不需要对当前的社会总产量给出绝对数值，用以衡量当前产量与不同的资本设备和不同数量的劳动力所生产的总产量之间孰大孰小。如果仅仅是为了描述目的或为了进行比较时，我们希望能够测出产出的增减，此时必须依赖于一种假设：假定在特定资本设备上相联系的就业量和该就业量下的产量之间具有良好指标关系，或者说，假设这两者同时增减，尽管它们之间并没有确定的数字上的比例关系。

因此，在讨论就业理论时，我建议引进两个基本的量与单位：货币价值量和就业量。前者是绝对同质的，后者也是可以变为同质的。因为只要劳动的等级、种类和薪水具有相对稳定的数值，那么，为了方便研究，可以把单位就业量定义为普通劳动力工作一小时，而特殊的劳动力工作一小时的就业量要根据其所得的报酬而定。比如：如果一小时的特殊劳动力工作所得的报酬是一小时普通劳动力所得报酬的两倍，那么其就业量就是两个单位。我们称衡量就业量的这种单位为劳动单位；一劳动单位所得的货币工资我们称为工资单位[1]。因此，如果E为工资或薪水，W为工资单位，N为就业量，那么它们之间的关系可以表示为：$E=N\times W$。

劳动力供给是同质的假设——不会被下列事实所推翻：因为每个工人的

[1] 如果X表示以货币计量的数量，那么我们用X_w表示用工资单位所表示的相同数量的货币，这样表示非常方便。

特殊技能是不同的，所以他们对不同工作的适应性也会不同。假如工人的报酬与其工作效率构成一定的比例，那么，我们在计算劳动力供应时，按照工人所得报酬的一定比例进行计算，就需把各种工人之间的差异也充分考虑在内。另外，由于产量的增加，一些工厂不得不雇用那些对他们来说工作效率越来越低的工人，这是导致随着雇用劳动力的增加而资本设备的边际产出递减的诸多原因中的一个。也就是说，我们把劳动力这种非同质性包括在资本设备中，当产量增加时，我们认为是资本设备变得越来越不适应雇用劳动力单位，而不是劳动力单位不适应同质的资本设备。因此，如果专业工人或熟练工人不足，而只能雇用技术不熟练的工人，那么单位产出的劳动力成本提高，就意味着：随着就业量的增加，资本设备报酬的递减速度比专业工人或熟练工过剩时要快[1]。即便是非常极端的例子，如不同劳动力之间专业化程度非常高，他们彼此之间是不可替代的，也不会出现什么麻烦的结果。因为这种情况仅仅意味着，当专门用于某种资本设备的可用劳动力都雇用完毕时，这种特殊资本设备所生产的产出供给弹性突然降到了零[2]。因此，我们对劳动力同质性的假设是没有任何困难的，除非各种劳动力的相对报酬都是不稳定

[1] 这是为什么即便在现有设备仍然存在过剩的情况下，需求增加仍然可以引起产量的供应价格增加的主要原因。如果我们假定所有劳动力供给的剩余组成了一个可以被所有的企业主用的蓄水池，为了一定的目的而雇佣的劳动力，部分是根据努力的单位得到报酬的，而不是全部根据特殊的劳动力雇佣的效率，那么雇佣劳动力的效率降低不是由于内部的不经济引起的，这是一个说明产量增加时供给价格仍会提高的典型例子。

[2] 通常的供给曲线是如何处理上述特殊情况的，我说不明白，因为使用供给曲线的人并没有把他们的假设说得很明白。也许他们假定为某一目的而雇佣的劳动力是严格地按照他的工作效率得到报酬，但是这是不现实的。把劳动力的不同效率看作资本设备的性能不同，其主要原因也许就是这样的事实，即产量增加时，剩余也会增加，实际中这种剩余主要是属于资本设备的拥有者，而不是属于有效率的工人（尽管这些工人也得到了比较容易被雇佣、比较容易得到晋升的机会这样的好处）。也就是说，从事同样的工作，但是效率不同的工人，所得工资很少是与其效率成正比的。但是较高的工资通常支付给效率较高的人，我的方法已经把这样的事实考虑在内了。因为在计算雇佣的单位劳动力的数量时，单个工人是根据他们得到的报酬来计算的。根据我的假设，我们在处理特殊的供给曲线时，由于这一供给曲线的形状取决于其他的生产方向对合适劳动力的需求，此时必定会发生一些有趣的复杂情况。而忽略掉这些情况，就像我之前说过的，也是不现实的。但是当我们把就业量看作一个整体时，我们就不需要考虑这些复杂的情况，因为我们已经假定在有效需求给定的情况下，与这种复杂情况之间唯一联系的不同产品的分配具有特殊的需求分配方法。然而在有效需求发生改变的情况下，这种分配方法也未必是正确的。例如，由于消费倾向的增加而引起的有效需求的增加所面对的总供给函数，与投资的增加所引起的有效需求的增加所面对的总供给函数可能是不同的。然而这些问题都是属于对我们所提出的一般概念进行详细分析时所发生的问题，这些问题不是我进一步深入研究的目标。

的。即使劳动力的相对报酬是不稳定的，我们也可以通过假定劳动力供给和总供给函数的形状都会迅速改变；通过这种假设，甚至不稳定的困难也能得到解决。

当我们把经济系统的行为看作一个整体时，如果我们把研究范围严格限定在货币单位和劳动力单位这两个概念上，就可以避免很多不必要的困难。我对此深信不疑。当孤立分析单个工厂或者单个行业的产量时，我们就可以应用特殊产量和设备的单位；当我们尝试在一定的误差率和大致估计的（或许相当宽）限度内进行历史数据的比较时，我们可以用一些不明确的概念。例如，关于总产出量和总资本量，以及价格的一般水平等概念。

据此，我们可以通过现有的资本设备所雇用的人员数量、所雇用的技术工人的报酬等来测算当前的产量变化（不管这些产量是用来满足消费者的需求，还是用来生产新的资本设备）。我们没有必要比较这种产量与不同的工人和资本设备所生产出来的不同产量。要预测拥有给定设备的企业主是如何应对总需求函数的变化，这并不要求我们必须对由此引起的总产量、生活水平和一般物价水平与不同的时期和不同国家的总产量、生活水平和一般物价水平进行比较。

四

显然，无论我们所研究的是一个特殊的工厂或行业还是整体的经济活动，都不需要用产量，而只需要用供给情况。例如，我们常说的供给曲线、产量对价格的供给弹性，这些都可以用我们所选定的两个单位以及总供给函数来表示。一个工厂（与之类似，也可以是一个特殊的行业或者作为整体的行业）的总供给函数可以表示为：

$$Z_r=\phi_r(N_r)$$

上式中，Z_r代表预期收益，该预期收益将导致就业量达到N_r。因此，如果就业量N_r与产出量O_r之间的关系可以表示为$O_r=\varphi_r(N_r)$，那么：

一个美国工人正在操作很复杂的机械。照片拍摄于20世纪初期。19世纪末20世纪初，美国经济迅速发展原因是更多采用新机器、新设备，这一时期，科学技术的发展突飞猛进，各种新技术、新发明层出不穷

$$p=\frac{Z_r}{O_r}=\frac{\phi_r(N_r)}{\varphi_r(N_r)}$$

这就是通常所说的供给曲线。

因此，在每种商品都是同质的情况下，也就是$O_r=\varphi_r(N_r)$如果具有确定的意义，那么我们也可以用普通方法估计$Z_r=\phi_r(N_r)$；我们可以用某种方法将N_r相加，但是我们不用这样的方法将O_r相加，因为$\sum O_r$并非一个数量单位。更进一步地讲，如果我们可以假定在给定的情况下，只有一个方法把给定的就业量分配到各个行业中，此时N_r就是N的函数，这样就可以使问题简化了。

第5章　决定产量和就业量的期望值

一

所有产品的最终目的都是为了满足消费者的需求。生产者付出成本进行生产（为了满足消费者需求）到最后消费者购买产品之间通常会有一段时间间隔，有时这种时间间隔会非常长。同时，企业主（包括我们通常所描述的生产者和投资者）要形成最好的期望值，在经过生产与最终消费之间的时间间隔后，当生产者准备好供应消费者产品时，该期望值能够最大地接近消费者有能力购买的商品量。只要生产者选择进行生产，那么生产者就没有任何其他的选择，而只有被这些期望值引导安排生产。

这些生产决策所依赖的期望值可以分为两类：一些个人或者厂商专注于第一类期望值，而另外一些个人或者厂商专注于第二类期望值。第一种期望值关心的是价格，此时当生产者开始进行生产时，就会预期当其完成生产时能从自己的“产成品”中得到多少回报。所谓“产成品”（从生产者的角度来说）是指当生产出来的产品能够被使用或者可以出售给另一方时，该产品就算是产成品了。第二种期望值关心的是制造商所希望得到的未来收益，生产者只有在购买产成品作为对其资本设备的补充时，才能计算这种关于未来报酬的期望值。我们可以称第一种期望为短期期望值，第二种期望为长期期望值。

因此，在决定某种产品的每日产量水平[1]时，该产品的短期期望值将会成为每个厂家的行为动因。也就是，对各种可能产量规模下的产品成本与该规模下的产出收益的期望值。即使这种产品是用作资本设备或者出售给中间

[1]　这里所说的每日产量水平，代表的是最短的时期，过了这个最短的时期，厂商就可以自主决定修改其雇佣的劳动量。也就是说，这里所说的每日是指经济中时间的最小有效单位。

商，该产品的短期期望值也主要受到其他人或其他部门的长期期望值（或中期期望值）的影响。这些期望值就决定了公司所雇用的就业人数。对于产品的生产与实际销售情况而言，只有在这两者能够影响或修改以后的期望值的前提下，才同就业量发生关系。从另一方面讲，原始的期望值与就业量也没有关系，当需要确定接下来的产量时，这些原始的期望值会引导企业获得生产这些产量所需的资本设备、中间产品的库存及半成品，但与就业量是没有关系的。因此，每当做出生产的决策时，虽然必须考虑资本设备和库存量，但是这种生产决策主要还是根据对未来成本和收益的期望值做出的。

一般来说，期望值的变化（无论是短期，还是长期）只有经过相当长的一段时期才能产生明显的影响。期望值的变化所引起的就业量的改变每天都不同，第二天不同于第一天，第三天也不同于第二天，如此反复，即使期望值不再发生改变也是如此。一般来说，在短期期望值的例子中，这种期望值不会发生剧烈地改变或迅速地改变，即使根据修正后的期望值再进行这些生产过程本身就是错误的决策，这种期望值的改变也不会引起所有在生产过程中的就业量的减少。如果短期期望逐渐好转，那么就业量达到修改后的短期期望值所需要的就业水平，必须经过一段时间的准备。在长期期望值的例子中，资本设备能够一直提供就业直到其完全损坏，工人在其完全损坏前是可以一直工作的。如果长期期望值趋于好转，那么就业量首先会处于较高的水平，这种就业量水平比资本设备适应新情况后所需的就业量也许还要高一些。

我们假定一种期望值能够持续很长一段时间，使其能够对就业量充分发挥作用，也就是说，在此就业量下不会发生任何的就业量的改变，那么这种稳定的就业量可以称之为与该期望值相对应的长期就业水平[1]。由此可知，尽管期望值经常发生改变，但是实际就业水平从来没有达到与现有期望值相对应的长期就业水平的时候。然而每一个期望值都有与其相对应的长期就业水平。

[1] 长期就业水平不一定是一个常数，这个长期也不一定是静态的。例如，财富或者人口的稳定增长可以构成一种预期不变的期望值。期望值不变的唯一条件就是现有的期望值早就被充分地预见到了。

首先，让我们考虑一下，期望值的改变所引起的长期均衡位置如何变化，当然这种期望值的改变没有受到其他因素的影响。我们先假定这样一种改变，即新的长期就业水平高于旧的长期就业水平。根据一般的规则，最先受到影响的是进货速度。也就是说，新的生产过程的初期阶段受到较大的影响。而消费品产量和处于后期的生产过程的就业量（这些后期的生产过程在期望值改变之前已经开始进行）与之前的状态是相同的。当然，如果存在完成的库存品，那么结论或许需要修改一下：尽管在开始阶段，就业量的增加是比较缓慢的，然而随着时间的推移，就业量会逐渐增加。而且这种就业量在某个阶段可能会超过新的长期就业水平，这一情况很容易想象到。在为了适应新的期望值而筹集资本的过程中，可能导致就业量与当前的消费量均超过长期均衡水平。因此，期望值的改变可能导致就业量水平逐渐发生变化，

19世纪的工业革命，现代插画

引起就业量达到一个峰值，然后再降到新的长期均衡水平。如果变化是由消费引起的，且这种变化需要改变现有的生产过程及生产设备，那么即使新的长期均衡水平与旧的长期均衡水平相同也是如此。假如新的长期就业量水平低于旧的长期就业量水平，那么在过渡过程中，某一时期之内的就业水平就可能低于新的长期就业水平。因此期望值改变本身在其发展过程中能够产生一种循环往复的波动。在我的著作《货币论》一书中，对期望值改变的这种波动进行过讨论，并对这种变化所引起的流动资本和库存工作的变化情况进行过研究。

如上所述，即使达到新的长期就业水平而没有受到任何干扰，这种均衡在细节上也是比较复杂的，而且实际过程还会更为复杂。因为预期状态是常常会变化的，在前一个变化还没有完全发挥完作用之前，一个新的变化可能又开始了。因此，在任何给定的时期内，经济体制中都会存在有很多错综复杂的活动，所有这些活动的存在都是由于受到各种预期状态的影响。

二

从上面的讨论中，我们可以清晰地看到，任何时期的就业量在某种程度上都不仅仅取决于现有的预期，还取决于过去某段时期内的预期。因为尚未发生作用的过去的预期已经包含在现有的资本设备中，企业主只有依靠这些资本设备才能做出生产决策。所以，只有这些尚未发生作用的预期包含在资本设备中，才能对现在的生产决策产生影响。尽管存在上面论述的情况，我们还是要说，今天的就业量取决于根据今天的资本设备而作出的预期。

我们不能避而不谈当前的长期预期，可是由于短期预期在现实生产中是一个逐步的、连续的修正过程，而且对短期预期的修改大部分是根据已经实现的结果进行的，而且短期预期的结果和已经实现的结果之间互相交错很难判断，所以先不谈短期预期，这是一种安全的方法。尽管产出量和就业量不取决于以前的结果，而是取决于生产者的短期预期，但是最近的结果通常在决定这些期望的时候起到了非常重要的作用。如果在每一次生产过程开始前都进行一次短期预测，那是很麻烦的事情，同时也浪费时间。因为生产情况通常是一天天没有什么变化的。因此，对生产者来说，他们通常将自己的期望值建立在这样的假设下，即最近实现的结果将会继续，除非有明确的理由使其相信未来会有变化。所以在实际中，当前产量已经实现的售价对就业量的影响，以及当前的进货量所期望得到的产量具有很大的重叠性。生产者通常是根据对实际的结果而不是根据对预期的改变来修改自己的预期的[1]。

然而，我们不能忽视：在耐用品例子中，生产者的短期预期是建立在投资者当前的长期预期的基础上的。因此长期预期的本质是不能在短期内就以实际结果来衡量，所以我们将在第12章中看到，当我们从更细节方面考虑长期均衡的时候，它也会突然发生变化。总之，当前的长期预期这一要素，既不能被忽略不计，也不能用已经实现的结果来代替。

---

[1]　我认为，这里所强调的进行生产决策时所依赖的期望值与霍特里先生的论点是一致的，他认为进货量和就业量取决于库存量，这种情况发生在价格降低之前，或者发生在由于相对于期望值而言产生的损失使得生产者对产出结果失望之前。如果没有出售的存货量增加或者订货量减少，这就表明当前的进货量与前期的产量的售价是不同的，这已经不适用于作为下一期生产的依据。

第6章　收入、储蓄和投资的定义

一　收入

任何时期，某一企业主都要将产品出售给消费者或其他的企业主以换取一定的现金，我们用A来表示这笔现金。该企业主也会花费一笔现金从其他人那里购买一些产品，我们把企业主花费的这部分现金用A_1表示。最后，企业主还会拥有一定的资本设备，其中包括其尚未完成生产的半成品、经营资本，以及一定量的库存产成品，我们用G来表示这些资本设备的总价值。

然而，我们必须明白在$A+G-A_1$中，并非全部是本期生产活动的结果，其中有一部分是本期生产开始前企业主已经拥有的资本设备。因此，为了得到所谓的本期收入，我们必须从$A+G-A_1$中减去上期的生产资本设备的价值。只要我们能够找到一个令人满意的计算方法，那么就可以给收入下定义了。

有两个可能的计算方法，每一个都具有自身的意义：一个与生产有关，另一个与消费有关。让我们依次对其讨论。

（1）在一个生产周期结束时，资本设备的实际价值G是企业主两种活动的净结果：一方面，某一企业主通过向其他的企业主购买或者自己维修来维持和提高资本设备的价值；另一方面，由于制造产品而导致已有的资本设备损耗或折旧。假设企业主决定不将这种资本设备用于生产，那么他仍需要支付一笔费用来维护和提高资本设备的价值。在此情况下，企业主支付的这笔费用记为B'，经过维护，到本期结束时，此资本设备的最终价值变为G'。也就是说，如果企业主没有将这些资本设备投入生产来获得产品的价值A，那么$G'-B'$就是资本设备从上期继承的最大净值。这个最大净值超过$G-A1$的部分就是为了生产得到价值A而消耗的价值，我们称之为$(G'-B')-(G-A1)$。

价值A的使用者成本，我们用大写字母U来表示[1]。企业主为获取生产中需要的其他要素而支出的费用，我们称之为价值A的要素成本，并用F表示。这种要素成本对要素生产者来说就是他们的收入。那么要素成本F与使用者成本U的和，我们称之为产品A的直接成本。

由此可定义，企业主的收入为，在一个生产周期内企业主所生产的产品价值减去其直接成本。换句话说，企业主的收入取决于其生产规模，因此他会千方百计地扩大生产规模以期得到最大的收入。这种收入从一般意义上说，就是企业主的毛利。我们给企业主收入下的定义与一般的常识相符。由于社会其他企业主的所得等于该企业主的要素成本，那么总收入就等于$A-U$。

这样定义的收入是一个完全明确的数量。因此企业主在决定其他生产要素的雇用量时，他总是预先估计收入与生产要素成本的差额，并最大化他的收入，所以对就业量来说，收入与共有量的差额是很重要的因果关系。

很显然，$G-A_1$有时可能会超过$G'-B'$而使得使用者成本为负值。比如，我们选定这样一个生产周期，即进货量在不断地增加，但是产品一直处于生产中还没有达到能够出售的状态。此时使用者成本就可能为负值。假如投资数值为正，而工业复杂程度比较高，各个企业都自主制造其使用的资本设备，此时使用者成本也可能为负值。然而，只有在企业主用自己的劳动来生产资本设备时，使用者成本才可能为负值。所以我们一般都可以认为使用者成本为正值，这是因为在一个社会分工的经济体系中，资本设备大部分都是由不同的部门或厂商来制造的。而且我们很难想象，当价值A增加时，使用者边际成本，即dU/dA可能不是正值。

为了方便深入探讨，在此提及一下后续内容。把社会作为一个整体，一个周期的总消费量（C）等于$\sum(A-A_1)$，总投资量（I）等于$\sum(A_1-U)$。而且，如果把企业主从其他企业主那里购买资本设备所支出的A_1排除在外，那么U代表该企业主对自己资本设备的负投资（$-U$代表他的正投资）。所以在

[1] 在本章的附录中，还有对使用者成本更深入的观察。

一个完全整合的经济体系中，$A_1=0$，消费等于A，投资等于$-U$，也就是等于$G-(G'-B')$。之所以在上面的分析中引入A_1，是为了找到一个既简便又能广泛适用的方法，让我们的分析能够应用于非整合的生产体系。

另外，有效需求仅指企业主期望得到的总收入，包括其他生产要素的收入，这些收入是建立在企业主决定提供多少当期的就业量基础上。总需求函数正好表达了这种就业量与企业主期望从该就业量基础上的产量中能够得到的收入之间的关系。有效需求是总需求函数上的一点，这一点之所以有效，是因为它与总供给函数相交，在这一点上的就业量，正好能够最大化企业主的预期利润。

这样的一组定义还有一个优势，就是可以得到与其他的经济学家在忽略使用者成本或者假设使用者成本为零的情况下相同的结论，即供给价格[1]等于边际要素成本[2]，边际收益（或收入）等于边际要素成本。

（2）接下来，我们讨论第二个原则。我们在上文已经说过，资本设备的价值在一个生产周期的开始与结束时是不同的，这种价值的变化一部分是由于企业主为了追求最大化的利润而做出的自愿性决策；而另一部分是非自愿性决策造成的，此时企业主无法控制自己的决策。例如，市场价值的变化、折旧、时间消耗和战争以及自然灾害等。这些非自愿性损失中有一些是无法避免的，但是从广义角度来说，这些损失并不是不可预料的。例如，不考虑使用之外的时间损耗，以及庇古教授曾经表达过的正常折旧，他曾经说过："正常折旧是完全可以充分预期的，即使不是非常详细，但是做一下大致的估算还是可能的。"此外，我们可以认为其他的折旧包含整个社会中的损

---

[1] 我认为，如果忽略使用者成本这样的问题，那么供给价格也就不是一个完整的定义了。在本章的附录中，我将说明一种情况，即把生产者成本从供给价格中排除，有时固然可以这样做，但是在讨论一个具体物品的单位供给价格时，这样做还是不行的。

[2] 例如，我们假定总供给函数可以表示为$Z_\omega=\phi(N)$，或者$Z=W\times\phi(N)$，式中W为单位工资，$W\times Z_\omega=Z$，由于在总供给曲线上，生产的边际收益等于边际要素成本，所以我们这样表示：$\Delta N=\Delta A_\omega-\Delta U_\omega=\Delta Z_\omega=\Delta\phi(N)$，也就是说$\phi'(N)=1$。只要要素成本与工资成本的比率保持不变，而且每个厂商（假设厂商的总数是固定的）的总供给函数与其他厂商所雇佣的人数是相互独立、互不影响的，那么上面的这个公式就适用于每一个独立的企业主，而且上述公式之和适用于全体企业主。这就意味着，如果工资是固定不变的，而且其他要素成本又与工资支出成不变的比例关系，那么总供给曲线就是一条直线，其斜率就是货币工资的倒数。

失，这些折旧通常被称为“可保风险”。当预期被框定之后，预期损失的数量依赖于资本设备的折旧，我们暂且忽略这一事实；而把非自愿且并非不可预期的资本设备的折旧称为补充成本，并用V来表示，这些补充成本也就是预期折旧超过使用者成本的部分。也许我们不需要指出我们关于补充成本的定义与马歇尔对补充成本的定义有什么不同，因为我们的基本思想是一样的，即我们都想要讨论不包括在直接成本之内的那部分可以预期的折旧。

因此，我们在计算企业主的净收入和净利润的时候，通常需要从上面所定义的企业主的收入和利润中扣除一笔补充成本的估计值。这是因为从企业主的心理角度来说，当其在考虑能够花掉多少或储蓄多少的时候，已经在心里把补充成本从总收入中减掉了。当他作为生产者决定要不要使用这些资本设备时，主要考虑的是上面所定义的直接成本和利润。当他作为消费者考虑问题时，主要考虑的是补充成本，此时补充成本与直接成本的定义对他来说就没有什么区别了。因此，在定义总净收入时，就要把补充成本与使用者成本同时减去，此时总净收入就等于$A-U-V$。

资本设备的价值还会由于其他因素的变化而发生变化，例如，由于市场的变幻莫测和特殊的折旧，以及自然灾难所引起的破坏等，从广义角度上说，这些变化既非自愿的，也是不可预料的。这些因素所引起的资本设备价值的损失，我们称之为意外损失，它属于资本账户而不属于净收入账户。

我们上面所定义的V的大小在决定当前的消费量时，对人们的心理会造成很大的影响，所以净收入才具有非常重要的意义。净收入就是通常所说的在一个人决定当前的消费量时所考虑的可用收入。诚然，当人们在考虑当前的消费量时，净收入不是唯一的因素。例如，人们资本账户中的意外收益或意外损失也具有很重要的作用。不过，补充成本与意外损失对人们的影响是有差别的，即补充成本对人们所产生的影响与总利润对人们所产生的影响的方式是一样的，而与企业主的消费相联系的就是当前的产量超过直接成本与补充成本的部分。另外，尽管意外损失也会对企业主的消费产生影响，但是它的影响程度与补充成本对企业主的影响程度是不同的，即同等数量的意外损失与补充成本相比，意外损失对企业主的消费影响要小。

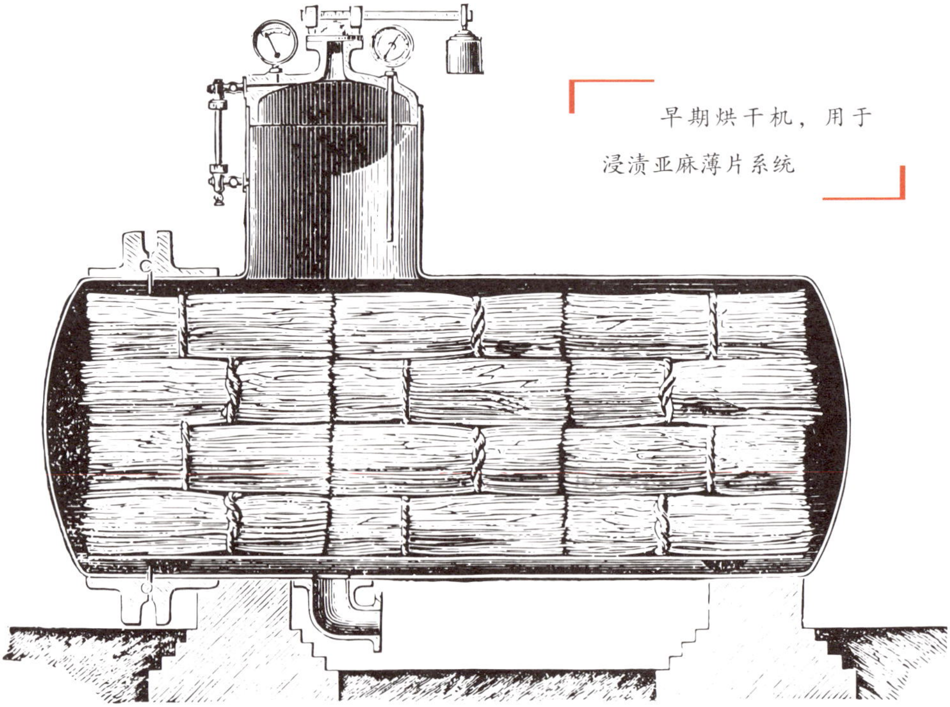

早期烘干机，用于浸渍亚麻薄片系统

然而，我们现在必须重新回到这一点上来，即要探讨补充成本与意外损失的界限。也就是，我们认为是应该记在收入账户上的不可避免的损失与应该记在资本账户上的意外损失之间的界限。这种界限既属于习惯范畴又属于心理范畴，但到底属于哪种范畴要根据评估补充成本的标准而定。但是对补充成本的评估也没有一定的原则可以遵循，补充成本的大小依赖于我们对计算方法的选择。当资本设备刚开始被制造出来时，补充成本的预期值是一个具体的量。但是，当我们过一段时间再对该资本设备的补充成本进行估算时，可能由于我们预期的改变，该资本设备的补充成本就会发生改变。意外的资本损失是由于原来的预期的$U+V$与现在预期改变后的$U+V$之差造成的。在商业会计计算中有一个被广泛接受的基本原则，该原则同时也被英国的财政部门所接受，即当企业主购置资本设备后，就对该设备的补充成本与使用者成本之和估算一个数值，并维持该数值不变，而不考虑资本设备以后的折旧或预期值的改变。在这样的例子中，采取上述计算原则，造成的结果就是任何时期的补充成本都等于所定的这个数值与实际使用者成本之差。按照这样的计算原则有一个好处，那就是在资本设备的整个使用周期内，它的意外损失或收益均为零。在某种情况下，每经过一个会计周期（例如一年），再根据资本设备的当前价值与市场预期对其补充成本进行重新估计也是合理的。资本设备刚开始获得时，对该资本设备的补充成本的初始预期可以称为基本的补充成本，而之后根据当前市场价值及变化的预期重新估算的补充成本，可以称为当前的补充成本。

据此，我们就可以对补充成本下定义了，即当一个企业主在计算其净收入时从收入中减去的部分，即为补充成本。除此之外，恐怕再也没有更为准确的定义了。企业主根据计算出来的净收入确定资金利息的多少或决定他当前的消费量。由于资本账户中的意外所得不能排除在外，所以最好的办法就是把那些不确定是否应该包括在补充成本之内的项目放进资本账户中，而使补充成本只包括那些比较明显属于自己的项目。因此任何对资本账户进行叠加的项目都可以通过对当前的消费水平施加影响来改变。

可以看到，我们对净收入的定义与马歇尔对收入的定义是非常接近的，马歇尔在计算收入时，把税收政策委员会认同的项目含在了他所定义的收入中。因为税收政策委员会是经过非常详细和谨慎的调查后才计算出他们所认为的收入。我们此处对净收入的定义也相当于庇古教授最近对国民收入的定义[1]。

然而，由于净收入是建立在不同的学者对其有不同的解释和理解的基础上的，所以净收入还不是一个非常明确的概念。例如，哈耶克教授曾经指出，资本品所有者的目的是保持其从资本品中所获得的收入是持续的，所以他不会随意将自己的收入用于消费，而是会想方设法筹集资本来阻止他从资本品中所获得的收入减少，之后才会把收入用于消费[2]。我怀疑是否存在这样的人。然而很显然，以这样的减法运算作为计算净收入的一个心理标准，在

[1]　《经济学杂志》1935年6月，第235页。

[2]　参阅《资本的维持》一文，载于《经济》杂志1935年8月，第241页。

理论上也是无可厚非的。但是当哈耶克教授以这样的标准来模糊地推断相应的储蓄和投资时，如果他指的仅仅是净储蓄和净投资，那么他在这一点上才是正确的。如上所述，与雇用理论相联系的储蓄和投资并没有这种缺点和不足，我们也能对它们进行一个客观的定义。

因此，完全强调与消费决策相关的净收入而忽略收入的概念，是错误的。而且净收入还与影响消费决策的其他因素难以区分，收入的概念与当前的生产决策相关，也是一个非常明确的概念。

总之，上述对收入和净收入的定义与以往是一致的。因此很有必要提醒读者注意：在《货币论》一书中，我是从一种特殊意义上对收入下定义。我对属于企业主的总收入中一部分所定义的特殊性在于，既没有取企业主当前的生产经营所实现的利润（不论是总利润还是净利润），也没有取当企业主决定进行生产经营时其所期望得到的利润，而是在某种程度上（现在想来，如果考虑产量变化的可能性，那么这种定义也是不充分的）取的是正常利润或均衡利润。我认为，对收入的这种定义已经引起很大的混乱，尤其是关于储蓄用法。因为很多结论（特别是关于储蓄超过投资的定义），只有从我所考虑的特殊意义的角度才是有效的。然而这些结论在特殊场合的讨论中会被频繁地使用，就如同它们所用的定义好像是人们熟知的一样。由于这些原因，也因为我不需要前面的定义表达思想，所以我决定不用这些定义，当然也很遗憾这些定义曾经带来的混乱。

二　储蓄与投资

尽管对收入的定义存在很大的分歧，但是我相信有一点大家都会赞同：那就是储蓄是收入超过用于消费支出的部分。因此对储蓄含义的任何怀疑肯定是对收入意义的怀疑或由于对消费意义的怀疑而引起的。我们在前面已经对收入下了定义。任何时期消费的支出必然意味着该时期卖给消费者的产品的价值，这又把我们带回到问题的本质，即谁才是购买产品的消费者。任

老式的雕刻插图，两个人一边聊天一边买卖东西

何对产品的消费者与产品的投资者所下的合理定义，对我们来说都可以用，但是只要选定了某一定义和规则，就必须始终不渝地遵循。人们时常会讨论很多问题，例如，把购买汽车作为消费品的购买，而把购买房屋作为投资品的购买等。尽管无法判断这样的分类是否正确，我对这些经常被人们讨论的问题也没什么新见解，但是对这些分类的划分标准还是应该看我们对消费者与投资者所划的标准、所用的界线。我们假定A_1代表一个企业主向另一个企业主所购买的产品价值，这样就可以解决人们经常讨论的问题。我们可以用$\sum(A-A_1)$来表示消费支出，其中$\sum A$代表某个时期的总销售量，$\sum A_1$代表一个企业主向另一个企业主所购买的销售量。为了下文方便讨论，我们用A来表示某个时期的总销售量，A_1表示一个企业主向另一个企业主的总购买量，U代表

所有企业主的总使用者成本。

对收入与消费下定义之后，自然也就明确了储蓄的定义就是收入超过消费的部分。既然收入等于$A-U$，消费等于$A-A_1$，那么储蓄自然就等于A_1-U。同理，我们定义净储蓄为净收入超过消费的部分，那么净储蓄就等于A_1-U-V。

对收入的定义能够帮助我们得出当前投资的定义，即某个时期的生产活动中所用的资本设备的价值增值。很明显，这等于我们刚才对储蓄所下的定义。因为储蓄是收入中没有被用于消费的部分。从上面的分析中，我们可以看出，任何时期的生产活动给企业主造成的结果都是他们出售自己的产品获得了价值A，为了生产得到价值A，企业主从其他的企业主那里购买了A_1，从而有了进行生产的资本设备，这些资本设备在生产得到A的过程中价值损耗为U（如果U为负值，那么就用$-U$来表示）。在该时期，产出的产品价值为$A-A_1$的部分被用于消费。而$A-U$超过$A-A_1$的部分，即A_1-U代表该时期的生产活动所造成的资本设备的价值增值，也就是这个时期的投资。同理，A_1-U-V也代表资本设备的净增加值，如果正常使用资本设备的价值损耗为正常损耗，不计算资本设备在使用中的损耗和设备价值的意外变化，那么A_1-U-V也代表该时期的净投资。

既然储蓄额是个体消费者集体行为的结果，投资额是个体企业主集体行为的结果，那么储蓄额与投资额必然是相等的，因为它们都等于收入超过消费的部分。而且这个结论不与上面对收入的定义发生任何关系。只要收入等于当前产量的价值，当前的投资等于当前没有被消费的产量的价值，储蓄等于收入超过消费的部分——所有这些既符合常识，又是大部分经济学家常用的表述——那么储蓄与投资相等是必然的结果，它们之间的关系可以表述如下：

收入=产量的价值=消费+投资

储蓄=收入-消费

所以，储蓄=投资

那么任何满足上述条件的定义都能得到相同的结论。只有否认其中一条或多条，才能否定这一结论。

储蓄与投资之所以相等，是因为进行交易的双方的互通性，一笔交易一方面是生产者，另一方面是消费者或是资本设备的购买者。收入是生产者通过出售其产品而得到的超过使用者成本的部分。然而很显然，其生产的全部产品或卖给消费者，或卖给其他的企业主，并且每个企业主当前的投资都等于他从其他的企业主那里所购买的资本设备超过其使用者成本的部分。因此，收入超过消费的部分，我们称之为储蓄，不可能不等于资本设备的增值部分，即我们所说的投资。实际上，储蓄是一个余数。消费决策和投资决策决定着收入。假定投资决策非常有效，那么它不是导致消费的减少，就是导致收入的增加。于是投资本身能够使我们称之为储蓄的剩余或边际以相同的数量增加。

很多时候，人们对于自己应该投资多少或储蓄多少是不确定的，甚至也不能得出一个可以进行交易的均衡价格。在这种情况下，产品就不再具有确定的市场价值，而价格在零与无穷大之间又找不到一个均衡点，那么此时我们用的这些术语也就失去了意义。然而经验告诉我们，事实并非如此。在社会上，存在着各种心理状态能够使购买的愿望与出售的愿望处于均衡状态。在现实中，产品具有市场价值是能够得到一定数量货币收入的前提条件，同时也是使储蓄者的储蓄额等于投资者的投资额的一个充分条件。

在这个问题上，如果想达到清晰的思路，最好的办法是用消费决策，而不是用储蓄决策。是否做出消费决策是属于个人能控制的范畴，而是否做出投资决策也是如此。总收入量与总储蓄量是人们是否进行消费或投资的自由选择的结果。然而它们都不能脱离消费决策和投资决策的影响而受制于其他决策。为了对应这样的原则，我们接下来将要用消费倾向来代替储蓄倾向。

附　录　使用者成本

一

我认为，一直以来，人们忽视了使用者成本对于古典经济学派的价值理论所具有的重要性。在这个论题上，应该有很多话要说，甚至比与这个主题有关的或在这里应该要说的话还要多。但是，由于是专门讨论使用者成本的专题，我将对这个论题进行单独表述。

根据定义，一个企业主的使用者成本等于：

$$A_1+(G'-B')-G$$

在上式中，A_1表示某企业主从其他的企业主那里所购买到的产成品的价值，G表示在一个生产周期结束时该企业主所拥有的资本设备所具有的价值，而G'表示该企业主在没有使用所拥有的资本设备但花了一笔维修保险费用B'来保养该资本设备的情况下，一个生产周期结束该资本设备所具有的价值。由此得出，企业主在本生产周期内从上期的生产周期所继承下来的资本设备的增值为$G-(G'-B')$，这也代表企业主在本期的生产中对其资本设备的投资，可以用I来表示。这样，由于该企业主在本期进行生产而得到了一定的收入，为此其所承受的使用者成本U就等于A_1-I，A_1代表他从其他的企业主那里所购买的产品价值，而I则代替他对本期生产中自己所拥有的资本设备的投资。所有的这些公式只不过是一些常识性的公式表达。一个企业主从其他的企业主那里所购买的产品，一部分被用于他的资本设备的投资以生产新的产品，一部分则表示他由于出售的产品低于成本而承受的亏损或其他的生产要素之外的开支。如果读者想把这些问题用其他方式表达出来，那么我想告诉大家的是，我们这种表达方式的优点就是可以避免很多不必要的会计问题。这是因为，没有任何一种方法能够非常明确、清晰地分析一个生产周期内产品的生产与销售情况。如果把整个生产工业作为一个整体，或者企业主没有任何的支出而从其他企业主那里进行购买，那么此时$A_1=0$，使用者成本就等于因使用该资本设备而造成的本期折旧，即负投资。但是我们这么做仍然具有一定的优势，即我们并不要求在分析的每一阶段都把要素成本分配到被销售的产品和未被使用的资本设备上去。因此，对于社会就业量来说，不论是整个工业提供的，还是单个厂家提供的，我们都可以作为一个单独综合性的决策——这与生产的实际情况相符，因为生产之间具有联系。

此外，我们借用使用者成本的概念，可以对产品的短期供给价格下一个比较明确的定义。而不仅仅是采用生产厂商的短期供给价格这样的说法，因为短期供给价格就等于边际要素成本与边际使用者成本之和。

在现代价值理论中，通常认为短期供给价格等于边际要素成本。然而很显然，这只有在边际使用者成本等于零或只有在供给价格被特别地定义为净边际使用者成本时，就如同我把总净使用者成本作为“收益”和“总供给价格”一样，才可以认为短期供给价格等于边际要素成本。这种把短期供给价格当作边际要素成本的做法，在讨论整个社会的总产量时，可能是非常方便的，但是在讨论单个厂商或一个行业的产量时，就会使我们的分析脱离现实，因为此做法没有把使用者成本包括在“供给价格”之内，也就造成了这种意义上的“供给价格”与我们平常所说的“价格”完全是不同的概念，也许还会引起一些应用上的混乱和误会。似乎一直以来，我们都是把“供给价格”用于单个厂商的产出，此时它就具有非常明确的含义，对此含义我们无须再做过多的讨论。然而对从其他厂商那里购买产品的处理，以及厂家在生产边际产品时资本设备的折旧等问题的处理，则包含一定的复杂性，这是由于其中涉及关于收入的定义。而且为了得到我们所说的厂商供给价格的含义，即使已经从厂商单位产品的售价中减去了该厂商由于生产该单位产品而从其他厂商那里购买的边际成本，我们仍然要把该厂商生产边际产品所耗费的资本设备的折旧（即边际负投资）计算进去。即使所有的生产都是由一个厂商独立进行的，我们也不能假定边际使用者成本为零。也就是说，此时我们也不能忽略该厂商由于生产边际产品而造成的资本设备的边际负投资。

在建立长期供给价格与短期供给价格的关系时，我们可以利用使用者成本与补充成本这两个概念。长期价格显然必须包含一定数量的款项，该笔款项能够补偿基本的补充成本与预期的直接成本之和，而这两者则在资本设备的使用年限内被平均分摊。也就是说，产品的长期成本等于补充成本与预期直接成本之和。而且为了得到正常的利润，长期供给价格必须超过长期成本与一个数值的乘积，这个数值就是与资本设备的使用年限和价值相同的一笔资金的利息率。或者如果我们倾向于用“纯”利息率作为标准利息率，那么必须在长期成本中加入另外一种被称作风险成本的项目，这种风险成本能够补偿实际收益和预期收益之间的可能性的差额。所以长期供给价格等于直接成本、补充成本、风险成本和利息成本四者之和。另一方面，短期供给价格等于边际直接成本。因此，当企业主购买或自己生产资本设备时，必然期望边际直接成本的价值能够超过平均价格，从而能够补偿自己的补充成本、风险成本和利息成本之和。所以在长期的均衡状态中，边际直接成本超过平均直接成本的部分等于补充成本、风险成本和利息成本三者之和[1]。

边际直接成本等于平均直接成本与补充成本之和时的产量水平具有特殊的重要性，因为在该点上，企业主正好达到了收支平衡。换句话讲，在该产量水平上，企业主的利润正好为零。当小于这个产量时，企业主就要承担一定程度的损失。

除了直接成本的核算，补充成本的核算又由于资本设备类型的不同而具有很大的差异。下面是两种极端情况。

（1）资本设备在使用中必然会伴随着维修费用（例如，给机器加油）。这部分维修费用被包括在要素成本中（除了从外界购买的东西）。如果由于

[1] 这种问题的提出要依赖一个方便的假设，即边际直接成本曲线在产量的变化范围内是连续的。事实上，这种假设通常是不现实的，可能会存在一点或者几点不连续的地方，特别是当资本设备的使用达到它们的技术极限时，更是如此。在这种情况下，边际分析的方法就不再适用了。价格也可能会超过边际直接成本（同样，在产量低于某一水平时，也会发生这种非连续性的情况）。这些对于我们考虑长期均衡条件下的短期供给价格是非常重要的，因为在这种情况下，任何边际成本曲线上不连续的点，都是在当时的技术水平条件下处于满负荷运行的、超过资本设备的生产能力的点。如此一来，长期均衡的短期供给价格就必须要超过边际直接成本，此时边际直接成本是以产量减少一单位所导致的成本减少来计算的。

老式机床

物理原因，现期折旧的全部数量都是由这项费用承担的，那么此时使用者成本必然等于负的补充成本。从而在长期的均衡中，边际要素成本必然超过平均的要素成本，其差额就等于风险成本与利息成本之和。

（2）只有在资本设备处于使用的状态，它的一部分价值损失才会体现出来。如果这部分价值损失在资本设备的使用过程中没有得到弥补，那么它就被计算到使用者成本之内。

需要指出的是，企业主并不会首先选择使用最老的、最差的资本设备，这不仅仅因为这种资本设备的使用者成本低，而是由于这种低的使用者成本并不能抵偿其相对较低的效率。例如，这种破旧的资本设备会具有较高的要素成本。因此，企业主倾向于使用这样一种资本设备，即该资本设备所生产产品的单位产量的使用者成本与要素成本之和最小[1]。据此可知，都会存在与

[1]　由于使用者成本部分地取决于未来的工资水平，所以单位工资的减少被视为是短期的。这会导致要素成本与使用者成本以不同的比例发生变化，从而会影响到资本设备型号的使用和有效需求的水平。因为要素成本在决定有效需求方面与使用者成本是不同的。

给定产品的产量相对应的使用者成本[1]，但是这个总使用者成本与边际使用者成本之间并不具有一致关系。也就是说，这个总使用者成本与由产量的增加而引起增加的使用者成本之间并没有一致关系。

二

使用者成本是现在状态与未来状态之间的联系纽带。在决定产量水平时，企业主必须在当前可以使用的资本设备和把它们留作日后再用这两者之间做出选择。正是资本设备在当前使用中所牺牲的未来预期收益，决定了使用者成本的数量。而且正是这种牺牲的未来收益的边际量、边际要素成本和期望边际收益三者一起，决定了企业主的生产规模。那么，企业主如何计算生产过程中的使用者成本呢?

我们已经定义了使用者成本为使用资本设备过程中所造成的资本设备价值量的减少与不使用的情况相对应。而那些在使用中所付出的维修和改善资本设备的费用，以及向其他企业主购买的费用，都应该被计算在使用者成本之内。因此，要想得到使用者成本，必须计算在当前不使用资本设备而未来使用资本设备所能得到的预期收益的现值。这一数值必须至少等于推迟使用该资本设备所预期得到的收益的现值。当然也可能大于该现值[2]。

如果不存在多余的设备存货，并且每年都有一批批的资本设备被生产出来用以增补或替换，那么很明显，此时边际使用者成本是根据以下情形来计算的：一是资本设备被使用时，该资本设备的使用寿命或效率；二是该资本设备当前的重置成本。然而如果存在剩余的资本设备，那么使用者成本将取决于一段时间之内的利率和现行的补充成本，这段时间就是这些剩余的资本

[1] 最先使用的资本设备的使用者成本并不必然与总产量是独立的、无关的。例如，当总产量变化时，使用者成本是可以随时发生变化的。

[2] 如果企业主预期未来会得到大于正常的收益，然而这种未来的收益不足以延续足够的时间以使得企业主能够为此生产新的设备，那么使用者成本就会大于此现值。今天的使用者成本就等于把每一个未来预期收益折合成现值的最大者。

设备由于折旧、损耗等原因造成的资本设备的损耗消失殆尽的期间。因此，通过这样的方式，利息成本和当前的补充成本两者间接地影响了使用者成本的计算。

当要素成本等于零时，这种使用者成本的计算方法最为简单明了。现以我的《货币论》第2卷第29章中原材料铜存在剩余为例进行说明。我们首先可以列举出这些铜在未来的不同时期的一系列预期价值，这些价值取决于这些多余的铜被消耗吸收的速度，并且随着它们的消耗，这些铜的价值就逐渐地接近正常的生产成本。那么一吨铜的现值（或者说使用者成本）就等于这一系列的预期价值减去现在的补充成本和每吨铜从现在到未来的利息成本，这些数值中的最大数即为铜的现值或使用者成本。

同理，我们可以应用这样的计算方法计算多余的船、工厂或者机器在供应剩余情况下的使用者成本，其计算方法就是其剩余量被预期消耗完的那一天的重置成本减去现在的补充成本和现在到到期日的利息成本。

在上述计算方法中，我们假设这些资本设备不能再用时，是有替代物可以替代它们的。如果使用中的资本设备消耗殆尽时不存在相应的替代物，那么此时在计算资本设备的使用者成本时，必须把新的替代资本设备的一部分使用者成本包括在内。这部分的大小取决于这两种资本设备的相对效率的大小。

三

读者应该会注意到，如果资本设备没有被消耗殆尽，而是在使用完后还有剩余的情况下，实际使用者成本与正常使用者成本（也就是资本设备在没有剩余情况下的使用者成本）的差额是由剩余资本设备预期被消耗殆尽的时间长短而定的。所以，如果正在使用中的资本设备的类型的使用年限是各不相同的，那么每年都会有一定比例的资本设备要报废，此时边际使用者成本也不会发生剧烈地下降，除非资本设备的剩余量非常大。在通常的经济萧条例子中，边际使用者成本取决于企业主所预期的萧条持续的时间的长短。因此，当经济状况好转时，供给价格的上升可能部分是由于边际使用者成本的增加，而边际使用者成本的增加则归因于企业主修正未来的预期。

有时，如果人们认为企业主有计划、有组织地每年报废一定比例的资本设备，而不是在某个年份一次性地报废全部多余的资本设备，那么此时就不会造成供给价格的上涨，这种观点与从事生产经营的人的观点是完全相反的。但是使用者成本的概念可以说明，假如把资本设备报废一半，那么也会立即造成供给价格的上涨，因为把资本设备报废一半这样的做法缩短了剩余的资本设备消耗殆尽的时间，从而提高了使用者的成本，造成了供给价格的提高。所以，即使从事生产经营的人没有明确表述使用者成本这样的概念，可是在其观念之中还是能够意识到使用者成本。

假如补充成本很大，当存在剩余的资本设备时，边际使用者成本也是比较低的。而且当存在剩余的资本设备时，边际要素成本和使用者成本不可能大于这些资本设备的平均值。如果上述的两个条件都满足了，那么剩余资本设备的存在很可能会导致企业主承受净损失，而且可能是承受比较大的净损失。当这些多余的资本设备被消耗殆尽的时候，这些承受净损失的情况也不会立即变成可以获得正常利润的情况。随着剩余资本的减少，使用者成本就会逐渐增加，边际成本超过平均要素成本和使用者成本的部分也会逐渐增加。

四

在马歇尔的《经济学原理》（第6版第360页）一书中，他把使用者成本的一部分包括在直接成本之中。但是他没有提出这种方法是如何计算的，也没有提到这种方法的重要性。庇古教授在其《论失业问题》（第42页）明确地指出：一般情况下，由边际产出决定的资本设备的边际负投资是可以忽略不计的。他在书中还说："与产量变动相联系的资本设备的损耗率，以及所雇用的非劳动力的成本数量都是可以忽略的，因为一般说来，它们具有次要

1876年的版画，描述了19世纪的生活，我们可以看到蒸汽动力火车、蒸汽船、机器生产以及纸带机等

的重要性。”[1]的确，认为在生产的边际状态中，资本设备的边际负效用等于零的观点是近来很多经济理论所认同的观点。但是只要我们认为有必要准确地解释单个厂商供给价格的含义，那么全部的问题就会很明了。

根据上面所述的这些理由，闲置资本设备的维护成本会降低边际使用者成本，尤其是在预期经济萧条会持续很长一段时间的情况下更是如此。然而较低的使用者成本并不是短时期内的固有特点，而是在特殊情况下，以及闲置资本设备的维修成本比较大的情况下的特征。同时也是在新的资本设备占比例比较大的情况下，使用者成本较低这样的特点才会更为明显。

在原材料的例子中，考虑使用者成本的必要性是显而易见的。如果一吨铜在今天被消耗殆尽，那么它在明天就不可能再被使用。同理，铜在明天被用于生产而消耗掉的价值必须被计算为边际成本的一部分，这是很明显的。然而人们忽视了：当资本设备用于生产时，铜只是一个极端的例子。必须区分原材料和固定资本设备，因为必须计算使用原材料所引起的负投资，而使用固定资本设备引起的负投资则可以忽略不计。这种做法是不符合实际的，尤其是在每年都更换资本设备和邻近更换资本设备年限的正常情况下，更不符合实际。

使用者成本与补充成本这两个概念的优势在于它们都适用于经营资本、流动资本和固定资本的计算。原材料与固定资本设备的本质不同并不在于它

[1] 霍特里先生（《经济》杂志，1934年5月，第145页）曾注意到庇古教授关于供给价格和边际劳动力成本的等同，并且据理力争，认为庇古教授的观点会因之有被攻击的风险。

们计算使用者成本与补充成本的责任上，而是在于这样的事实，即流动资本的收益是一次性的，而固定资本设备的收益是持续性的，并且是被逐渐消耗掉的。所以使用固定资本设备所引起的收益包括一系列的使用者成本和连续的生产周期的利润。

第7章　进一步研究储蓄和投资的含义

一

在前面的章节中，我们把储蓄和投资定义为数量上相等的两个量，对于整个社会来说，它们就是一个事物的两个方面。然而在几位当代的经济学家的著作中（包括本人的《货币论》）都对这两个名词做了特殊的定义，即储蓄和投资未必是相等的。其他一些人虽没有对储蓄和投资进行定义，但是他们也假定储蓄和投资未必是相等的。因此，我们把对这两个词语以往的讨论研究与现在的探讨联系起来，并对这些研究和说法进行分类，会是一件非常有用的事情。

据我所知，每个人都认同这样定义储蓄，即收入与消费的差额。如果没有这样的统一认识作为基础，那么对储蓄的讨论就很不方便，也会引起误解。另外，关于消费支出的含义也不存在任何重大的意见和分歧。由此可见，人们的分歧不是源于对投资定义的不同，就是源于对收入定义的不同。

二

关于投资，在流行的说法中，投资通常被认为是个人或公司对新的或旧的资产的购买行为。有时，投资被严格限制在购买有价证券的范围之内。但是我们则把购买房屋、机器设备或成品以及半成品都称为投资。从广义角度讲，新投资有别于再投资。新投资是指用收入的一部分或全部来购买任何种类的资本设备的行为。如果我们把出售资产的行为称作负投资，那么我对投资的定义就与通用的定义一致了。我们也已经对债务的产生或清偿进行了调整（包括货币数量或信用的改变），但是就整个社会而言，债权量的增加或减少必然是等于债务量的减少或增加，所以在我们计算总投资时，这些复杂情况也已经相互抵消了。因此，如果我们假设通常意义上的收入相当于我所定义的净收入，在计算净收入的时候也考虑到了旧资本设备的价值变化，那么通常意义上的总投资就相当于我所定义的净投资，即任何类型资本设备的净增加值。

因此，这样定义的投资包括资本设备的净增加值，不论这种资本设备是固定资本、经营资本还是流动资本。对投资的任何重大的差异（投资和净投资的差异除外）都是由于把上面三种资本设备中的一种或一种以上的增加值排除在投资的定义之外引起的。

举例来说，霍特里先生认为流动资本的改变具有很重要的意义，所以他提出把这种流动资本的改变，即尚未售出的存货的价值量改变，排除在投资的定义之外。在这种情况下，储蓄超过投资的量就会等于未出售的存货量的增加，即流动资本的增加。但是，霍特里先生关于为什么这个因素尤其值得强调的看法没有说服力，而且把重点都放在了对意外变化的纠正上，从而忽视了可预见的变化，不论这种可预见的变化正确与否。霍特里先生认为企业主每天关于生产规模的决策都是根据前一天未售存货数量的变化而制订的。如果企业生产的是消费品，那么未售存货的数量变化对企业主的生产决策肯定有重要的影响，但是影响企业主生产决策的因素是多方面的，我们找不出任何理由能排除那些其他方面因素对企业主生产决策的影响。所以我认为影响企业主决策的是有效需求的全部变化，而不仅仅是部分地反应有效需求变化的未售出的存货量的增减。此外，对于固定资本来说，闲置的固定资本设备类型的生产能力对生产决策的影响就相当于存货量的增减对生产决策的影响。我没有发现霍特里先生对这个至少对生产决策具有同等重要影响的要素是如何处理的。

奥地利学派的经济学家所描述的资本形成和资本消费的概念与我们上面所描述的投资与负投资、净投资与负净投资的概念是不同的。按照我们的定义，资本设备的价值在某种程度上并没有减少，但是在奥地利学派的经济学家眼中，资本设备还可能会产生消费。然而我还没有找到任何的著作能把他们的观点解释清楚。例如，他们认为当生产过程被延长时，就可能会发生资本的形成。可是这样的论述并没有把问题解释清楚。

三

我们接下来论述储蓄与投资的不同，它们的不同是由于对收入的定义不同。所以收入超过消费的部分也就不同了。在《货币论》中，我对这些名词的用法就是一个例子。如同在前文中所解释过的，《货币论》中关于收入的定义与我现在所讲的收入是不同的。在《货币论》中定义收入的计算方法不是以企业主实际取得的利润为基础，而是以企业主的“正常利润”作为收入的基础。因此，我说的储蓄超过投资是指企业主从自己拥有的资本设备的生产中所获得的利润少于正常利润。而储蓄大于投资的部分是指企业主的利润在降低，因而其开始产生缩小产量的想法。

我现在认为，就业量（实际上也就是产量和实际收入）是由企业主决定的，因为企业主有这样的动机，即最大化其当前利润与期望利润（企业主把使用者成本分配并使用于资本设备中，从而期望能够在资本设备的使用年限内获取最大化的报酬）。能够使企业主的利润达到最大值的就业量，取决于总需求函数，而总需求函数又取决于在各种不同的假设条件下企业主能够从他们投资与消费中所获取的预期收益。在我的《货币论》中所定义的投资超过储蓄的改变是一种处理利润变化的手段和方式，尽管在这本书中我没有明确地区分预期结果与可实现结果之间的差异[1]。同时我还认为，投资超过储蓄部分的改变是由于决定产量动机的改变引起的。因此，尽管新论点现在看来更加准确、更加具有指导性，但是从本质上来说，这些新论点基本都是对我以往论点的继承。用《货币论》中的论述语言可以表述如下：在前一个生

[1]　我的方法就是把当前的期望利润看作当前已经实现的利润。

产周期的就业量和产量给定的情况下，投资超过储蓄的期望值的增加将会吸引企业主增加就业量和产量。我当前的观点和以往的观点的重要意义就在于在这两个论点中，都试图去证明就业量是由企业主对有效需求的预估值决定的，在《货币论》中所定义的投资超过储蓄的期望值的增加就是衡量有效需求增加的标准。但是，从现在对以往论点的深入拓展来说，在《货币论》中的论点确实是让人感到比较混乱且是不完整的。

D.H.罗伯特森先生曾把今天的收入定义为昨天的消费加上投资，按照这个思路，那么今天的储蓄就等于昨天的投资加上昨天的消费超过今天消费的部分。在这样的定义下，储蓄是可以高于投资的，也就是说，昨天的收入（这个收入是从我所说的意义出发的）可以超过今天的收入。因此，当罗伯特森先生说储蓄超过投资时，从字面意义来说，与我所说的收入降低是一样

1861年9月，内战时期的美国。纽约人在华尔街的办公室购买新发行的政府债券，为联邦战争提供资金

的，而储蓄超过投资的部分正好等于我所说的收入下降的部分。如果当前的期望总是由昨天已经实现的结果决定的，那么今天的有效需求就等于昨天的收入。所以罗伯特森先生的方法虽然与我的方法不同，但是我们都是在做相同的尝试，即我们都在尽力比较有效需求与收入之间的关系，而这些比较对因果分析是非常重要的[1]。

四

我们接下来要分析与“强制储蓄”这一名词具有联系却更为含糊的一些论点。在我的《货币论》中，我对这个概念进行初次使用，并认为这与后面章节中要用到的投资与“储蓄”的差别有一定的联系。但是现在，我不再自信它们之间有事实上确定的联系了。但是无论如何，我确信“强制储蓄”与近年来一些人（例如哈耶克教授、罗宾斯教授等）所用的类似的词语，与我在《货币论》中所表述的投资与“储蓄”之间的差，根本不具有确定性的联系。因为这些作者没有明确阐述他们所表达的词语的含义，而从他们的意义上所说的“强制消费”实际上指的是一种现象。这种现象直接来自货币数量或银行信用的变化，并且是由这种变化的大小来衡量的。

产量和就业量的变化将引起以工资单位衡量的收入的变化，这是很明显的。工资单位的变化将导致债权人与债务人之间收入的再分配，也会导致以货币来衡量的总收入的变化。在上述两种变化之中，都可能存在储蓄数量的变化。货币数量的变化可以通过影响利率实现收入的数量和分配的变化，从而间接地引起储蓄数量的变化。但是这种储蓄数量的变化与其他环境的改变所引起的储蓄数量的变化对比起来，并不更具“强制性”。而且我们也没有办法区别储蓄数量的变化是由于哪种情况引起的，除非我们用某种情况下的储蓄量作为标准来衡量。此外，同样的货币数量变化所引起的总储蓄数量的

[1] 参阅罗伯特森先生《储蓄和贮藏》一文，刊载于（《经济学杂志》1933年9月，第399页），以及罗伯特森、霍特里和我的讨论（《经济学杂志》1933年12月，第658页）。

变化也是各不相同的，因为这是由诸多因素共同决定的。关于这些，我们在以后的分析中也将会看到。

综上所述，除非我们规定一个储蓄率的标准，否则“强制储蓄”是没有任何意义的。假如我们用充分就业状态下的储蓄量作为标准（或许这是一个合理的标准），那么我们上述的定义就会变为：强制储蓄是实际储蓄减去长期均衡状态下处于充分就业时的储蓄。此定义也许具有意义，但是在这种定义下，强制储蓄过剩就是很少且是不稳定的一种现象，而强制储蓄的缺乏或不足就是比较常见的事情了。

哈耶克教授在其文章《强制储蓄原则的发展论》[1]中指出，强制储蓄这个名词正好是该词本身的含义。“强制储蓄”或“强制节俭”首先是来自边沁的概念，边沁这样分析这个词的含义：首先，假定人们都已经处于充分就业的状态；然后设想，在这种充分就业的状态下，货币数量相对于可以出售的商品数量而言，是相对多的；那么此时会发生什么情况[2]？边沁认为，在这种情况下，实际收入也不会增加，而且还会造成额外投资的发生。这种投资是作为转变的结果出现的，同时还会发生强制节俭。这种节俭是以“国民幸福和国家正义的牺牲为代价的”。所有19世纪探讨这个概念的经济学家都坚持这种想法。但是想要把这种清晰的观念推广到非充分就业的状态还是存在一定困难。当然任何就业的增加都需要已经被雇用的人在收入上做出点牺牲，这是毋庸置疑的（这是由于应用到给定资本设备上的雇用劳动力的增加会导致每个劳动力收入的减少），但是想把这种收入的牺牲与伴随着劳动力增加而发生的投资的增加联系起来也不会取得很好的结果。不论如何，我没有看到任何一个现代的经济学家有兴趣把“强制储蓄”的研究扩展到就业量增加的情况中，这些经济学家可能忽视了下列事实，即要把边沁关于强制节俭的概念推广到非充分就业的状态还需要其他的解释和条件。

[1] 《经济学季刊》1932年11月，第123页。

[2] 《经济学季刊》1932年11月，第125页。

五

我认为，虽然储蓄和投资的概念从它们的字面意义上说都是比较简单的，但是它们也相互区别，这是需要解释的。其原因是我们通常会有选择性的错觉，即把存款者与银行的关系看成单方面的，而没有注意到这其实是具有两面性的交易。我们通常会认为储蓄者和银行之前可以互相配合从而让储蓄消失在银行系统中，因此这些储蓄就不会用于投资。或者相反，我们还会认为在没有任何储蓄的情况下，银行也可以让投资的发生成为可能。但是没有任何人在没有获取资产的情况下就可以储蓄，不论这种资产是现金、债权还是资本。同样，也没有任何人可以获取之前不曾拥有的资产，除非这样的资产是被新生产出来的，或者其他人把这项资产出卖。在第一种获取资产的途径中，会存在相应的新投资；在第二种获取资产的途径中，有人具有负储蓄。那个具有负投资的人失去了财富，肯定是由于他的消费超过了收入，而不是由于资本资产价值的变化而引起的资本账目的损失。因为现在的问题并不是他之前拥有的资产受到了损失，而是他按照资本设备当前的价值出售之后，没有将他的所得转而购买其他的资本设备以用来生产，而是把这些出售款全部用于消费。也就是说，他的消费超过了当前的收入。此外，如果银行要抛售某项资产，一定有人用现金和它交易。因此，根据上面的分析，第一个人的储蓄与其他人的储蓄的总和必然等于当前新投资的数量。

一种孤立地对待增加银行信用的观点认为，银行系统所创造的信用可以在没有相应“真实储蓄”的条件下发生投资。如果银行的信用提供给企业主从而使得其能够进行没有这种信用就不能进行的新投资，那么此时收入当然会增加，同时收入增加的速度会超过新投资增加的速度。而且除了在充分就业的状态下，实际收入和货币收入都会增加。公众具有“自由选择”的权利，来对他们增加的收入在储蓄和消费之前进行分配。从这方面讲，那些从银行借款进行新投资的企业主的投资速度不可能大于公众的储蓄增加的速度（除非这些企业主的新投资是用来代替已经存在的企业主的投资）。所以这样形成的储蓄与其他储蓄一样，都是非常真实的。没有人是被迫持有与新的

美国20世纪初期的银行、近代银行产生于中世纪的意大利，交通都靠船运，威尼斯凭借其特殊的地理位置成为当时的贸易中心。也正是各地贸易需要对来自几十个国家和地区的货币进行鉴别、估价、存管，同时放贷，孕育了第一代的近代银行

银行信用相对应的货币，除非这个人故意持有更多的货币而不愿持有其他形式的财富。而就业量、收入和价格这三者会彼此适应从而进行相应的变化，所以在新情况下，确实会有人选择持有这种新增的货币。一个未被预料的投资的增加的确可以引起总储蓄和总投资速度的不规则变化，而假如这种投资的增加能被预料到，那么总储蓄和总投资速度的不规则的变化就不可能发生。银行在提供信用贷款时会导致三种倾向：一是产量增加；二是以工资单位衡量的边际产品的价值增加（在收益减少的条件下，必然会出现产

20世纪老照片，一个表情严肃的银行家坐在他的办公室里。1980年代之前，商业银行的贷款占据了美国所有企业融资的80%以上，这意味着华尔街所有呼风唤雨的巨头对美国经济发展做出的贡献，还比不上遍布全国的小商业银行的一个零头

量增加）；三是以货币衡量的工资单位的增加（这是就业量改善的必然结果）。这些倾向的出现可能会影响真实收入在不同群体之间的分配。但是这些趋向也是产量增加状态下的一个特征。如果产量增加不是由于银行信用的增加而是由于其他原因形成，那么这些倾向也会发生。只要避免任何有能力改善就业量的行动发生，那么这些倾向就可以避免。然而我们上面所讨论的很多内容都是我们还没有得

出的结论。

主张储蓄通常包含投资的旧观点，尽管是不完整的和容易让人产生误解的，但是在形式上，这种旧观点比主张存在没有投资的储蓄或没有“真实”储蓄的投资的新观点更具有影响力和可信度。旧观点的错误在于其进行了似是而非的推论，即当个人储蓄时，必然会引起同等数量的投资的增加。当然，当个人进行储蓄时，增加了个人所拥有的财富，这是毋庸置疑的。但是由此推论，他的储蓄行为也增加了总财富就未必是正确的。因为这忽略了一些可能性，即这个人的储蓄行为可能会影响其他人的储蓄行为，从而也会影响其他人的财富。

储蓄和投资相等，而个人在储蓄方面又具有“自由意志”，即他不会顾及自己或其他人的投资而自主选择储蓄。这两方面之所以具有一致性，是因为储蓄和消费一样，也具有两面性。尽管一个人的储蓄量不可能会对收入具有任何显著性的影响，但是他的消费量确实能够对其他人的收入产生影响，这就使得其他人不可能同时存储相同数目的储蓄。任何通过减少消费来增加储蓄的尝试都会影响收入，这些尝试必然以失败告终。当然，如果整个社会想要存储比当前的投资量少的储蓄，那也是不可能的。因为任何这样的尝试都必然会导致收入增加到一定水平，而在这样的收入水平上，个人选择的储蓄额就会正好等于投资额。

上述论述与下列命题非常类似，即每个人都拥有自主选择的权利，当一个人选择他想要持有的货币量时，社会上每个人的持币总和必然等于银行所聚集的现金数量。之所以相等，是基于这样的事实，即人们选择持有的货币数量并不是独立于其收入或物品的价格之外（尤其是证券价格），而对物品的购买是人们持有货币的自然选择。因此，收入和物品的价格必然会发生变化，直到个人在新的收入和价格下所选择持有的货币量之和等于银行所聚集的货币量。这就是货币理论的本质命题。

这两个命题都仅仅来自这样的事实，即不可能存在没有买家的卖家，也不可能存在没有卖家的买家。尽管对于市场而言个人的交易可以忽略，此时可以忽略需求的双重性，不会造成什么严重的结果。但是当我们考虑到总需求时，就不能忽略它，如果忽略了需求的双重性，那就错了。这就是总体行为的经济理论与个人行为的经济理论之间的显著不同。在个体行为的经济理论中，我们可以假定个体需求不会影响其收入；但是在总体行为的经济理论中，我们就不能做这样的假定。

第三卷

消费倾向

第8章　消费倾向：Ⅰ.客观因素

一

我们前面为了讨论一些关于定义和方法的问题而偏离了主题，现在可以重新回到讨论的主题上来。我们分析的最终目的是发现决定就业量的因素。迄今为止，我们已经确立初步的结论，即就业量取决于总供给函数与总需求函数的交点。然而总供给函数主要取决于供给的物质情况，包括我们不是很熟悉的一些影响因素。也许我们在形式上对供给函数不是很熟悉，但是其中影响它的一些主要因素对我们来说都不是新的。在第20章，我们还要重新探讨总供给函数，并讨论就业函数这个总供给函数的反函数。总而言之，我们对总需求函数的重视程度还是欠缺的，所以要花第三卷和第四卷两卷篇幅的长度来讨论总需求函数。

总需求函数表示任何给定的就业量与在该就业量水平下所期望实现的收益之间的关系。这一预期“收益”是两个数量之和，即就业量处于一定水平下的消费总量与投资总量之和。决定这两个量的因素是非常明确的。在本卷中，我们只讨论前者，也就是在给定就业量的情况下，消费量是由何种因素决定。而在第四卷中，我们将会转到讨论在给定就业量的情况下，投资量是由何种因素决定的。

由于我们讨论的前提是在给定的就业量情况下，用于消费的量是多少。所以严格来说，我们考虑的函数应该是把消费量（C）与就业量（N）联系起来。然而，为了方便起见，我们可以用一个稍微不同的函数来表示，即在一定水平的就业量下，用工资单位表示的消费量C用C_ω表示，同样，用工资单位表示的相当于该给定水平就业量的收入用Y_ω表示，而就业量还是用N来表示。可能有人会反驳说，Y_ω不是N的唯一函数，的确，这两者之间的关系要受到很多因素的影响。例如，受到职业类别的影响。也就是说，给定总就业量N，但是由于其中的职业种类不同（各种职业的就业函数是不同的，关于这一点我们将在第20章中讨论），就可能会造成Y_ω的值各不相同。在一些特殊的情况下，我们要考虑这些因素的影响，但是一般而言，我们还是可以看作总就业量N唯一决定Y_ω。于是，我们就可以这样定义消费倾向，即我们用 χ 来表示Y_ω和C_ω之间的函数关系

$$C_\omega=\chi(Y_\omega)，或者C=W\cdot\chi(Y_\omega)$$

三个要素决定了一个社会的消费量：①收入水平；②客观环境；③人们的主观需求、心理倾向和个人习惯，以及收入的分配原则（产量增加时，分配原则也会发生变化）。消费动机之间是互相影响的，尝试对消费动机进行分类必然会导致错误的结果。然而为了使分析思路清晰，我们还是尝试把消费动机分为主观因素和客观因素。在后续章节中，我们会对公众的主观因素进行分析，如心理特征、社会习惯和社会制度等。虽然主观因素也是可以改变的，但是在短时间内，它很难发生比较大的改变，除非发生特殊情况或革命情况。如果从历史的角度或社会类型的角度来对消费倾向进行研究，那么我们必须要考虑主观因素变化的可能性。但是在以下的讨论中，我们一般把主观因素看作固定不变的，并假定消费倾向依赖于客观因素的改变。

二

影响消费倾向的客观因素看起来有如下几点。

（1）工资单位的变化。与其说消费量C是货币收入的函数，不如说它是实际收入的函数更为确切。假如决定收入分配的技术水平、兴趣爱好和社会条件不会发生变化，那么一个人的实际收入水平将随着他所能支配的劳动力单位的变化而变化。也就是说，会随其用工资单位衡量的收入的变化而变化。然而当总产量改变时，一个人的实际收入的增加将小于用工资单位衡量的收入的增加

（实际收入的增加是受收益递减的影响的）。因此，作为首要的假设：如果工资单位变化，那么在给定就业量水平的情况下，消费支出将会以相同的比例发生变化，这种同比例变化如同物价随工资单位的变化而发生同比例变化一样。虽然在某些条件下我们还必须考虑，在实际收入的分配原则给定的条件下，因工资单位的变化所引起的企业家和逐利者之间的消费支出的变化。除了这些因素，我们已经考虑了工资单位的变化对用收入衡量的消费倾向的影响，因为收入也是以工资单位来表示的。

（2）收入和净收入之间差别的变化。我们在上面已经说明了，与其说消费量依赖于收入，不如说消费量依赖于净收入。因此，通过这样的定义，我们知道一个人在决定自己的消费量时，首先会想到他有多少净收入。在特定情形下，收入与净收入之间可能存在某种较为稳定的联系。也就是说，不同的收入和与其相对应的净收入之间存在联系两者的唯一的函数关系。但是如果情况不是如此，即收入的变化不会影响净收入的变化，那么这部分收入的变化就可以忽略不计。因为如果情况果真如此，那么收入的变化也不会影响消费量的变化。同理，如果净收入的变化不能反映在收入的变化中，那么我们就必须考虑净收入的变化对消费量的变化产生的影响。然而，除非在特殊情况下，否则我就怀疑这个要素的实际重要性。对收入和净收入之间的差额做较为全面的论述将放在本章第4节。

（3）在计算净收入时没有考虑到的资本价值会发生突然变化。这些突然的变化在改变消费倾向时具有很重要的作用，因为这些变化与收入量之间不存在稳定的或规律的变化。一般来说，富有阶层往往对财富货币价值的突然变化更为敏感，这也是能引起消费倾向在短时间内发生变化的主要因素。

（4）时间贴现率的变化，也就是现在的物品与未来的物品之间的交换比率的变化。这种交换比率的变化与利息率是不一样的，因为它考虑到了未来不可预测的货币购买力的变化。这些时间贴现率也考虑了未来各种类型的风险，例如，不能享受到未来产品的风险或没收性税收政策的实施。然而，作为一种近似的估计，我们还是可以用利息率来代替这种时间贴现率的。

探讨这个因素对给定收入情况下消费开支比例的影响到底有多大，是

1873年的美国木刻画，在当年的9月13日，根据卫生委员会的命令，巡查员对纽约市场上的水果进行检查

非常有价值的。因为古典理论认为利息率是使储蓄的供需达到均衡的要素。我们很容易推出这样的结论，即消费开支和利息率具有反方向的变动关系。那就是：当利息率增加时，消费量会明显减少。但一直以来大家都有一种看法，即利息率的变化对现期消费支出的影响是复杂的、不确定的。因为利息率的改变非常容易改变储蓄的主观动机。长期内，如果利息率的变动比较大，那么它可能会通过影响社会习惯的改变而影响人们的主观消费倾向。但是，如果没有实际经验的参照，这种影响是往哪个方向也是很难判断的。人们通常会认为，在短期内利率的变动不会导致消费的增加，也不会引起消费的减少，即不会对消费产生直接的影响。如果人们的总收入保持不变，假如利率从5%降到4%，那么此时也不会有太多的人由于利息率的改变而去改变自己的生活方式。在间接意义上，利率的变动对消费支出的影响就比较大，但是其具体的影响方向却不好判断。在给定收入的情况下，利率的变动对消费

支出的最重要的影响也许是利率改变时，人们持有的有价证券及其他金融资产会有升值或者贬值的可能性。假如某人的资本价值出现意外增值时，自然想增加当前的消费。相反，假如他的资本价值承受意外损失时，他也许会减少当期的消费。关于这些我在第3章对利息的变化与消费支出的变化之间的关系已经探讨过。因此，我认为经验所能够提供给我们的结论是：在给定收入的情况下，利率的变化对一个人消费量的短期影响是有限的，除非利率发生巨大的变化。当利率处于很低水平时，用一定量的收入所购买的年金的增加与用一定量的收入所得到的利息的减少是形成负储蓄的重要来源，因为利率的降低会鼓励人们购买年金来养老。

在这里，我们也应该讨论消费倾向容易受到未来极端不确定情况的影响。

（5）财政政策的变化。现在，我们知道引导个人储蓄的吸引力在于人们期望得到未来的收益。很明显，人们的储蓄动机不仅取决于利率，还取决于政府的财政政策。所得税，尤其是针对非劳动所得收入所征的所得税、资本利得税和遗产税，以及其他跟利息率相似的税收，都和储蓄有一定的关系。财政政策变化的可能性要大，至少比利息率的变化要大。如果财政政策被政府用来作为对收入进行平均分配的手段，这时其对消费倾向的影响就更大[1]。

我们还应注意到，政府从日常税收中支出一部分组成偿债基金来偿还其发行的国债的行为，也会对消费倾向产生影响。这种偿债基金其实相当于集体的储蓄，而用偿债基金偿还国债的行为应被理解为减少消费倾向的要素。正是因为这个缘故，当政府由发行国债的政策变为设置偿债基金来清偿债务的政策时，就会引起严重的有效需求的减少。当然，如果政府的政策变化是相反的，就会引起有效需求的增加。

（6）人们对个人当前及未来收入水平期望的变化。我们把这个因素考虑进去是为了使分析在形式上更加完善。此因素会对个人的消费倾向产生很大的影响，但是对于整个社会而言，其影响则难以判断。因此，一般而言，此

[1] 我们在这里顺便说一下，关于财政政策对财富的增加所具有的影响力很多人有误解，并且误解的程度还很深。但是对这种误解，在目前还不具有第4卷要探讨的利息理论的知识之前，我们还无法进行充分的讨论。

因素对消费倾向的影响不是非常确定，所以也不可能会产生比较大的影响。

我们据此可知，在给定的情况下，如果假定工资单位不发生变化，那么消费倾向就是一个稳定的函数。资本价值的意外变化能够使消费倾向发生变化，利率和财政政策的重大变动也能使消费倾向发生变化。但是除了这几个因素外，其他影响消费倾向的客观因素我们可以忽略不计，因为在通常情况下，它们对消费倾向的影响大多数是不重要的。

事实上，我们可以用消费倾向函数来概括其他要素，因为在给定经济条件的情况下，用工资单位衡量的消费支出的变化基本取决于产量和就业量的变化。由于其他的要素总是有能力处于变化的（这一点我们尤其不能忘记），用工资单位衡量的总收入在原则上来说是作为主要的变量来影响并决定消费量的，而消费量是总需求函数的一个组成部分和所依靠的要素。

三

消费倾向是一个相对稳定的函数，通常情况下，消费量取决于总收入，它们都是以工资单位来衡量的。如果说消费倾向自身的变化只是次要的影响因素，那么消费倾向函数的形态应该是什么样的呢?

无论是从已知人的本性而言，还是从事实中得到的经验而言，我们都可以得到一条基本的心理规律，即在一般情况下，人们的收入增加时，他们的消费也会增加，但是消费的增加量不如收入的增加量。也就是说，如果我们用C_ω代表消费量，用Y_ω表示收入，那么代表它们单位变化的ΔC_ω和ΔY_ω就具有相同的正负号，但是ΔC_ω小于ΔY_ω，即$\mathrm{d}C_\omega/\mathrm{d}Y_\omega$为正值，而且其值小于1。

当我们的研究对象处于短周期状况时，更是如此。例如，假如短时期内的就业量呈现出周期性的变化，但是人们的习惯还没有足够的时间去适应这种客观环境的变化。一个人为了维持其正常的生活标准，他首先要有收入，然后才能把从实际收入中减去维持日常生活标准的支出的余额储蓄起来。即使他由于收入的变化而调整维持自己日常生活标准的消费开支，但在短时期内，他的消费习惯不会立即发生变化。所以如果他的收入增加，那么储蓄会增加；同理，收入减少，储蓄就会减少。不过，收入增加时所造成的储蓄的增加的幅度会比收入减少时储蓄的减少的幅度要大。

然而，除了在短时期内收入水平会发生变化外，还有一点很明显，那就是收入的绝对值越大，收入与消费之间的差额也就越大。因为一个人满足其本人和家庭当前基本需要的愿望比积累财富的愿望要强烈，因此，只有当这个人对于生活的舒适度感到满足的时候，他才会有能力去积累财富。所以，我们可以得出这样的结论，即当实际收入增加时，收入中储蓄所占的比例也会增加。但是收入增加时，我们不能确定其中用于储蓄的比例是否会增加，收入增加后其中会有多大的比例用于储蓄——这也是现代社会中一个普遍的心理学问题。但我们认为一定存在这样的规律，即当实际收入增加时，人们的消费支出不会发生与实际收入增加的绝对值相同的增加，而是其支出的增加会小于实际收入增加的幅度。所以会有一笔绝对值很大的资金用于储蓄，除非此时其他要素发生很大的、不平常的变化，不然不会改变这种趋势。这样的说明，在以后章节的分析中还会提到，而经济制度的稳定与否也主要取决于此规律在实际中的应用效果。也就是说，如果就业量和总收入增加，这时并不是所有增加的就业量都被要求用来满足消费量的增加。

另外，假如由于就业水平的下降而造成收入的下降，且一直持续下去，那么就会引起消费支出超过收入的情况。这种情况不仅会发生在个人身上，也会发生在机构或公司身上，这些机构或公司会用光其在比较好的时期储存下来的储备金，甚至这种情况还会发生在政府身上。此时，无论政府愿意与否，都会陷入财政超支的境地，并只能依靠借款来给人们发放失业救济金。因此，当就业量下降到一定的水平时，总消费量的下降会小于真实收入下降的数量。原因不仅在于个人的习惯行为在短期内难以改变，还在于政府的政策导向可能出了问题。这两个原因就解释了为何均衡状态能够在波动幅度有限的范围内得以形成。否则，一旦就业量和收入同时下降，那么它们就有可能下降到非常极端的程度。

1903年老照片，纽约市的第六大道挤满了购物者。人们可以看到高架火车在上方驶过，马车和货车在街道上行驶

可以看到，这个简单的规则能够得到与前面相同的结论，即就业量只能是随着投资量的增加而增加，除非消费倾向确实发生了变化。之所以能够得出这样的结论，是因为当就业量增加时，消费者的消费支出是小于总供给价格的增加的，所以，除非有增加的投资能够消化掉两者之间的差额，否则这些增加的就业量就不能获得利润，就是无利可图的。

四

我们绝不可低估上面已经证明了的重要事实，即就业量是预期消费量和预期投资量的函数。假定其他条件不变，那么消费量是净收入的函数，也就相当于是净投资的函数。因为净收入等于净投资加上消费量。也就是说，在计算净投资量时，折旧等被认为必须扣除的储备金额越大，净投资量对就业量的影响就越小。

但是有一种情况我们不能忽视，那就是储备金额（或者说补充成本）全部用于已经存在的资本设备的维修情况。当储备金额超过当前维修资本设备的成本，那么此时人们往往看不到它对就业量的正面影响。因为储备金额超过当前资本设备维修成本的部分既不会直接导致当前投资的增加，也不会被用于当前的消费。因此这部分超额资金必须用于新投资，以达到新均衡。然而对新投资的需求与当前旧设备的损耗是完全没有关系的。就像我们所知道的，储备金额是为了当前旧设备的损耗而存在的，这就导致能够产生当前收入的新投资必然会相应地减少；而社会对新投资的需求就会更加强烈，因为新投资是能够维持一定水平的就业量的。需要注意的是，上面的分析同样适用于使用者成本在内的损耗，只要它的这种损耗在实际上还没有得到补偿。

下面以一栋房子为例进行说明。假定一栋房子一直可以居住，直到它被拆除或弃之不用，如果从租客付出的租金中提出一部分资金记作房屋折旧，可是房主既不愿意把这笔资金用于维修房屋，也不愿意把它作为净收入用于消费。那么不论这笔资金是U的一部分还是V的一部分，它在房子的整个生命周期中都不利于就业量的增加，只有当这栋房屋不得不进行重建时，它才会对就业量的增加起到一定的作用。

在静态经济中，所有这些都不值得分析。因为旧房屋每年的折旧费用正好被建造的新房屋的价值所抵消，这些建造的新房屋是为了替代那些达到使用年限的旧房屋。在非静态经济中，上述要素是非常重要的，尤其是在出现对长期投资资产的狂热投资期内。因为此时新投资的很大一部分会被企业主的储备金所吸收，虽然这些储备金会被用来维修资本设备，但是需要花费全部的储备金去修理、更新这些资本设备的日期还没有到来。这样造成的结果即，此时收入不能增长到一定的水平，而只能处于与较低的净投资量相适应的低水平。在重新购置这些资本设备的需求出现之前，这笔资本设备折旧的储备金会抽取消费者的一部分支出。也就是说，这笔储备金减少了当前的有效需求，而只有当资本设备的重置发生时才会增加有效需求。如果政府在财政上采取“财政稳健政策”，即允许提取折旧的储备金大大超过该资本设备的实际损耗，那么这种政策和上述的储备金对消费支出抽离的效用一起，就会造成非常严重的后果。

以1929年的美国为例，由于资本在过去五年进行了非常迅速的扩张，此时提取的用于资本设备折旧的储备金非常大，但是此时资本设备并不需要更新，所以尽管投资量也很大，但是全部新投资的很大一部分都是被这种提取的储备金给吸收了。人们在充分就业的状态下所积累的储蓄找不到出路，没有任何新投资能够消耗掉这笔储蓄。如此这些条件就足够引起一场经济萧条。此外，由于很多大公司采取“财政稳健政策”，即折旧的储备金大大超过了资本设备的折旧或实际损耗，那么这就更加重了萧条的程度，严重阻碍经济从萧条中尽快走出来。

另一个例子是（1935年的）英国。英国在战后建设的大量住宅和其他新投资，导致设立了大量的偿债基金，这些偿债基金的数额大大超过了任何资本设备当前的维修和更新的支出。而这种情况被地方当局和公共机构的当前投资大为加强，因为他们遵循“稳健”的财政原则，往往要求偿债基金的数额足够抵销资本设备更新之前的全部初始成本，这样造成的结果，即私人准备花费掉其全部净收入，但是由于公共部分和非公共部分提取的与同时期的新投资无关的大量偿债基金的出现，私人的这种行为也很难恢复充分就业的状态。我认为[1]，地方当局提取的补偿基金，其数额超过了用于新发展投资的一半[2]。不知道卫生部是否意识到，当他们坚持要求政府提取较高的偿债基金时，其实也在一定程度上使失业问题变得更加严重了。从在建筑部门提议帮助更多的人建造自己的房屋的例子中，由于人们偿还债务的愿望比房屋实际损耗的速度要快，所以就会造成人们的储蓄比花费要多。这种因素应该被归结到消费倾向的降低而不是被归结为由于净收入的减少所致。从实际数字看，建筑部门贷款的偿还额度，从1925年的2 400万英镑增加到1933年的6 800万英镑，而期间的新贷款额度为10 300万英镑。现今，偿还额度也许要更高。

从产量统计数字中，我们看到的是投资额，而不是净投资额。科林·克拉克先生在其《国民收入：1924—1931 年》一书中，提出了这一点。同时他还指出，折旧等项目一般来说在投资额中会占很大的比例。例如，他估计了1928—1931 年英国的投资和净投资的情况，如表 1 所示[3]。尽管他对总投资的估计比我对投资的估计要大，因为他所估计的总投资可能包括了我所说的使用者成本，至于他估计的“净投资”与我所估计的是否一致，就不得而知了。

[1] 这些实际的数字被认为是不重要的，所以在两年以后才公布。

[2] 截止到1930年3月31日，地方当局花费在资本设备上的资金额为8 700万英镑，其中的3 700万英镑为偿债基金。截止到1933年3月31日，资本设备额为8 100万英镑，而偿债基金为4 600万英镑。

[3] 参见《国民收入：1924—1931年》，第117页和第138页。

表1 1928—1931年英国的投资与净投资情况表

	单位：百万英镑			
	1928年	1929年	1930年	1931年
总投资的输出	791	731	620	482
旧有资本设备的物理损耗	433	435	437	439
净投资	358	296	183	43

库兹涅茨先生在统计美国1919—1933年的《总资本形成》（我称之为投资）的数据时，也得到了相同的结论——统计数字所反映的是总投资，而不是净投资。库兹涅茨先生也发现从总投资中得到净投资是一件困难的事情。他写道："从总投资得到净资本形成的难点在于无法对现存耐用物品消费量准确统计，问题并不仅仅在于数据的匮乏，事实上，耐用品平均每年的消费量这样的概念本身就是含糊不清的"[1]。因此他只能通过另外的一种方法来估计净投资的额度，即"企业账簿上所扣除的折旧和消耗正确地反映了企业所使用的现有的、已经使用完毕的耐用消费品的折旧和消耗的情况及数量"。另一方面，他认为不能够试图从个人所拥有的房屋以及其他的耐用品扣除折旧，他对美国数据的研究所得到的结果如表2所示。

表2 1925—1929年美国的投资与净投资情况表

	单位：百万美元				
	1925年	1926年	1927年	1928年	1929年
总资本的形成（已经考虑了企业库存的价值变化）	30 706	33 571	31 157	33 934	34 491
企业主的常规维护、维修、保养、折旧和损耗	7 685	8 288	8 223	8 481	9 010
净资本的形成（根据库兹涅茨先生的定义）	23 021	25 283	22 934	25 453	25 481

[1] 引用自美国国家经济研究所的52号《学术报告》，其中提到了库兹涅茨先生即将要出版的书中的主要结论。

表3　1930—1933年美国的投资与净投资情况表

	单位：百万美元			
	1930年	1931年	1932年	1933年
总资本的形成（已经考虑了企业库存的价值变化）	27 538	18 721	7 780	14 879
企业主的常规维护、维修、保养、折旧和损耗	8 502	7 632	6 543	8 204
净资本的形成（根据库兹涅茨先生的定义）	19 036	11 098	1 237	6 675

从表2和表3中我们能够看出很多事实。在1925—1929年间，净资本的形成是非常稳定的，即使在经济增长的后几年，每年也是保持10%左右的增长。即使在萧条阶段的最底部，企业主的常规维护、维修、保养、折旧和损耗也仍然处于比较高的水平。但是库兹涅茨先生的方法必然会导致企业主对每年的折旧率等的低估。例如，他认为每年的新资本形成率要高于年折旧率1.5个百分点。最后，净资本的形成在1929年之后迅速下降，1932年的净资本形成的数值比1925年到1929年五年的平均数至少降低了95%。

某种程度上说，我们上面的论述有些跑题。但是在我们计算通常可用于消费的净收入之前，必须从社会（这个社会已经拥有巨大的资本存量）的收入中扣除一大笔费用。这一点是非常重要的。假如忽视这一点，我们就会低估消费倾向，而且即使社会成员愿意把净收入中的很大比例用于消费，我们在估计消费倾向时也还是会受到影响而导致对消费倾向估计得不准确。

我们有必要再次强调：消费是一切经济活动的最终目的和唯一对象。就业量受到总需求的限制。总需求只可能来自现在的消费或现在为将来的消费而做的准备。我们要有利可图地进行现在的消费，而不能把消费推到遥遥无期的未来。为了一个社会整体，我们不能够为未来的消费提供资金支出，而只能够为当前的消费提供一定量的产出。由于我们的社会组织和商业组织已经把为未来的消费而提供的资金支出和为未来的消费而提供的物质准备区分开来，所以，为未来的消费而提供资金支持并不一定会导致后者的发生，稳

1911年老照片，人们走在纽约金融区、华尔街和百老汇的大街上，街道上有马拉的车辆和机动车辆

健的财政政策则容易导致总需求的减少从而损耗社会现在的经济状况，有很多的例子可以证明这种情况的发生。此外，我们为未来的消费所准备的消费越多，我们对作为消费来源的当前消费的依赖就越大，而找出更多地为未来消费所准备的消费渠道就更加困难。然而不幸的是，我们的收入越大，那么我们的收入与消费之间的差距就越大。正如我们将要看到的那样，除非保持足够大的失业量，让社会贫困到收入与消费的差额恰好等于当前生产出来的物质价值，而生产这些物质价值的目的是为未来的消费做准备，否则就没有办法解决这个难题。

当然，我们也不妨换个角度来看问题。消费一部分是由现在生产的产品来满足，一部分是由过去生产的产品来满足，即由负投资来满足。消费由后者满足的程度，决定了当前总需求的缩减程度，由于消费的一部分由过去生产的产品所满足了，那么当前的一部分消费支出就不能再转变为净收入的一部分了。反之，如果当前的生产是为了满足随之而来的消费需求，那么就会造成当前总需求的增加。所有的资本投资迟早都会以资本的负投资的形式而终结。因此，随着资本的增加，使资本投资超过资本负投资而且超过的数值必须大到能够补偿净收入与消费支出之间的缺口，这成为日益困难的问题。当人们预期未来的消费支出会增加时，新资本的投资超过负投资这种情况才会发生。每一次通过增加投资来实现今天的均衡时，就会导致明天的均衡更加困难。只有预期到未来的某天消费倾向会增加，今天消费倾向的减少才更符合公众利益。我们应该记住《蜜蜂的寓言》所带给我们的提示——明天的

1912年老照片，游客在蒂华纳汽车旁拍照留念

快乐是人们今天进行艰苦奋斗不可或缺的理由。

有一件奇怪但是值得深思的事情，那就是人们似乎只关心类似于修路、建房子这样的公共投资的过程中所遇到的一些困难。而通常来说，人们会反对公共部门通过增加投资而增加就业量的提案，理由是这些提案将来会造成

困难。大家不禁要问："当政府部门已经建造了人们所需的房屋、道路、市政厅、电网和供水设备等时，那么将来数量不变的人口还会需要政府做什么呢？"但是一般的人很难理解这种疑惑，它也会出现在私人投资和工业扩张中。尤其是会出现在工业扩张过程中，因为人们很容易看到对新厂房的设备需求比对住宅的需求更容易通过较少的货币得到满足。

很多人之所以没有正确理解这个问题，还在于没有充分意识到一个事实，即资本不能离开消费而独立存在。这些障碍与很多的资本学术探讨的结果是一致的。另外，消费倾向的每一次降低都会被看作永久性的习惯，这必然会降低人们对资本物品的需求，也会减低人们对消费的需求。

第9章　消费倾向：Ⅱ．　主观因素

一

在给定收入水平的情况下，这里还有第二种影响消费量的因素，即主观因素和社会因素。这些因素决定了消费支出的多少，当然，这些讨论都是在以工资单位衡量的总收入和我们已经讨论过的这些相关的客观因素都不变的情况下进行的。然而对这些因素的分析并不能引出新的观点，所以只需要列举出其中比较重要的分类而不用较长的篇幅对它们进行深入的探讨。

通常来说，存在八种动机导致人们不把他们的收入用于消费开支。它们分别如下：

（1）积聚一笔储备金以应对不时之需；

（2）预防个人和家庭未来的收入和需求与现在的有所不同，例如养老、家庭教育等；

（3）获得利息和财产的增值，因为未来可能发生较大的消费，需要控制现在较小数量的消费；

（4）享受逐渐增加的消费开支，因为人们都是希望生活水平越来越好的，而不是越来越差，即使享受逐渐增加的消费开支的能力会越来越低；

（5）享受独立的生活和事业成功的成就感，尽管对具体的行动还缺乏清楚的理解和明确的目的；

（6）获得从事投机活动或从事某种商业项目的资本；

（7）积聚遗产给后代子孙；

（8）满足纯粹积累财富的欲望，虽然不合理，但却会在事实上抑制消费行为。

上面的八种动机可以被称为谨慎、有远见、筹划、改善、独立、自主、自傲和贪婪。我们也能列举其他的消费动机，如贪图享受、目光短浅、挥霍无度、计算失误、炫耀和奢侈。

除了个人储蓄之外，还有大量的被中央及地方政府、各种社团和公司所控制的收入，而且总储蓄的近三分之二也是被这些机构所控制，如英国和美国。这些机构的储蓄动机与个人的储蓄动机基本相同，但是又有所差异。概括起来，其主要动机有如下四点：

（1）经营动机——获得进一步进行资本设备投资的资源，而不需要另外在市场上筹集资本或借债；

（2）流动性动机——获得流动性的资源，做意外事件、困难情况和衰退情况的资本储备；

（3）改善动机——获得逐渐增长的收入，这样就可以使管理不必背负指责，因为由于积累而引起的收入增加与由于效率提高而引起的收入增加之间是很难区分的；

（4）保守动机——通过实行财政上的稳健政策来解除对未来“做正确的决策”的担忧，具体来说就是所提取的准备金超过了使用者成本和补充成本，因为希望偿还债务和抵消资本设备成本的速度大于资产的实际折旧和损耗的速度。这一动机的力量大小主要取决于资本设备的数量、特点以及技术革新的速度。

与激励人们把收入的一部分不用于消费的动机相适应，也有一些动机激励人们进行超过收入的过度消费。上面所列举的这些激励人们可以得到正值的储蓄动机本身就意味着一段时间以后，人们的储蓄会变为负值。例如，用储蓄来提供未来家庭的生计或养老，用借款来支付失业救济金就是负储蓄的最好例证。

所有这些动机的力度都将会根据我们所假定的这些情形而有很大的不同，如：社会经济制度和组织，种族、教育、习俗、宗教和当前的道德观所形成的习惯，当前的希望与过去的经验，资本设备的规模和技术，财富的分配方式和已经达到的生活标准等。然而在本书的论题中，除非个别的地方，我们不会涉及具有深远意义的社会变革所造成的结果，也不会涉及社会的缓慢进步所造成的影响。也就是说，我们将假定储蓄和消费的主观动机的主要背景都是不变的。由于财富的分配取决于永久性的社会结构，所以它可以被看作一种在很长的时期内改变很慢的要素，在我们目前所讨论的框架内，我们可以认为这一要素是给定的。

二

主观动机和社会动机的主要背景变化非常缓慢，而短期内利率和其他客观要素的改变通常居于次要的地位，于是我们就得到下面的结论，即短期内消费的变化主要取决于以工资单位衡量的收入的变化，而不是取决于给定收入情况下消费倾向的变化。

然而，为了避免引起误会，需要说明的是，我们上面说的意思是利率的变化对消费倾向所造成的影响通常都是比较小的。但这并不意味着利率的变化对实际的储蓄和消费的影响很小。正好相反，利率的变化对实际的储蓄量具有非常重要的影响。但是它对储蓄影响的方向与人们通常设想的方向是相反的，因为即使高利率会吸引未来的大量收入，同时会减小消费倾向，但是我们仍然可以肯定地说，利率上升将会减少实际储蓄量。因为总储蓄是由总投资决定的，利率上升会减少投资（除非投资需求的相应变动能够抵消利率上升）。因此，利率上升必然会引起收入减少到一定程度，在这个收入水平上储蓄的减少与投资的减少程度是相同的。由于收入减少的绝对数值比投资减少的绝对数值要大，所以当利息率上升时，消费率就会降低；但是这并不意味着储蓄就会增加。相反，在这种情况下，储蓄和消费都会减少。

因此，通常的例子中，利率上升都会引起一定收入水平下社会储蓄的增加，但是我们仍然可以确信这样的结论，即利率上升会减少实际总储蓄（假设投资需求曲线没有发生有利于投资需求的变化）。同理，我们甚至可以得出在其他条件都不变的情况下，利率的提高会使收入具体降低多少。因为收

1911年纽约储蓄银行的挤兑。20世纪的银行业改革，1913年的联邦储备法和1933年的银行法，对银行进行监管和存款保险

入必须减少到这样的一个数，即在消费倾向不变的情况下，收入减少引起储蓄减少，正好等于提高利率在现行资本边际效率情况下所引起的投资的减少。对于此问题，后面章节将详细论述。

如果收入不变，那么利率上升可能会引导我们进行更多的储蓄。但是如果利率高到影响了投资，那么我们的收入将不会，也不可能保持不变，收入必然会下降，直到储蓄能力的减少能够抵消利率的提高对储蓄动机的刺激。我们越具有优秀的品德，越有节俭的决心，越是能执行国家的和个人的财政政策，那么当利率相对于资本的边际效率上升时，我们的收入就减少得越多。顽固不化只能带来惩罚，而不会得到奖赏，因为结果是不可避免的。

总之，实际总储蓄和支出的实际速率并不依赖于谨慎、有远见、筹划、改善、独立、进取、自傲和贪婪等动机。而是依赖于在既定的资本边际效率前提下，利率对投资的促进作用的大小[1]。当然这样的说法也许有点夸张了。如果利率能够调整到一直维持连续的充分就业的水平，那么节俭的美德依然会被提倡。而此时，资本积累的速度就再次取决于消费倾向的降低。这样我们再次发现，古典经济学家们之所以歌颂节俭的美德，是因为他们总是假定利率是可以控制调整到维持连续的充分就业水平的。

[1] 在本部分的某些段落我们用到了第四卷将要介绍的某些观点。

第10章 边际消费倾向和乘数

在第8章，我们已经得出这样的结论——就业量只会随着投资量的增加而增加。我们现在可以对这个结论做进一步分析。因为在给定的条件下，我们可以用一定的比率关系建立收入和投资之间的联系，也就是乘数；而且在一定的简化条件下，我们还可以建立总就业量和直接由投资所引起的就业量（我们称之为初始就业量）之间的比率关系，也就是乘数。这一步深入的分析是就业理论不可缺少的一部分，因为在消费倾向一定的情况下，这种分析能够使我们在总就业量、收入和投资率之间建立一种准确的相互关系。乘数这个概念首先是由R.F.卡恩先生在《国内投资和失业之间的关系》（《经济学杂志》，1931年6月）一文中引入到经济学理论的。他的基本观点是：如果消费倾向在各种不同的假设条件下是不变的，而且我们认为货币政策制定部门或其他的公共部门会采取措施刺激或阻碍投资，那么就业量的变化就是投资量净改变的函数。卡恩先生这篇文章的目的在于建立一般性的原则来估计净投资的增加，以及与之相伴随的净就业量增加之间真实的数量关系。然而在引进乘数的概念之前，为了方便论述，我们首先需要引进边际消费倾向的概念。

一

本书所研究的实际收入的变动，是由于在资本设备的数量给定的情况下，以劳动单位衡量的、不同的就业量所引起的，所以实际收入会随着雇用劳动力单位数量的变化而增减。我们先做一般性的假设，假定边际报酬递减，给定资本设备所雇用的劳动力单位增加时，以工资单位衡量的收入增加的比例将大于就业量增加的比例，同样，就业量增加的比例也将大于以产品衡量的实际收入增加的比例（假定用产品衡量实际收入是可能的）。以产品衡量的实际收入和以工资单位衡量的收入将会同时增减，当然，前提是我们假设在短期内，资本设备是固定不变的。然而，以产品来衡量的实际收入是无法用数字来精确表示的，所以用工资单位（Y_ω）衡量的收入作为对实际收入变化进行衡量的指标往往是非常方便的。在很多情况下，我们必须正视这样一个事实，即一般来说，Y_ω增加和减少的比例大于实际收入增减的比例。同时我们也不能忽略另外的事实，即Y_ω和实际收入总是同时增减，它们几乎是可以相互替代的变量。

按照一般的心理学法则，当人们的实际收入增减时，人们的消费欲望也会增减，但是后者增减的程度不如前者。不过，这种心理学法则也不是完全准确的，而是受到一些条件的制约或局限，这些条件我们可以非常容易地用正式完整的形式表现出来。这些条件就是：ΔC_ω和ΔY_ω同号，但是$\Delta Y_\omega > \Delta C_\omega$，其中$C_\omega$表示以工资单位衡量的消费。这个命题已经在本书的第3章出现过，这里只不过是对第3章命题的再次重复。我们把$\mathrm{d}C_\omega/\mathrm{d}Y_\omega$定义为边际消费倾向。

我们定义的这个变量是相当重要的，因为它可以告诉我们产量的增加是如何在消费和投资之间进行分配的。因为$\Delta Y_\omega = \Delta C_\omega + \Delta I_\omega$，其中，$\Delta C_\omega$代表消费的增加量，$\Delta I_\omega$代表投资的增加量。所以可得下列公式：$\Delta Y_\omega = k\Delta I_\omega$，其中$(1-1/k)$就等于边际消费倾向。

我们称k为投资乘数。它告诉我们，当总投资的增加量为一个单位时，收入的增加量将是总投资量的k倍。

二

需要注意的是，卡恩先生所定义的乘数与我们这里所说的乘数是不同的。我们可以把卡恩先生所定义的乘数称为就业乘数（employment multiplier），用k'表示。因为这个乘数衡量的是总就业量增量与由投资所引起的初期就业量增量之间的比例关系。也就是说，如果在投资行业里，投资的增加量ΔI_ω引起了初始就业量的增量ΔN_2，那么总就业的增量$\Delta N = k' \Delta N_2$。

一般来说，我们没有任何理由假定$k=k'$，因为没有必要的假设前提能够得出不同行业类型的总供给函数的有关联部分的函数形状是相同的，即一个行业的需求增量与由它所引起的就业增量之间的比率在其他行业类型中也是相同的[1]。这样的例子有很多。例如，当边际消费倾向与平均消费倾向存在较大差异时，那么此时$\Delta Y_\omega / N$和$\Delta I_\omega / \Delta N_2$很可能也具有很大的差别，因为对消费品和投资品的需求的变化可能是不同的。如果我们能考虑到总行业和投资行业的供给函数的形状差异，那么把下面的论证变为更一般形式的论证是没有困难的。但是为了便于说明问题，我们还是假定$k = k'$，这更方便分析问题。

因此，如果我们假定一个社会的消费心理是把收入增量的十分之九全部用来消费，也就是说乘数k等于10。假如其他方面的投资没有减少，那么，公共投资的增加所引起的就业量将远远超过公共投资本身所提供的初期就业量，这个数值大概是10倍。只有在就业量的增加不会引起投资和消费量的增加时，就业量的增加才会受到公共部门所提供的初始就业量的制约。从另一方面来说，如果人们想要把收入增量全部用于消费，那么经济便不会维持稳定状态，价格也会不受限制地增长。在正常的消费心理下，如果就业量和消费倾向同时发生变化，那么就业量的增加与消费的减少就是具有相关性的。

---

[1] 更确切地说，如果e_e代表所有行业的就业弹性，e'_e代表投资行业的就业弹性，假如N代表所有行业中的就业量，而N_2代表投资行业中的就业量，我们可以这样计算 $\Delta Y_\omega =(Y_\omega / e_e N)\Delta N$

又有 $\Delta I_\omega =(I_\omega / e'_e N_2)\ \Delta N_2$

所以，我们可以得到：$\Delta N =(e_e I_\omega N / e'_e N_2 Y_\omega)\ k` \Delta N_2$

也就是 $k'= (I_\omega e_e N / e'_e N_2 Y_\omega)k$

$=[(I_\omega / e'_e N_2)(e_e N / Y_\omega)]k$

然而，我们没有任何的理由能够认为所有行业的总供给函数和投资行业的总供给函数的特征具有明显的不同之处，所以可以得到$I_\omega / (e'_e N_2) = Y_\omega / (e_e N)$

由此可得：$\Delta Y_\omega / \Delta N = \Delta I_\omega / \Delta N_2$ 所以我们可以得到$k=k'$。

我们可以很容易地找到这方面的例子。例如，在战争年代，人们崇尚的是限制个人的消费，也只有在这样的情况下，投资所引起的就业量的增加才能引起消费品行业的就业量的减少。

下面，我们将对读者已经明白的一些道理用专业的术语来阐述一下。除非人们准备增加以工资单位衡量的储蓄，否则以工资单位衡量的投资量的增加是不会发生的。一般来说，公共部门储蓄的增加总是以公共部门以工资单位衡量的总收入增加为前提。因此，人们把他们增加的收入的一部分用于消费的行为将会刺激产量，直到这种新的收入水平下的储蓄等于已经增加了的投资量为止。乘数告诉我们需要增加多少的就业量才能使产生的实际收入增加到足够大，直到大到这些增加的实际收入能够引诱公众进行更多的储蓄，而且乘数也是公众的心理倾向的函数[1]。如果储蓄是药丸，消费是糖果，那么糖果的大小必须与药丸的多少成比例。除非公众的心理倾向与我们所假设的不同，否则我们已经建立了一个法则，即投资引起的就业量的增加必然会刺激消费品行业的生产，从而会导致总就业的增加，而增加的就业量是投资所引起的初期就业量的若干倍。

综上可知，如果边际消费倾向趋近于1，那么投资量很小的变化就能引起就业量很大的变化，同时投资量相对比较小程度的增加就能达到充分就业的状态。而如果消费的边际倾向趋近于0，投资量相对小的变化也只能引起就业量比较小的变化。所以，我们要想形成充分就业的局面，就必须增加投资。在前面的例子中，非自愿性失业是一个需要掌控的因素，如果我们对其放任不管，那么它会带来一定的麻烦，但是它也是比较容易控制并改善的。在后面的例子中，就业量就不是易变的，而是非常容易停留在一个较低的水平，除非下猛药，否则很难掌控。实际上，边际消费倾向是会处于上面两种极端情况之间，但是趋向等于1的情况比接近趋向等于0的情况要多。这样，我们可以得到两种极端的情况，就业量的变化非常大，同时充分就业所需要的投资量的增加量也比较大，这两个变量都是很难掌控的。更糟糕的是，就业量

[1] 尽管一般例子中，乘数也通常是投资行业和消费品行业的生产函数。

的变化如果太大就不容易了解其中的问题，而如果不了解其中的问题，人们就很难对症下药。

当达到充分就业的状态时，任何尝试增加就业量的努力都会诱发货币价格上涨的态势。这种价格的上涨是不受限制的，而不管消费倾向是多少。也就是说，此时我们已经进入真正的通货膨胀状态[1]。然而在这一个状态到达之前，价格的上涨与总实际收入的增加是具有联系的。

三

截至目前，我们所讨论的都是投资的净增加值。因此，如果我们想不加任何限制条件地运用上面的这些讨论，如将其应用到政府增加公共投资的情况中，那么我们还必须假设其他方面没有投资的减少，当然也同时要假设社会的消费倾向不会发生改变。卡恩先生在我们上面提到的那篇文章中主要讨论的是我们应该把什么要素看作重要的抵消因素，并对它们做出数量上的估计。因为在实际例子中，除了特别投资的增加能够决定最终的结果外，还有其他的因素也能决定最终的结果。例如，如果政府雇用了100 000人来从事公共工作，假定乘数是4，那么此时我们不能武断地认为总的雇用量能够达到400 000，因为政府的新政策可能在其他方面对投资有完全不同的影响。

按照卡恩先生的理论，下面我们将列举现代社会中容易被忽视的但又是非常重要的几点。（请注意，前两个要素在读到本书的第四卷时才会明白。）

（1）政府之所以会采取筹集资金和增加现金流动的措施，是因为需要增加就业量，这与价格的上涨也是有联系的，这种政策可能具有增加利率的效果，也可能会在其他方向对投资产生影响，除非政府采取了一些相反的措施能够防止这些影响的发生。同时对私人部门来说，资本使用成本的增加也会减少他们的边际效率，这需要下降利率才能加以抵消。

[1] 参阅本书第21章第5节。

（2）由于大众混乱心理状态的存在，政府实施公共政策时，会对人们的情绪造成一些影响，其结果可能有两种：一是增加了流动性偏好，二是减少了资本的边际效率。因此，除非政府能够未雨绸缪采取适当措施预防这些不利影响的发生，否则也会妨碍其他方面的投资。

（3）在开放的国际贸易经济中，增加的投资乘数有一项作用就是影响国外的就业量，因为增加的消费的一部分会减少我们国家的贸易顺差。因此，在考虑增加的投资对就业量产生的影响时，我们不能仅仅考虑对国内就业量的影响，还应该考虑对整个世界的就业量的影响，否则我们就降低了乘数的作用。另一方面，乘数对国外经济活动的增加作用也会对我们国内经济具有一定的影响，因为通过乘数的作用，我们可以弥补一部分遗漏。

说得再深入一点，如果我们考虑的投资量很大，我们必须允许消费倾向发生比较大的变化，因为边际消费倾向的位置会随着投资的增大发生变化，导致我们也必须考虑到乘数作用的变化。边际消费倾向在所有的就业量水平上并不总是一成不变的，而且作为一般的规则，边际消费倾向会随着就业量的增加而减少。当实际收入增加时，人们所愿意把增加的收入用于消费的比例会逐渐降低。

除了我们在上面提到的一般性规则之外，还有其他一些因素能够改变边际消费倾向，从而改变乘数大小；而且这些因素看起来增加了这些一般性规则的作用，而不是抵消了其作用。其原因一是短期内由于边际报酬递减的作用，就业量的增加将会提高企业主在总收入中所占的比例，而这些企业主的个人边际消费倾向一般都是小于社会总边际消费倾向的；二是某些部门或地区的失业率是与负储蓄相关的，因为这些失业的人或以自己或朋友的储蓄维持生计，或以政府的失业救济维持生计，而政府的失业救济也是通过筹款而来的。这样导致的直接结果就是再就业将会逐渐减少这些特殊的负储蓄，从而会加快减少消费者的边际消费倾向的速度。这种减少的程度比在不同的环境中社会实际收入的同等数量的增加对消费者的边际消费倾向的减少速度要快。

无论在哪种情况下，净投资增量很小时，对应的乘数就大；净投资增量很大时，对应的乘数就小。因此当投资的变化很大时，我们必须以建立在平均消费者边际消费倾向基础上的乘数的平均值为依据。

卡恩先生考察了在某些设想的特殊情况中类似要素对乘数的数值造成的影响。然而很明显，这是不可能得出的一般性结论，例如，在一个典型的现代社会中，人们倾向于把实际收入增量不低于80%的比例用于消费。如果这个社会是封闭的经济体制，失业者的消费只是把其他人的消费转移到自己身上，那么此时在考虑了其他抵消性因素的影响之外，乘数不会大于5。然而在一个国家中，如果对外贸易占主导地位，外来的消费占总消费的20%，而该国家发给失业者的救济金来自贷款或其他的方式，救济金的数额能够达到失业者正常工作时总消费量的50%，那么此时乘数就会减小到等于为了特殊目的而进行的投资所引起的就业量的2~3倍。因此，在一个对外贸易额占很大比重而失业救济金主要来自贷款或其他与之等同方式的国家中（如1931年的英国），投资的变动所引起的就业量的变动比没有上述因素存在的国家所引起的就业量的变动要小（如1932年的美国）[1]。

总之，有了乘数原理，我们就可以解释为什么当投资量变动时，即使投资量在国民收入中占很小的比例，还是能引起总就业量和总收入比较大的变化，此变化的幅度远远超过投资量本身的变化。

四

上节讨论都是建立在如下假设基础上，即人们可以提前预测到总投资量的改变。因为消费品行业可以与资本物品行业同比例增产，它们对消费品价格变动的影响是均衡的。在报酬递减规律的作用下，只有当产量增加时，消费品价格才会发生改变。

当然，我们也必须考虑这样的情况，即来自资本物品行业的产出增长所

[1] 在第10章第5节，我们可以看到对美国估计的数字。

依赖的初始收入是不可预知的。显然，这样的描述只限于一段时期内初期的投资对就业量的影响情况。但是我发现，这种明显的事实通常会引发一些混乱情

1873年的金融恐慌，托马斯·纳斯特绘制的漫画。华尔街被封闭“维修”，变成了一片废墟，象征牛市的“牛群”死光，“爆炸”炸毁了北极R.R.公司、通货膨胀银行、硫黄公司。图中英文分别为：这条“街”因维修而关闭；我的同胞们，你们摔得多惨啊

"WHAT A FALL WAS THERE, MY COUNTRYMEN!"

况，即对乘数的逻辑理论本身和资本物品行业的扩张所造成的影响。因为乘数理论本身可以在任何连续不断的时间点上成立，而且不会有时间滞后的问题。而资本物品行业的扩张受到时间的制约，其作用在当时是不明显的，必须经过一段时间才能体现出来。

这两者之间的关系可以用两点表述清楚：一是资本物品行业的扩张并不会对总投资量的变化造成即时影响，而是会逐渐增加投资量，人们对它的这种作用没有预料到；二是它可能会造成边际消费倾向暂时偏离其正常值，然后边际消费倾向的值就会逐渐恢复正常。

因此，我们会发现在一段连续的时间内，资本物品行业的扩张会对总投资量的增加造成一系列的影响，同时期内也会对边际消费倾向造成一系列的影响。这些影响与资本物品的扩张被预料到的情况下的影响是不同的，与社会总投资已经稳定在一个新水平之后的影响也是不同的。但是在任何时期，乘数理论都能在下列意义上起作用，即总需求的增加量等于总投资的增加量乘以边际消费倾向为基础的乘数。

我们可以通过一种极端的例子对上述两个事实进行清楚的解释说明，即资本物品行业中就业量的增加是人们无法预料的。在这种情况下，首先不会发生消费品行业的产量的增加。资本物品行业新雇用的这些人会把他们增加的收入的一部分用于消费，他们的这种行为将会提高消费品的价格，直到供需达到暂时均衡。这种均衡通常由三种情形导致：一是消费品的高价格造成了消费的延迟；二是价格提高造成利润的增加，从而形成有利于储蓄阶层收入的重新分配；三是价格的提高引起库存的减少。由于供需达到均衡是借助于消费的延迟恢复，所以此时边际消费倾向会降低，也就是说乘数本身的值在减少；而且在库存量减少的情况下，总投资的增量是小于资本品行业中投资的增量的。也就是说被乘数相乘的所增加的数值小于资本品行业的投资总量。随着时间的推移，消费品行业会自己调整以适应新出现的需求情况。所以当被延迟的消费得到满足时，边际消费倾向又会暂时上升到它的正常值以上，并以此来弥补之前的边际消费倾向不足的部分，然后边际消费倾向又会回到正常值。同时，存货减少恢复到它以前的正常值也会引起总投资增量暂时的增加值大于资本物品行业的投资的增加值（当流动资本随着产量的增加而增加时，暂时也会具有相同的影响效果）。

只有意料之外的变化经过一段时间之后，对就业量所产生的全部影响才会显露出来，这种事实在某些情况下是非常重要的，尤其是在对贸易周期进行分析时更为重要（我在《货币论》中也持有这样的观点）。但是这不会影响到本章所提到的乘数原理的重要性，也不会妨碍乘数作为指示器的作用，即乘数可以作为期望从资本物品行业的扩张中得到的就业量增量的总收益的指示器。而且除非在特殊的条件下，如消费品行业的生产能力已经趋于饱和状态，此时如果要产量扩张，就需要增建相应的新工厂，而不仅仅是在现有工厂的生产设备的基础上增加雇用劳动力。只有经过了一段时间的调整与适应之后，我们才会说消费品行业的就业量与资本物品行业的就业量是同时增加的，而乘数的值也会接近其正常水平。

五

上述分析让我们认识到，边际消费倾向越大，乘数的值就越大，与投资量的给定变化相适应的就业量的不均衡就越大。我们似乎得到了一个自相矛盾的结论，即储蓄占收入的比例很小的贫穷社会比储蓄占收入的比例很大的富裕社会更容易受到就业量变动的影响，所以贫穷社会的乘数比富裕社会的乘数要大。

我要指出的是，这个结论存在问题，它忽视了边际消费倾向和平均消费者倾向之间作用的区别。假设投资量一定比例的变化是已知，那么比较高的边际消费倾向会对就业量引起较大的成比例的影响；但是如果平均消费倾向也很高，那么这种比较高的边际消费倾向所引起的就业量较大比例的变化的绝对值是不会很大的，这可以通过以下数字说明。

先假定一个社会的消费倾向，即只要社会的实际收入不超过在现有的资本设备基础上雇用500万人所能得到的总产量，那么此时人们会把个人全部收入用于消费；当增加雇用10万人时，人们会把此时总产出的99%用于消费；再次增加雇用10万人时，总产出的98%会被人们用于消费，第三次增加雇用10万人时，人们会把总产出的97%用于消费，以此类推，当雇用人数达到1 000万人时，就会达到充分就业的状态。因此，根据这样的推论，当社会上的雇用人数为（5 000 000+n×100 000）时，此时的乘数等于100/n，而占国民收入的$[n(n+1)]/[2\times(50+n)]$%会被用于投资。

因此，当雇用的人数达到520万时，此时的乘数值等于50，但是投资占当前收入的比例很小，仅为0.06%；如果投资下降非常大的比例，比如下降为三分之二，雇用的人数将会降低到510万人，也就是大概下降2%。另一方面，当雇用的人数达到900万时，此时的乘数相对来说就比较小，仅为2.5，此时投资占当前收入的比例就很高，为9%；如果投资下降三分之二，就业量就会降低到690万，也就是下降了23%。在一种极端的例子中，比如投资量下降到零时，在前面的一种情况中，就业量会下降4%，而在后一种情况中，就业量会下降44%[1]。

通过上述例子我们可以得出这样的结论，即一个社会之所以更为贫困，是因为它的就业量不足。但是如果贫穷是由于工作不熟练、技术和机器设备的水平低下造成的，那么上面的论证对这种情况同样适用。尽管在贫困的社会中，乘数的值比较大，但是投资量的变化对就业量的影响在富裕社会中要比贫困社会大得多，当然，我们假设富裕社会中，当前的投资量占有其当前产量的比例比较大[2]。

通过上面的例子，我们能明显看到：当社会中存在严重的失业时，增加雇用一定数目的劳动力从事公共工程项目的工作，对总就业量产生的影响要

[1] 就业量是根据产生投资品行业中雇佣的劳动力数量来计算的。因此假如随着就业量的增加，存在单位就业量的报酬递减的情况。那么，根据劳动力计算，投资将增加一倍；如果以实物计算，投资的增加就不到一倍。

[2] 更一般地说，总需求的比例变化与总投资的比例变化之间的比率关系为：

$$(\Delta Y/Y)/(\Delta I/I)=(\Delta Y/Y)\cdot[(Y-C)/(\Delta Y-\Delta C)]$$
$$=(1-C/Y)/(1-\mathrm{d}C/\mathrm{d}Y)$$

随着财富的增加，$\mathrm{d}C/\mathrm{d}Y$会减少，但是同时C/Y也会减少。因此，上述公式的增减取决于消费增减的比例是大于还是小于收入的增减比例。

比充分就业时对总就业量的影响大得多。在上面的例子中，如果一段时期就业量降低到520万人，增加雇用10万人从事公共工程方面的工作，那么总的就业量会增加到640万人。但是，如果就业量已经达到了900万人的充分就业水平，此时增加雇用10万人从事公共工程方面的工作，总的就业量只能增加到920万人。因此，当处于严重的失业状态时，政府为了刺激经济所做的一次又一次的公共工程投资所产生的效果虽然令人怀疑，但是当失业问题严重时，这些投资的支出能够节省为了庞大的失业人群所发的救济金的支出。另一方面，当达到充分就业的状态时，这些公共工程的投资是否值得就是一个值得怀疑和讨论的问题了。进一步说，如果我们假定边际消费倾向随着充分就业状态的逐渐到达而平稳地下降，那么追加投资来进一步增加就业量就是比较困难的事情了。

我们在一个连续的时期内，根据对总收入和总投资的统计来绘制一张表，用以描述在不同经济贸易周期阶段的边际消费倾向应该不是一件困难的事情。然而目前，我们的统计数据还不足够准确，据此还不能得到比大致估计更为精确的结果。在这方面最精确的数据来自库兹涅茨先生关于美国的数据（已经在前面的第8章第3节引用过），但是这些数字也不是完全可靠的。从他对国民收入的估计所得到的乘数值，比我所预期的更小、更稳定。如果孤立地考察个别年份的乘数值，那么结果就会出现异常。但是如果以两年为一组来计算乘数的值，那么乘数大概小于3，并且在2.5的周围比较稳定。这意味着边际消费倾向不会超过60%到70%之间。这个数字在经济繁荣时期是完全有可能的，但是奇怪的是，据我判断，这个数字在经济萧条时就有点低。然而如果大萧条时美国的公司还继续比较保守的财政金融政策，这个数值是有可能这么低的。也就是说，如果在没有对资本设备进行维修或更换的情况下发生投资的大幅度下降，此时就会阻碍本来应该上升的边际消费倾向的上升，尤其是在财务计算中没有扣除维修和更新设备基金的情况下，会更加阻碍边际消费倾向的上升。我怀疑正是这个因素加剧了美国的经济萧条；另一方面，统计数字可能过分夸大了投资量下降的程度。据说，1932年的投资量比1929年下降超过75%，而1932年的净“资本形成”则比1929年减少95%以上。对这些估计进行适当程度的修改就会使乘数发生很大的不同。

六

有一种情况是，当一个社会中非自愿性失业存在时，劳动力的边际负效用必然小于边际产品的效用，而且小的程度可能会很大。如果一个人处于长期失业状态，那么他的劳动就具有正效用而不是负效用。如果我们接受这样的观点，那么可以做出推论，即“浪费性”的举债支出[1]能够使一个社会达到富裕。假如我们的政治学家深受古典经济学原则的影响，而想不出更好的办法，那么建造金字塔、突发地震，甚至战争都可能会增加财富。

奇怪的是，人们的行为往往不符合古典经济学的原则，想要从古典经济学的谬论中挣扎出来，人们往往倾向于选择全部的“浪费性”举债支出这种形式，而不是选择部分的“浪费性”举债支出这种形式，这是因为根据严格的“商业”规则，这种全部的“浪费性”举债支出也不是全部都用来浪费的。例如，用贷款来发放失业救济金，就是人们比较容易接受的形式；但是如果政府用小于当前利率的贷款来改良资本设备很多人就会站出来反对；另外以开采金矿的名义在地上凿洞，不仅不能增加这个世界的真实财富，反而会包含劳动的负效用，但是它的确是非常容易被人们所接受的一种解决办法。

在这里，我们不妨做一个有趣的假设：如果财政部把已发行的钞票装到酒瓶子中，然后把这些酒瓶子埋在适当深度的废弃煤矿中，再用垃圾把这些废弃煤矿填满，然后根据自由竞争的原则允许私人企业把这些装有钞票的酒瓶子开采出来（通常是通过投标的方式取得开采权）。反复进行这样的活

[1] “举债支出”这个词经常被用来描述包括政府以借债的形式向个人筹集资金而进行的公共工程的投资，当然，也包括用举债形式而进行的其他的公共开支，用“举债支出”来进行概括是非常方便的，但是可能并不精确。严格来说，政府用举债形式而进行的其他的公共开支应该被认为是负储蓄，但是官方的这种行为与私人受到心理动机的影响而进行的储蓄行为并不相同。因此，“举债支出”表示政府当局在所有账目中的净借款，不论这种账户是资本账户，还是用于弥补财政赤字的账户。举债支出的一种形式是用于增加投资，另外一种形式是用于增加消费者倾向。

动，社会的失业问题就解决了，而且社会的实际收入、资本财富也会比现在要多。当然，建房子、拆房子或者其他方式也具有同样的效果。如果在实施的过程中遇到各种不同的困难，那么上面说的以开采黄金的名义凿洞也是一个不错的做法。

举债支出与现实中金矿的开采是类似的。实际经验告诉我们，某个时期中，当黄金的埋藏深度能够轻松开采时，社会的实际财富就会快速地增长；但是如果黄金停止开采时，社会的实际财富就会停止增长或下降。所以金矿的开采对于现代文明的建立具有重要的作用和价值。如同战争被政治家认为是大规模的举债支出的唯一形式一样，黄金的开采也被银行家们作为进行地下挖掘从而获取融资支持的唯一借口。假如在没有更好办法的情况下，战争和黄金的开采都对人类社会的进行发挥了作用。有一个细节需要注意，在经济萧条时期，以劳动力和实物来衡量的黄金的价格具有上涨趋势，这种上涨有助于经济的恢复，因为黄金价格的上涨能够增加开采金矿的深度并降低值得开采的金矿的级别，这是由于黄金价格的上涨对人们具有比较大的吸引力。

此外，黄金供应量的增加也会对利率产生影响，有两点理由可以说明在我们没有办法同时增加就业量和财富的情况下，开采黄金是一种比较可行的投资方式。一是由于黄金的开采具有赌博的性质，所以人们在进行这样的活动时并不会具体关心利率的高低；二是开采金矿所造成的黄金的增加并不会和其他商品一样会导致自身边际效用的递减。以建造房屋为例，由于房屋的价值取决于它的效用，因此每多建造一座房屋就会减少一点未来房屋建设可以获得的租金收入，建造房屋的吸引力就会逐渐变小，除非利率能够降低到一定的程度。但是黄金的开发情况却完全不同，它不会受到这种边际价值减小的影响，只有当以黄金所衡量的工资单位提高时，开采黄金的行为才会受到制约，而且只有到就业量逐渐好转时，这种情况才会出现。此外，黄金还有一个独特之处，它和其他非耐用的财富形式一样，不需要考虑到使用者成本和补充成本的不利影响。

这样说来，古埃及确实非常幸运。毫无疑问，它具有神话一般的财富。这主要得益于当时人们具有建造金字塔和寻找贵重金属这两种活动，而且这

金字塔哈夫雷和吉萨大狮身人面像，开罗著名的地标。狮身人面像是一个神话的生物与狮身合二为一的最古老的纪念雕塑

两种活动的结果不会被人们用于消费，人们也不会由于金字塔和贵重金属数量丰富而变得堕落。而在中世纪时也有一种类似的行为，那时的人们修建教堂和做道场。修建两座金字塔、做两次道场是修建一次金字塔和做一次道场给人们带来利益的两倍。但是从伦敦到约克郡之间修建的两条铁路不会带来这样的效果。所以从个人角度来考虑时，我们应该努力把自己培养成一个节俭的理财家：当我们大量建造房屋居住时，也应该考虑一下这样做给后代所带来的“财政”负担。现在，我们找不到可以避免失业的方法，所以只能接受私人“致富”给国家行为所带来的失业这样的结果，而这种私人“致富”给个人带来的只不过是并不是在任何时候都能享用的大量财富。

第四卷

投资诱惑

第11章　资本边际效率

一

当一个人购买投资物品或资本设备时，实际上购买的是在未来获得预期收益的权利。这种收益权是他期望通过出售产品，减去在资本设备的整个生命周期内，为了取得该产品而支付的运营费用。我们把投资的预期收益用Q_1，Q_2，…，Q_n来表示。

与投资的预期收益相对应的是资本设备的供给价格，供给价格是指恰好能够吸引厂商新生产另外一台资本设备用于市场供应的价格，而不是指该资本设备在市场上出售时的实际市场值。我们可以用重置成本来代替资本设备的供给价格。资本设备的预期收益和资本设备的供给价格或重置成本之间的关系，就如同增加一单位的这种资本设备所得到的预期收益和生产这一单位的资本设备之间的关系。这种关系向我们提供了资本边际效率的概念。更进一步说，可以这样定义资本边际效率，即资本边际效率是一种贴现率，在这个贴现率上，资本设备在它的整个生命周期所提供的预期收益的现值等于该资本设备的供给价格。这给我们提供了定义各种类型的资本设备的边际效率的方法。其中最大的边际效率可以被认为是一般的资本边际效率。

提醒读者注意，这里所说的资本边际效率是用预期收益和资本设备当前的供给价格来定义的。如果一笔钱投资于新生产出来的设备，那么资本的边际效率就取决于期望从这笔钱中得到的收益率。资本边际效率不取决于资本设备的寿命结束时我们能够从它的原始成本所获得的收益率。

如果在任何时期某种类型的资本设备的投资增加，那么这种资本设备的边际效率就会随着投资的增加而降低。原因有两方面；一方面是由于该种资本设备供应的增加会导致预期收益的下降；另一方面是因为资本设备供应的增加会给生产它的设备带来压力，所以资本设备的供应价格就会提高。通常来说，第二种原因在短期均衡中会起到更为重要的作用。但是，生产周期越长，第一种原因的重要性则会越来越大。所以我们可以为每种类型的资本设备建立坐标图或曲线，通过这些坐标图或曲线我们就可以看到，需要增加多少的投资量才能使资本设备的边际效率下降到给定的数值。我们也可以把各种坐标图或曲线叠加起来从而得到一个总的坐标图或曲线，由此可以显示总投资量与资本的边际效率之间的关系。我们把这些坐标图或曲线称为投资需求曲线或资本边际效率曲线。

显而易见，当前的实际投资量会达到这样的程度，此时任何类型资本设备的边际效率都不会超过当前的利率。换句话说，在投资需求曲线上，投资量会增加到某一点，在该点上资本边际效率等于市场利率[1]。

上面的事情也可通过另一种方式表述出来。假设Q_r是一种资产在时间r的预期收益，d_r是以当前的利率贴现1英镑在r年之后的现值，$\sum Q_r\ d_r$为投资的需求价格；投资量将会达到这样一点，即$\sum Q_r\ d_r$将会等于我们在上面所定义的投资的供给价格。另外，如果$\sum Q_r\ d_r$小于供给价格，那么对该种类型的资本设备而言，此时就不会有任何的投资。

据此可知，对投资的诱惑一部分取决于投资需求曲线，一部分取决于利率。在本书结束时，我们才会就其复杂性对决定投资率的各种因素做全面的概述。提醒读者注意，如果我们仅仅具有关于资产预期收益或资产边际效率的知识，是没有办法推算利率或者当前的资产价值的。我们必须从其他方面确定利率，而且只有在确定利率之后，才能通过资产预期收益的“资本化”来评估资产的价值。

[1]　为了简化，我忽略了资本设备的寿命是不同的这样一种事实。这样，资本设备所产生的预期收益也是不同的，与这些预期收益相适应的利息率和贴现也是不同的。但是为了说明这一点，我也可以很轻松地改变论述方法。

二

上述所定义的资本边际效率与我们通常所用的名词有什么关系呢？资本的边际生产率、边际收益、边际效率或边际效用都是我们经常使用的经济学名词。但是如果有人想从经济学文献中寻找经济学家用这些名词的真正目的，就会发现这是相当困难的。

此处至少存在三个含糊不清的地方需要解释。

第一个是，我们不清楚在单位时间内物质产品的增量是由于增加了一物质单位的资本所引起的，还是由于增加了一价值单位的资本引起的。前者的困难在于我们需要确定对资本的物质单位的定义是什么，我认为这些困难是没有办法也是没有必要解决的。当然，在给定面积的耕地上，如果给一直在进行耕作的10个劳动力增加一些生产设备，那么小麦的产量肯定会有所提高。但是，如果我们不把这些转换成直观的数字比例，我们就没有办法让人们理解。在某种意义上说，尽管有关这方面的讨论都涉及了资本的物质生产率，但是那些作者始终都没有说清楚资本的物质生产率到底是什么。

第二个是，资本的边际效率到底是绝对数还是比例数？从人们对资本边际效率的使用，以及把它看作和利率具有同样维度的一贯看法，资本的边际效率似乎应该是一个比例数。但是对于构成这个比例的两项数值分别代表什么，很少有人愿意弄清楚。

第三个是，我们必须清楚在当前条件下，使用增加的资本量所得到的价值增加，和在资本设备的整个生命周期通过增加资本设备所得到的一系列价值增加之间的区别。之所以强调必须分清楚这两个概念，是因为我们看到，对这两个概念之间区别的忽略是造成混乱和误解的主要原因。上面所说的两者之间的区别也就是Q_1和整个系列Q_1，Q_2，…，Q_r，…之间的区别。这就包含了预期在经济学理论中的地位。大部分针对资本的边际效率的讨论往往都在关注Q_1，而忽视了整个Q_1，Q_2，…，Q_r，…一系列的其他项。然而，除非在静态的分析中可以仅仅关注Q_1，否则就是不正确的。因为在静态中所有的Q都是相等的，只有在静态分析中，一般的分配理论所认为的资本报酬等于它的边际生产率才是有效的。资本当前的总收益与它的边际效率并没有直接的关系，但是在生产的边际效率曲线上，资本的当前收益（即产出的供给价格中所包含的资本收益）等于该资本的边际使用者成本，这与资本的边际效率也没有多大的关系。

正如上面所说，针对这些问题，我们缺少清楚的说明。同时，我认为上面所下的定义与马歇尔使用这个名词时想表达的意义是很接近的。马歇尔本人所使用的是生产要素的“边际净效率”，或者是“资本的边际效用”。下面的一段话是从他的《经济学原理》（第6版，第519页~第520页）中找到的与这个问题最有关系的论述。为了表达马歇尔的原意，我把原文中不相连的句子拼凑在一起：

“一家工厂使用了额外的价值为100英镑的机器设备，除此之外该工厂没有增加其他额外开支。这样，在除去设备自身的折旧和损耗后，这些增加的机器设备每年能够为该工厂增加3英镑的净产出。如果设备的投资者把资本投入到每一个看起来可能获得更大收益的地方，并且还假设这些投资者这样做可以达到均衡状态，那么投资者就会觉得这些机器设备是有价值的。据此，我们可以推断出年利率为3%。但是该例子仅能表明决定价值的重要因素中的一部分因素，而不能作为利息理论的依据，也不能作为工资理论的依据……假设无风险情况下的利率为3%。制帽业吸引了100万英镑的资本，这意味着制帽业愿意用3%的利率使用全部的100万英镑资本。如果年利率达到20%，那么此时制帽业就会拒绝使用一部分的机器设备；如果年利率为10%，那么制帽业就会使用更多的机器设备；如果年利率为4%，那么其使用的机器还会多。最后，当年利率为3%时，人们会使用尽可能多的机器设备。此时，机器设备的边际效用就是3%。”

上面的一段话表明马歇尔完全清楚，假如我们采用上面的思路来决定实际利率的值，就会陷入循环争论的误区[1]。在该段中，我们发现马歇尔似乎接受了上面所提到的观点，即在资本的边际效率曲线既定的前提下，利率决定了新投资量将会进行到哪一点。如果利率为3%，意味着没有人愿意用100英镑购买机器设备，除非在扣除掉机器设备的折旧和成本之后，每年能够获得额外的3英镑净产值。但是我们可以看到，马歇尔在第14章的其他段落中的论述就有点不够谨慎了。

虽然欧文·费雪教没有使用“资本边际效率”这个词，但是在其著作《利息理论》（1930年）中所定义的“收益超过成本的比率”概念与我的定义具有一致性。费雪教授在书中写道：“收益超过成本的比率是一种利率，这种比率能够用来计算所有成本和收益的现值，并使收益和成本的现值相等。”[2] 他进一步指出，任何方向所进行的投资取决于收益超过成本的比率与利率的比较。为了吸引新的投资，“收益超过成本的比例必须大于利率”[3]。“这个新要素在我们所研究的利息理论的投资机会方面扮演着核心的角色”[4]。因此，费雪教授所使用的“收益超过成本的比率”与我所用的“资本边际效率”具有相同的含义和目的。

三

关于资本边际效率的意义和重要性，我们最主要的混淆就是不能认清资本边际效率不仅取决于资本的当前收益，还取决于资本的预期收益。解释这一点最好的办法就是，指出生产成本预期的变化对资本边际效率的作用。不论引起这种变化的原因是以工资单位衡量的劳动成本的改变，还是新发明和新技术的应用。现在，使用机器设备所生产出来的产品，在它的整个使用

[1] 但是，他假定了工资的边际生产率理论，那么他是不是也犯了循环推理的错误？

[2] 参见《利息理论》第168页。

[3] 参见《利息理论》第159页。

[4] 参见《利息理论》第155页。

1897年老照片，俄亥俄州代顿国家收银机组装部门正在进行批量生产，向我们展示了19世纪用精密仪器制造的复杂产品

过程中将和机器设备随后生产出来的产品进行竞争，这些随后的生产过程因为可能是以较低的劳动力成本进行的，也可能使用了改良后的新技术，所以这些产品的价格可能会更低。因此，现在的机器设备将会增大生产的产品产量，直到其产品的价格降低到一定的程度为止。而且如果所有的产品价格都比较低，那么不论是在新的还是旧的机器设备，企业主从中所获得的利润都将会减少。只要一定程度的发展是可预测的，或者说是可能的，那么今天用于生产的资本设备的边际效率也大致会减少。

改变货币价值的预期也会影响当前的产量。假如预期货币价值下降，将会刺激投资，从而会增加就业；因为这一预期可以提高资本的边际效率曲线，也就是投资的需求曲线；如果降低货币价值上升的预期，那么它就会降低资本的边际效率曲线。

这也是为什么费雪教授把自己的理论称之为“增值与利息”的原因。为了区别货币利率与实际利率，对货币价值的变动进行校正之后，货币价值就等于实际价值。想要理解费雪教授的理论是很困难的，因为他没有说清楚货币价值的变动到底是在人们的预料之中，还是在预料之外。在此我们会遇到一个两难境地：如果货币价值的变动是不可预测的，那么它就不会对当前的事情施加任何的作用；如果货币价值的变动是可预测的，现存物品的价格就会调整，直到人们持有货币的好处与持有物品的好处再次达到均等，利率的变动对于货币持有者来说太晚了，所以其不会受到贷款期间货币价值变动的好处或损失的影响。庇古教授在面对这个两难境地时，假定一部分人是可以预期到货币价值变动的，而另一部分人则没有这样的远见，但是这样的权宜之计也没能使庇古教授从两难的境地中逃脱。

这里出现错误的原因在于，人们认为货币价值的预期变动将直接影响到利率，而不会影响库存资本的边际效率。现有资产的价格总是会随着货币价值预期的变动而调整自己。这种预期变动的重要性在于可以通过影响资本边际效率进而影响生产新设备的意愿。较高价格的预期对生产的刺激作用不是在提高了利率（在提高利率的同时刺激产量是一种自相矛盾的想法，因为利率的提高会削弱这种刺激），而是在于它提高了库存资本的边际效率。如果利率随着资本边际效率的提高而提高，那么价格上涨的预期对生产就没有任何刺激作用。因为对产量的刺激取决于一定库存量资本的边际效率相对于利率的提高。如此一来，最好重新定义一下费雪教授的理论，将其定义为关于“实际利率”的理论，而“实际利率”应该被定义为是一种决定人们对未来货币价值预期变化的利率。这一利率的存在使人们对货币价值预期的变化不会对当前的产量产生任何的影响[1]。

值得一提的是，对未来利率下降的预期具有降低资本边际效率曲线的作

[1] 参阅罗伯特先生的文章《工业波动与自然利率》（《经济学杂志》1934年12月）。

用。因为这意味着资本设备现在与未来生产出来的产品将在该资本设备的使用寿命到期之前的这段时间进行竞争，而未来的资本设备可以保持低收益。然而这种预期不会产生很大的影响，因为这种预期一部分会反映在未来复杂的利率体系中，一部分反映在当前的利率体系中。总是会有一些不良的影响，因为现在使用的机器设备在其寿命濒临终结时所生产出来的产品，必然要与非常先进的机器设备所生产出来的产品进行竞争。这些先进的机器设备只要求获得较低的收益，因为此时具有较低的利率。

知道一定库存量的资本边际效率取决于预期的变化这一点很重要。因为正是这种依赖关系才使得资本边际效率具有强烈的波动现象，正是这种波动现象解释了商业的周期。我们将在第22章中表明经济的繁荣和萧条都能用资本边际效率相对于利息的波动来描述和分析。

四

有两种影响投资量的风险。一般来说，人们还没有对这两种风险进行区分，但实际上，对这两种风险进行区分是非常重要的。

第一种风险是企业主或借款人的风险。这种风险来自他们对能够获得未来预期收益的怀疑。如果一个人拿自己的金钱去冒险，那么这是唯一具有相关性的风险。

当存在借贷制度时，借款者会提供自己的动产或不动产作抵押，第二种类型的风险便由此而生，我们称之为借款者的风险。这主要是由于道德风险引起的，如故意违约或用其他方式逃避债务，这种逃避债务的方式从履行责任的角度来说可能是合法的；或者由于缺乏足够的担保品，如，由于对预期的失望但并不是蓄意违约。除此之外，还有第三种风险来源，即货币的标准价值可能发生相反的改变，这可能造成放款不如持有真实的资产安全；虽然这种风险已经全部或部分反应在或被吸收在不动产的价格之中了。

虽然第一种风险可以通过平均分摊和增加正确的预见性的方法来减少，

1903年老照片，酿酒厂的工人们正在工作

但是这种风险在一定意义上说是一种实际的社会成本。然而第二种风险纯粹是投资成本额外地增加，如果借款人和放款人是同一类型的人，那么这种风险就不会存在。而且其中包含了部分的企业主风险，在计算与引导与投资的预期收益相对应的利率时，这种风险被重复计算了两次。如果一项事业风险较大，那么借款人需要预期收益与利率之间的差距足够大，他才会认为值得冒这么大的风险进行借款；同理，放款人会要求所获得的实际利率与纯粹的利率之间的差距足够大，这样才会吸引其放款（除非借款人实力非常强大或者非常富有，能够提供特殊的担保品）。如果借款人希望得到一个能够消除其风险的期望值，那么这种期望值所形成的美好结果也不会消除放款人心头的不安情绪。

我意识到，有一部分风险会被重复计算这样的情况没有得到足够的重视，糟糕的是，在很多情况下，这一点是非常重要的。在经济繁荣时期，人们对这些风险的大小程度估计往往都过低，这些风险包括借款人和放款人都可能遭遇的风险。

五

我们认为，资本的边际效率曲线是非常重要的。因为影响当前要素的主要是人们对未来的期望。把资本边际效率主要看作资本设备当前收益的错误看法，只有在静态状态下才是正确的，因为此时未来不会发生变化，也不会影响现在，从而打断了未来和现在在理论上的联系，甚至利率也成为一种当前的现象[1]。如果我们把资本的边际效率也变成相同的状态，那么我们在分析现存的均衡时，就无法直接考虑未来对现在的影响。

静态经济的假设低估了现代的经济理论，使得现代经济理论缺乏现实性。但是上面所定义的使用者成本和资本边际效率这两个概念的引入，我认为对经济理论是有影响的，重新把经济理论带回到具有现实性的特征，同时把经济理论需要修改的地方减少到最低限度。

由于耐用设备的存在，经济上的未来和现在就有了联系。因此人们对未来的预期通过影响耐用资本设备的需求价格影响现在，此种说法与广阔的思考原则是一致的，我对此也表示同意。

[1] 并不是完全如此，因为利率部分反映了未来的不确定性，而且不同期限利息率之间的关系取决于期望。

第12章 长期预期状态

一

在前面的章节中，我们探讨了投资的数量取决于利率与资本边际效率之间的关系。资本边际效率是与当前投资的不同数量相对应的，然而资本边际效率取决于资本设备的供应价格和预期收益。在本章，我们将更加详细地分析影响资产价格的一些要素。

人们对预期收益的预测有两种情况：一种是建立在或多或少已知事实的基础上；另一种是建立在或多或少对未知事件的预测的信心基础上。前者涉及的因素有：不同种类资本设备现在的库存量，一般资本设备的库存量，消费者对商品需求的强烈程度，研究消费者对商品的需求是为了利用资本设备进行有效的生产。后者涉及的因素有：资本设备的种类和数量在未来的改变，消费者偏好的改变，对资本设备生命周期内的有效需求的强度，以货币衡量的单位工资的改变。我们把后者涉及的因素中的心理预期状态的变化归结为长期预期状态，用以区别于短期预期，所谓短期预期是生产者利用现有设备生产产品估计自己能得到多大的利润。这一点在第5章已经探讨过了。

二

当我们形成预期时，把不是很确定的事情[1]赋予很高的比重是不明智的行

[1] 我这里所说的“不确定的事情”并不是指“根本不可能的事情”。

为。我们很熟悉的事情，可是偏偏与我们面临的问题不相干；相反，我们不熟悉的事情却偏偏紧密联系着我们所面临的问题。由于上述原因，现在存在的事实会不成比例地对我们长期预期的形成产生作用。我们通常的做法是用现实的情况推测未来，然后进行反复修改，直到我们觉得没有足够的理由预期这种未来还会发生改变为止。

长期预期状态是我们做决定的基础，它不仅依赖于我们所能做出的可能性最大的预测，而且建立在我们对这种预测所具有的信心之上。同样，也建立在我们对预测误判的可能性有多大的基础上。假如我们预期会有大的变化，但是并不确定这些变化的形式，那么我们的信心就变弱了。

信心状态是从事实践的人总是密切关注的焦点。但是，经济学家却从来没有仔细对这个词语进行分析过，只是把它作为一般性的词语加以讨论。实际上，人们还没有弄明白这个词与经济问题的关系是通过它对资本边际效率曲线的重要影响施加的。所以是这两种不同的因素影响投资率，也就是影响资本边际效率曲线和信心的状态。信心的状态之所以重要，是因为它是决定资本边际效率曲线的主要因素之一，而资本边际效率曲线与投资的需求曲线是一致的。

然而，对于信心的状态，仅凭理论上的推测是没有太大意义的。我们的结论必须建立在对市场和商业心理实际观察的基础上。这就是下面所论述的内容为什么不像本书的其他章节那样抽象的原因。

为了方便论述，我们在下面对信心的状态的讨论中，假定利率不会发生变化；假定投资价值的变化只是由于人们对预期收益的变化，而不是由于对预期收益进行贴现的利率的变化。然而，把利率的变化所造成的影响与信心状态的改变所造成影响联系到一起也是很容易的。

三

我们对预期收益的估计是建立在现有知识的基础上，但是这种基础是脆弱的，这是一个很显然的事实。我们对若干年后决定投资收益要素的知识也知之甚少，有时甚至可以忽略。我们不得不承认，如果我们想利用现有知识来估计十年之后一条铁路、一座铜矿、一家纺织工厂、一种专利药品、一艘大西洋邮轮或者伦敦市区的一座建筑的收益是多少，几乎是不可能的。因为我们目前所能依据的知识实在很少，或者说有时根本没有可依据的知识。即使我们把预测的周期缩短为五年，情况也不会有太大的改变。而事实上，也很少有人会做这种尝试，因为这种行为不会对市场造成影响。

在过去，一家企业主要由创始人、创始人的朋友和伙伴所拥有。此时，投资主要取决于个人的性格和想要把商业作为人生的一种生活方式的创业冲动，而不仅是对预期利润的精确预估。在很大程度上，尽管创业的最终结果是由创始人是否具有经营者的才能和性格决定的，但是创业还是有点像中彩票：有些人会成功，有些人会失败。即使是在开始创业之后，也没有人知道最后所有投资加起来的平均收益结果到底是超过、等于还是少于现行的利率。如果我们把对自然资源的开发和垄断的情况排除掉，那么，即使经济繁荣，这些投资的实际平均收益也会远低于他们的预期。企业主进行的经营活动是一场既靠技术又靠机会的混合游戏，参与者自己也不知道平均的结果如何。如果人们觉得对碰运气的事情没有兴趣，如修建铁路、工厂、矿厂或农场的目的除了获取利润之外就没有其他能够让人们满足的，那么，仅凭这样冷冰冰的计算结果就不可能产生大量的投资。

然而，人们对过去那种私有企业的投资很大部分是不能收回的，这不仅对整个社会适用，对个人也是适用的。由于现代企业的所有权和经营权是分离的，加之今天有组织的投资市场的发展，一种新的具有重要性的要素被引入——证券交易机制，证券交易机制有时能够促进投资，但是有时也会在很大程度上增加经济系统的不稳定性。如果没有证券市场，那么我们通常对投资做的重新估计也是没有意义的。但是，证券交易所每天都会对很多的投资进行重估，这些重估的结果给人们提供了修正个人投资的机会。这就好像一个小商人在吃完早饭后去市场转一圈，然后他就能决定在上午10点到11点之间是否要把资本从现在的小买卖中抽离出来，然后再决定是否在本周内把这

1886年，英国伦敦证券交易所

笔资金投资出去。虽然证券交易所每天的重估值主要是为了方便旧投资在不同个体之间的转移，但是它不可避免地也对当前的投资量施加了决定性的作用。因为没有任何一种机制能够将创建新企业的成本和购买一个相同的旧企业的成本进行比较，如果创建新企业的成本高于购买一个相同的旧企业的成本，那么创建新企业就没有什么意义了。假如某项目的股票在证券市场上抛出去能够马上获得利润，那么即使该项目所需的投资费用比较高，它也是可以直接投资的[1]。因此，某些类型的投资是由证券交易所显示的股票价格的平

[1]　在我的《货币论》（第2卷第195页）中指出，当一家公司的股票市价很高时，它可以用增股的方法筹集更多的资本，这种作用效果和它能够以较低的利率获得贷款是相同的。我现在可以如此描述这种说法：现存股票的较高价格能够引起资本的边际效率的提高，这种效果和利率的下降是一样的（因为投资取决于资本的边际效率与利率的比较）。

均预期决定的，而不是由职业企业主的真正预期决定的[1]。那么，对现有投资的重新估值，每天、甚至每小时的重估价值，在实际中是如何起作用的呢？

四

现实中，我们会默默遵守这样一条原则，即按约定俗成的规律办事。这种约定的本质尽管运行起来非常简单——在于其假定现在的状况会无限期地延续下去，除非我们有明确的理由能预料到会有变化。但是这并不意味着我们真的相信这种状况会永远持续下去。我们从大量的经验知道这是不可能的。一项投资经过若干年之后的实际结果很少与最初的预期保持一致。我们也不能根据这样的理由就认为我们的行为合乎理性：对于一个无知的人来说，预期在正反两个方向失误的可能性各占一半，所以存在着以相等的概率为基础反映事物平均状态的预期。我们之所以不能将这样的理由作为理性化行为的依据是因为：建立在无知基础上的、算术上的、平均概率分布基础上的假设，很容易得出荒谬的结论。实际上，这就等于我们在进行如下假设：现存的市场价值，不论是以何种方式得出的，对我们当前所具有的知识来说，它都是唯一正确的。我们对事实的知识影响了投资的收益，而市场价值又将会随着我们对事实的知识的变化而成比例地变化。然而，从哲学角度来说，这种现存的市场价值不会是唯一正确的，因为我们现有的知识不能为计算数学期望值提供充分的理论依据。事实上，决定市场价值的各种因素有很多都是与预期收益无关的。然而，只要我们依靠这种约定的持续性，上面既定的计算方法就能够使我们的经济保持连续性和稳定性。

因为有有组织的投资市场存在，而且我们能够依靠这种约定的持续性，一个投资者可以产生这样的认知，即他唯一面对的风险是在不远的将来形势政策要发生变化，以及他就此形成的对这种形势政策变化的判断。如果我们

[1] 必须指出，这对那些在市场上可以随时转让的企业是不适用的，同样也不适用于那些不具有相应的可转让证券的企业。这种属于例外情形的企业类型在过去是很多的，但是以它们在新投资的总价值中所占的比例来测量，它们的重要性是在迅速下降的。

假定这种约定会运行得很有效，那么只有这种形势政策的变化才会影响他投资的价值，他不需要为他的投资在十年之后将会产生多少收益而失眠。所以对个人投资者来说，短期投资会变成“安全”的事情。只要其深信这种约定不会被打破，他就有机会在变化不太大的时候修改其判断或改变投资方向，那么在一系列短期内，投资都将会是“安全”的。如此一来，对整个社会而言，投资是“固定的”；但是对个人来说，投资是“流动的”。

我确信，当今主要的投资市场都是按照这样的过程发展起来的。但是按照约定办事，从绝对的观点看有点专断，因此，约定也应该有它的弱点，这是毋庸置疑的。我们当前困惑的主要问题是这种约定如何保证充足的投资。

五

加强了这种不确定性的一些要素，可以概述如下。

（1）一些企业主并不负责企业具体的经营，他对现在和未来的各种情况都不是很了解，对业务也不熟悉，但是这部分人的投资量在社会总量中所占的比例在逐渐增加。那么，对已经将资本投入到企业中的投资者或正在准备进行投资购买企业的投资者来说，他们在估计投资的价值时，所能依据的有关投资的知识也在大幅度下降。

（2）现有投资的利润也总是在不断变化的，虽然这种变化往往是瞬时性的，但是它却对市场产生严重的影响，甚至是滑稽的影响。比如，在夏天，美国制冰公司的股票价格会比较高，这是由于夏天的产量比较多，利润比较高，而冬天则相反。再比如，全国性假日的多次出现会使英国的铁路公司的股票市值提高几百万英镑。

（3）刻板地按照约定的规则对市场价值进行估计，是对事物发展一无所知的群众心理的产物，自然会受到群众观点突如其来变化的影响。而导致群众观点发生变化的原因，也并不一定与投资的预期收益有关。因为没有任何强有力的证据能够让群众相信经济始终会稳定发展。尤其是在非常特殊时

美国内战期间的夜间股票交易所。当时，纽约证券交易所的交易异常活跃，促使人们开设了夜间证券交易所。从画面中我们可以看到，交易所中人流涌动，交易正在紧张进行

期，即使没有具体的依据能够预测未来的变化，人们仍然不会相信这种稳定的状态会无限期地持续下去。所以市场总是很容易会受到乐观情绪和悲观情绪的交叉影响，这是不合理的；但在一定程度上，也可以说是合理的，因为如果没有坚实的基础作为支撑，就无法进行合理的计算。

（4）也许有人会认为当专业投资者或投机者拥有的知识和判断能力超过普通的投资者和市场专家之间的竞争时，可以改正市场中一般的私人投资者的判断和奇怪的行为。然而这些专业投资者或投机者的精力和技术主要用在了其他地方。事实上，很多的投资者或投机者关注的不是某种资本设备在它的整个生命周期中可能获得的长期超额收益的预测，而是在于他们对这种资本设备的估值比普通大众要提早一段时间。他们关心的不是某一个人购买某种资产之后“持有”的价值，而是在3个月或1年之后市场在广大群众的心理

因素的影响下到底怎样对该资产进行估值。而且他们的这种行为不是错误倾向的结果，而是我们所描述的有组织的投资市场所引起的必然结果。如果有一项投资，你认为它未来的预期收益能达到30，但是同时你也认为3个月后市场对这项投资的估值可能是20，那么假如你现在出25购买该项投资，显然就是不理性的行为。

据此，专业投资者会迫使自己对组织变化的因素进行预测，例如，某种新闻报道或社会氛围。根据以往的经验我们可以得知，有几种因素最能影响群众对市场的心理。这是以"流动性"为特征所组织的投资市场不可避免的结果。传统的理财原则认为流动性对社会的发展是不利的，而流动性原则认为投资机构把其资源集中于持有"流动性"的证券是一件好事；但是它忘记了，就整个社会而言，是没有投资的流动性的。技术上较为熟练的投资的社会目的应该是击败那些未来阻碍我们的无知。事实上，现在很多熟练的投资者都渴望"在发令枪响之前出发"，这种表述与美国人的表述是一样的，即胜过一般人群，把坏的、正在贬值的钱币转手给他人。

这种斗智斗勇的博弈，在于预测几个月之后按照约定的规则所能确定的股票市场，而不是预测该项投资在未来好几年中的预期收益，甚至不需要局外人来参与丰富专业投资者之间的博弈——专业投资者之间就可以进行这种博弈。从长远来看，参与者也不需要相信墨守成规是否具有合理的依据。做专业的投资，就好比是在玩一场可能会突然叫停的击鼓传花游戏，或者是一场音乐占位的游戏，如果某个人在游戏叫停之前把物品传递给下一个人，那么他就是胜利者；如果在音乐没有停止之前某个人抢到了座位，那么他就是胜利者。这些游戏人们可以玩得非常高兴，但是每一个参与游戏的人都知道，当游戏停止时，总会有人没来得及把东西传递给别人，也总会有人没抢到座位。

或者，我们换一种轻松的比喻，专业投资就如同报纸上的选美比赛，参与者要从100张照片中选出最漂亮的6张。奖品被颁发给这样的竞争者，即他的选择与所有竞争者的平均选取倾向最接近。所以每一位竞争者所挑选的不是那些他认为最漂亮的照片，而是挑选他认为其他投资者最有可能认为是漂亮的照片，这些所有的竞争者都是按照这样的想法参加比赛并看待问题的。如此一来，这种挑选活动不是根据个人的判断力来选出最漂亮的，也不是根据平均的判断力来选出最漂亮的，而是运用我们的智慧从第三方的角度来预测平均的判断力，并希望这些平均的判断力是如何挑选最漂亮的照片的。我认为这里还会有人做出第四方、第五方甚至更多层次角度的判断。

有这样一个假设：一个人运用自己熟练的投资技巧，不受这种游戏因素的干扰，而是根据自己的才能对长期预期的预测进行投资活动，那么在长期中他一定可以从其他对手那里获取大量的利润。首先我们必须承认，的确有这样的人，不管他能否对其他游戏参与者施加多少影响，他都会使投资市场发生巨大的改变。但是还必须指出，在现代投资市场中，存在很多可以影响这些人的具有统治地位的因素。基于对长期预期的投资在今天是非常困难的，以致这种预测具有很少的可实现性。进行这种投资的人必须花更多的精力和冒更大的风险来超过那些试图以超过群众的精确程度来预测群众投资行为的人。在相同智慧的条件下，这类人可能要犯较多的灾难性错误。但是还没有经验能够清楚地证明：对社会有利的投资政策就是利润最大的投资政策。进行这种投资时，战胜时间和消除未来的无知所需要的智慧远远超过“在发令枪响之前出发”所需要的智慧。而且人类的生命是有限的，所以人们希望得到快速的结果，对快速致富非常感兴趣，未来的收益总要进行很多的贴现才能变成人们现在想要的现值。对那些完全对赌博不感兴趣的人而言，专业投资这种游戏是非常无聊的，甚至是无法忍受的；但是对那些乐于此道的人而言，却愿意为这种投资游戏付出代价。更进一步讲，那些忽略近期市场波动的投资者，为了安全起见，需要拥有大量的资源，而且不能用借来的资金进行大规模的投资。这就是拥有相同智慧、相同资源的两个人中，那个从事专业投资活动的人反而可能得到更高报酬的原因。最后，投资基金如果是由人数众多的委员会、董事会或银行管理[1]，那么，正因这种长期的投资者提高了社会的兴趣，在实际中也会招致很多批评。因为这种专业投资者

[1] 实际上，人们认为，投资信托或保险公司最谨慎的方法就是要频繁地计算投资组合的收入，还要计算市场中的资本价值。这种方法是把注意力放在短期收益的波动上。

的行为在一般人看来是古怪的、不受约束又过分冒险的。如果他获得成功，那也只是得到人们对他的评语；如果在短期内他没有成功，而这是最有可能发生的事情，那么他也不会得到人们的怜悯。处世哲学告诉人们：循规蹈矩的失败比不循常规的成功对声誉的影响要好。

（5）目前为止，我们主要关注的还是投机者或投机性投资者的信心状态。可以如此假设：如果投机者对当前的收益比较满意，那么就可以按照当前的市场利率借到任何数目的资金。然而，事实却并非如此，因为我们还必须考虑到其他人的信心状态对市场的影响，也就是放款机构对这些想要从他们这里筹集资金的人的信心，或者可以称为信用状态。股票价格的崩溃会对资本的边际效率产生巨大的影响，这也许是由于投机信心减弱，或是由于信用状况变差。虽然投机信心与信用状况两者之中的任何一个出问题都可能会导致股票价格的崩溃，但是股票价格的恢复还必须是两者同时上升。虽然信用降低能够造成股价的崩溃，但是它的加强却仅仅是经济复苏的必要条件，而不是充分条件。

六

对于上面的论述，经济学家都应该引起足够的重视，并分门别类地加以研究。如果我用“投机”这个词来代表预期市场的心理活动，用“企业”这个词来代表对资产整个生命周期内的收益预期这种活动，那么决不能说投机总是在支配企业。然而，当投资市场的组织性逐渐改善时，投机占统治地位的风险也就越来越大。比如，作为世界上最大的投资市场之一的纽约，对上面所表达的投机的影响就是巨大的。在金融领域之外的其他领域，美国人也倾向于猜测一般人对其他人的看法。这种民族性的弱点也体现在证券市场中。据说，美国人进行投资不是像很多英国人那样“为了收入”；而是为了能够获得资产的升值，否则美国人是不愿意投资的。换句说法：当美国人购买投资时，着眼的不是股票的收益，而是股票价格市场估值的上升。根据上面的理解，美国人的这种行为就是投机行为。如同泡沫在企业稳定增长的过程中所起的作用一样，此时投机者对企业的发展是产生不了多大的害处；可是，一旦企业变成投资漩涡中的泡沫时，情况就不同了。当一个国家资本的发展变成赌场中的副产品时，投机就变得非常有害。如果把华尔街的社会功能看作能把新的投资引导进入最有利可图的行业渠道，那么华尔街的成功就不算是自由放任资本主义的典范，这并不足为怪。假如我的看法正确，那么华尔街最好的智囊团或者说精英并没有把其智慧用在此方面，而是用在了投机性方面。

只要我们成功地组织了"流动性"的投资市场，那么这些趋势就是不可避免的。大家会普遍认为，为了公众利益，赌博场所应该不容易进入，并且应该收取昂贵的费用。证券交易所恐怕也该如此。伦敦证券交易所的罪孽之所以会少于华尔街，并不在于其国民特征的不同，而是在于对一般的英国人而言，进入斯鲁莫顿街要比美国人进入华尔街更为困难，也更为昂贵。要在伦敦证券交易所进行交易，除了要支付介绍费和高额的中介费外，还必须向财政部缴纳资产转移税，这些税额减少了伦敦证券交易的流动性，而这种流动性的特征占华尔街交易特征很大的比例[1]。政府对各种交易征收高额的资产转移税可能被证明是最切实可行的改进办法，美国也是用这种方法来减少投机性的影响，从而增加企业经营行为的。

现代投资市场的奇观有时会让我得出这样的结论：购买证券如同婚姻一样，除非有死亡或者其他特殊的原因，否则这种关系很难解除，这可能是治疗我们现在种种经济罪恶的有用办法。因为这能够迫使投资者把他们的思想集中到专门考虑长期投资收益上来。但是，对这种支出的考虑也会使我们面临两难的境地，同时还可以向我们表明尽管市场有时会阻碍新投资的出现，但是也有利于投资的流动。假如每一个投资者都认为自己的投资具有"流动性"（虽然这对所有的投资者来说是不可能的），这就能减少其顾虑，并使其可以承受更大的风险。如果投资者购买不具有流动性的股票进行储蓄，那

[1] 交易中的华尔街，每天至少一半的对投资的购买或销售都会在当天被投机者把买转变成卖，或者把卖转变成买。在商品交易中也是如此。

“这不是纽约证券交易所，这是赞助交易所，叫作美国参议院。”，1881年的一幅彩色平版印刷画，讽刺了镀金时代的政治腐败

么就可能严重阻碍新的投资，这的确是一种两难境地。对于个人而言，可以把财富用于储藏或以贷款的形式出借，那么购买投资资产的选择对人们就没有足够的吸引力，除非把市场组织起来以使得这些资产能够很容易变成货币（尤其是对于那些没有从事直接经营和对此知之甚少的人来说，更是如此）。

一种激进治愈影响当代世界经济生活的信心危机的方法，是允许个人把收入用于消费或预定某种特定美好前景又有能力购买的资本设备的生产，而且要使得个人除了这两种选择之外，别无他法。当然，有时人们可能会对未来的发展感到悲观，只好选择多消费、少投资。即使这样，也可以使经济避免发生灾难，因为多消费、少投资也会对经济生活产生重大的、深远的影响。

那些曾经指出储藏货币对社会的危害性的人，思想与我们上面的论述具有某种相似性。但是其忽略了如下可能性，即储藏货币的数量不变或者说变化很小，也会对社会产生危害。

七

经济的不稳定性除了由投机性因素引起之外，还可能由人类本性的弱点引起，即我们之所以积极行动很大程度上靠的是瞬时的积极心态，而不是以数字衡量的期望。不论这种乐观是道德方面的，还是经济方面的。我们在乐观心态的影响下所做的决定，其结果可能需要很长时间才能显现出来，这种决定行为只能被看作动物精神的产物——瞬时推动人们去行动的动力，而不是根据预期收益的加权平均数乘以概率的结果。不论企业以何种真诚和坦率的心态宣称其经营动机是受到公司规划的驱使，也只不过是一种自欺欺人的把戏。实际上，所谓的根据计算未来收益所做出的经营决策并不比南极探险所依据的经验多太多。因此，一旦动物的本能精神有所减弱，而瞬时的乐观情绪又比较容易动摇，就迫使我们不得不依靠数学计算来作为我们经营的根据；此时企业就会衰退并破产——尽管畏惧损失比希望获得利润并不具备有更加合理的根据。

如果说创办企业是为了获取未来的收益，那么该企业对整个社会而言无疑是有益的。但是个人要创办企业，除了需要合理的计算之外，还需要冒险精神的支持。即使自身经验让人们了解可能会面临风险，但是有了这些合理的计算、冒险精神的支持，那些创业先锋们就会抛掉对失败的恐惧，如同一个健康的人会把死亡的预期置之不理一样。

可惜的是，上述情况不仅意味着经济衰退和萧条情况在一定程度上被加强，还意味着经济的繁荣过分依赖于政治和社会的状态，这种氛围与工商业是相适应的。如果对劳动部门或者新政的恐惧抑制了经营活动，那么这就不是因为合理的计算或者政治意图造成的，而完全可能是因为这种恐惧破坏了瞬时积极情绪的均衡造成的。因此，在估计投资的未来收益时，我们必须估计投资者的意志和精神，甚至是消化是否良好和应对气候变化的反应。因为这些都是影响他的瞬时乐观情绪的因素，而投资活动就是受这些瞬时情绪影响的。

我们不能据此得出结论，认为一切都是取决于非理性心理的波动。相反，长期的预期状态通常是稳定的，即使在它不稳定时，其他要素也会发挥抵消的作用。只不过我们要提醒自己：决策影响未来，不论这种决策是个人的还是群体的，是政治的还是经济的，都不依赖于严格的数学期望，因为进行这些期望计算的根据是不存在的，正是我们内在进行活动的冲动驱使社会不停地转动，我们的理性则驱使我们在各种可能的选择方案中选出最佳的方案，在我们能够计算期望值的时候也可以计算一下。但是我们的原动力只能依赖于我们的想象、情绪和机会。

八

一些重要的因素在事实上导致了我们对未来的无知。由于计算复利的关系，以及一些资本设备的逐渐老化，很多的个体投资者在预估未来收益时，只计算比较近的未来收益，这也是合理的。在很多长期投资的重要种类中，房地产是一类，但是房产投资者通常会迅速地把风险转移到住户身上，至少他们会和住户一起分担风险，通过签订长期合同，住户分担了一部分风险，相应地保证了使用权，具有一定的连续性优势；另一个长期投资的重要种类就是公用事业，由于垄断权的存在，这种投资可以获得具有一定比例的预期收益保障；最后，还有一种日益重要的由政府部门进行的投资种类，这种投资关注的是社会福利，而不是商业收益，也不会受到收益的数学期望值至少等于当前利率的限制，然而政府部门不得不支付的利息仍然对这些投资运作的规模起决定性的作用。

因此，在长期预期中，我们对短期变化的重要性赋予了非常大的权重。这与利率的变化是区分开来的，我们仍然可以说，利率在任何情况下的变化都会对投资量产生很大的影响，尽管不是决定性的影响。然而只有实践才能证明，调控利率能够在多大程度上对适当的投资量起到连续的刺激作用。

我本人非常怀疑政府利用货币政策来直接影响利率的成功的可能性。我希望政府能够从长远的角度来计算资本物品的边际效率，并且从对社会有利的角度，来对直接组织投资市场担负更大的责任和起到更大的作用。因为我们用上述方法对各种不同种类资本的边际效率的市场估计的波动都是比较大的，以致利率的任何实际的变化都不足以抵消这种波动的变化。

第13章　利息率的一般理论

一

我在第11章中已经说明：有一种力量能够引起投资量的上升或下降，以维持资本的边际效率等于利息率（或称利率），但是资本的边际效率，与现行的主要利息率还是有区别的。资本的边际效率曲线代表为了进行新的投资而愿意为贷出的资金支付的代价；而利息率则代表现在供应的资金的代价。为了进一步阐明我们的理论，就需要先知道是什么决定了利息率。

在第14章及附录中，我们将讨论迄今为止对利息率这个理论的探讨。从广义上来说，这些探讨的答案就是认为利息率取决于资本边际效率曲线和储蓄的心理倾向之间的相互作用。但是还有一种观点认为，利息率取决于两种因素之间的平衡：一是一定利息率下的新投资所决定的对储蓄的需求；二是在该利息率条件下社会的心理储蓄倾向所决定的储蓄的供应。但是当我们发现仅仅从这两个因素的知识中无法得到利息率的时候，这种观点就不攻自破了。

那么，这个问题的答案是什么呢?

二

一个人心理上的时间倾向需要两种互有区别的决策来完全地执行它们。一是关于时间偏好，也就是我所称的消费倾向。第三卷中所提到的在各种不同的动机的影响下，决定了每个人会把自身收入的多大比例用于消费，又会

《华尔街之王》（1882年）从左至右：塞勒斯·菲尔德，拉塞尔·塞奇，鲁弗斯·哈奇，杰伊·古尔德，西德尼·狄龙，大流士·奥格登·米尔斯，威廉·h·范德比尔特，奥古斯特·贝尔蒙特，乔治·巴鲁，詹姆斯·基恩

把其收入的多少比例以支配权的形式保存下来，以备将来用于消费。

做了此决定之后，还有另外一个决定等着他，也就是他将会以何种形式持有那些没有用于现实消费而储备下来用于未来消费的当前收入或者来自之前的储蓄。他是想要以即时的、流动的支配权形式进行储备，还是准备在一定的期限或非固定的期限内放弃这种即时的支配权，以及由未来的市场条件决定他将以何种形式储存这些没有用于当前消费的收入。如果有必要，他是否会把对特定物品的延迟的支配权变成即时的支配权？也可以说，他的流动性偏好有多大？某个人的流动性偏好可以用其所拥有的资源的数量曲线来表示，他所拥有的资源数量是以货币或工资单位来衡量的，那么在不同的环境条件下，他希望自己所拥有的资源数量有多少是以货币的形式持有？

据此将会发现，之前我们所接受的利息理论的错误就在于这些理论只从决定心理上的时间偏好因素中的第一个因素得到利息率，而忽略第二个因素。我们必须努力弥补这些理论对第二个因素的忽略。

很明显，利息率不可能是储蓄的报酬或称之为等待的东西。因为一个人以现金的形式持有其储蓄，尽管他并没有将之用于当前消费，但是却得不到利息。而利息率的字面意思告诉我们，利息率就是在特定的时期内放弃流动性而得到的报酬。利息率是一种比例关系，其分母为一定的货币，分子为一定时期内[1]放弃一定量货币的控制权所得到的债权[2]。

通常来说，利息率被看作放弃流动性的报酬，所以任何时期的利息率都可以作为衡量货币拥有者是否愿意放弃自己对货币流动性控制权的工具。利息率不是一种能够带来均衡的“价格”，所谓的均衡是指为了进行投资而产生的对资源的需求和对当前的消费节约程度之间的平衡。利息率是一种以现金形式持有财富的愿望和可用的现金数量相平衡的“价格”。如果利息率比较低，也就意味着把现金控制权让渡出去的报酬在下降，那么社会公众愿意持有的总现金量会超过现有的供应量。如果利息率提高了，就会存在超量的现金，因为此时没有人愿意持有现金。假设这种理论是正确的，那么货币的数量与流动性偏好就会一起决定特定环境下的实际利息率。流动性偏好是一种潜在的可能性或者一种函数关系，它决定了当利息率已知时，社会公众愿意持有的货币量。假如我们用r来表示利息率，M代表货币量，L表示流动性偏好的函数，那么我们就得到了$M=L(r)$的函数关系式。这表明了一定数量的

[1]　在讨论具体问题时，债务的期限是明确的，所以可以这样方便地定义利息率，即不同的时间期限对应着各不相同的利息率，也就是不同到期日的债权的利息率。

[2]　为了不打破这个定义，我们在处理特定的问题时，可以选择最方便的方式区分“货币”和“债权”之间的界限。比如，我们可以把货币看作对一般购买力的支配权，这种购买力的所有者在3个月之内还没有失去控制权。而债权则是不能在3个月之内收回的控制权的转移；或者我们可以把3个月替换为1个月、3天或3个小时，或者其他任何的时间段；或者我们可以把任何时期不能充当货币等价物的东西排除在货币之外。实际上，为了方便起见，我们通常把银行定期存款包括在货币之内，有时甚至可以把短期国库券包括在货币之内。作为一种规则，这里，我将和我的《货币论》一书中的做法一致，把银行定期存款也包括在货币的范围之内。

货币在何处是以何种形式进入经济体系的。

然而在这一点上，让我们回头再考察一下，为什么会有流动性偏好的存在。在这种关系中，我对货币做了一定的区分：一种是用来进行当前的商业上的交易；另一种是用来作为财富的储藏。就前一种用途而言，很明显，为了达到该用途而牺牲一定的利息来获取流动性的便利是值得的。我们知道利息率永远不可能为负，那么人们为什么在利息很少甚至没有利息的情况下还是喜欢持有他的财富呢？为什么人们不选择能够较多地获取利息的方式来持有它呢？（当然，此时我们假定银行存款的风险和债券的风险相同。）对这个问题进行全面的回答是很复杂的，我们且留到第15章去谈。下面还要谈到一个条件，如果没有这个条件，那么对货币的流动性偏好就无从谈起，以货币形式持有财富的方式也不会存在。

这个必要的条件就是对未来利息率的不确定性的存在，通俗地说，即人们不知道各种不同到期日的利息率，到底哪种在未来会大行其事。因为如果未来占统治地位的利息率能够被准确地预见，那么所有未来的利息率都可以根据当前各种不同到期日的债权的利息率推算出来，而当前的利息率可以根据已经知道的未来的利息的知识做出调整。

假设${}_1d_r$代表r年之后的1英镑在当前年份的现值，那么${}_nd_r$代表r年之后的1英镑在年份n的现值，我们可以得到：

$${}_nd_r = \frac{{}_1d_{n+1}}{{}_1d_n}$$

从公式中，我们可以看到n年后任何债权折算成现金的贴现率都可以根据当前这两个利息率推算出来。如果对每个到期日的债权来说当前的利息率都是正的，那么购买债权作为一种储藏财富要比持有现金更加具有优势。

相反，如果无法确定未来的利息率，我们就不能保证当时间到来时，${}_nd_r$会等于$\frac{{}_1d_{n+r}}{{}_1d_n}$。所以，如果在到期日来临之前，出现了意外的对流动性现金的需求，那么，购买长期债权再把这种债权转换成现金，就会面临财富受损的风险。利用现行的概率计算出的统计学上的利润和数学上的收益期望值——如果这个可以计算出来的话——必须大到足够的程度才能补偿冒着损失的风险。

关于流动性偏好的存在我们还有更好的证明。假如存在处理债权的有组织的市场，那么由于未来利息率不确定性的存在，就会导致流动性偏好的存在。因为不同的人总是对未来有不同的预期，如果一个人与市场中以价格表现出来的主要的意见不一致，那么他就有充足的理由持有流动性的资源来获取利润，如果他的看法是正确的，那么现在各个$_{1}d_{r}$之间的关系必然与将来的事实不符[1]。

在某些方面，这与我们所讨论的资本边际效率非常相似。正如我们所发现的资本边际效率不是由“最好的”看法来决定，而是取决于广大群众的心理所决定的市场价值。所以对未来利息率的预期也是受到群众的心理影响的，并且对未来利息率的预期也会对人们的流动性偏好施加影响。但是需要说明的是，那些相信未来的利息率会高于现在的个人都有理由持有的流动性的现金[2]，而对市场持有不同观点的个人将有用短期借款来购买长期债权的动机。市场价格是由“空头”的卖出和“多头”的购买之间的均衡决定的。

我们把上述流动性偏好的理由分为三类，它们分别为：①交易性动机，即个人或商业需要持有现金来进行当前的交易；②谨慎性动机，即希望保存总资产中的一部分与未来的现金等价；③投机性动机，即认为自己比市场中的一般人对未来的预期知道得更清楚，从而想从中获取利润的动机。当我们在讨论资本边际效率的时候，渴望有一个高度组织的市场来处理债权的交易是一个摆在我们面前的难题。这是因为，假如没有有组织的市场，那么出于谨慎性动机而具有的流动性偏好将会大大地增加；而有组织的市场的存在，由投机性动机而引发的流动性偏好的波动可能也会很大。

下面我们还将进行进一步的说明：如果由交易性动机和谨慎性动机引发的流动性偏好所持有一定数量的现金对利息率的变化不是很敏感，那么总货币数量减去那些因交易性动机和谨慎性动机而持有的货币数量就能够满足由

[1] 这与我的《货币论》中所讨论的观点是一致的，即《货币论》中指出了两个观点和“多头–空头”。

[2] 根据同样的理论，那些确信投资的预期收益将低于市场预期收益的人，也具有充足的理由来持有流动性的现金。但是事实上并不是这样：他有充足的理由持有现金或债权而不是股票；对债权的购买相对于持有现金来说，似乎是一个更好的选择，除非他相信未来的利息率将比市场所预期的要高。

投机性动机引发的流动性偏好，利息率和债券的价格必须在一个水平上，愿意持有现金的这部分人所持有的现金量（因为在这个水平上，他们认为债券未来的价格会是“空头”）正好等于可用于投机性动机的现金量。因此，每一次货币数量的增加必然会提高债券的价格，这种提高非常充分以致能够超出很多市场“多头”的预期，那么此时这部分人就会受到影响，进而将他们所持有的债券变现，在事实上加入“空头”的行列。然而，如果在短暂的过渡性持有之外，由投机性动机而引发的对现金的需求被忽略，那么货币数量的增加将导致利息率的立刻降低，不管这种降低的程度如何，都必然会引起就业量的增加和工资单位的提高，从而能够使得额外的现金被交易性动机和谨慎性动机引发的流动性偏好所吸收。

一般来讲，我们可以假设：表示货币数量和利息率之间关系的流动性偏好曲线是一条平滑的曲线——当利息率下降时，货币数量就会增加。下面探讨一下能导致这样结果的原因。

首先，利息率的降低，使得越来越多的货币被交易性动机引发的流动性偏好所吸收。道理很简单，如果利息率增加，那么收入也会随之增加，为了进行交易而持有的货币数量也会随着收入的增加而成比例增加；但是由于放弃了利息，持有现金的代价就会降低，除非我们能够用工资单位衡量流动性偏好而不是用货币来衡量，否则遇到下面这种情况时，相同的结果还会不可避免地出现。这种情况就是：第一，利息率的降低引起就业量的增加从而导致工资的增加，也就是，工资单位的货币价值的增加；第二，正如我们所看到的那样，利息率的每一次降低都能够增加一部分人愿意持有的现金的数量，因为这些人对未来的利息率走势的看法与市场的看法是不同的。

然而，社会与经济一直在发展，货币数量比较大的增加也只会对利息率施加相对较小的影响。因为货币量比较大的增加更能引起对未来的不确定性，由安全动机引发的流动性偏好也会增强。然而对未来的利息率走势的意见可能达到非常一致性的程度，因此，即便是当前利率的微小改变也会引起社会大众持有现金意愿的变动。经济体系的稳定性和它对货币数量的敏感性依赖于人们对不确定的事情的各种不同的看法，这是很有趣的一件事情。最

费城商业汇兑大厦与吉拉德银行（1839年）。1831年，建筑师威廉·斯特里克兰设计了新的费城商业汇兑大厦，最右边是吉拉德银行

好的方式就是我们能够预测未来。然而我们不能准确地预测未来，所以如果我们想要通过改变货币数量来控制经济体系的活动，就必须存在对未来意见的不同看法。与英国相比，这种控制方法在美国应用得更加谨慎，这是因为，美国的每个人都趋向于同时持有相同的意见；而在英国，经常会有不同的意见同时存在。

三

我们是第一次把货币引入到因果关系的分析中，首先看到了，货币数量的变化是如何以影响经济体制的。然而如果我们断言货币就是刺激经济活动的一杯活力饮料，那么我们还必须提醒自己，杯子和胃之间还存在一段距离。货币数量的增加可以降低利息率，但是，假设人们的流动性偏好比货币数量的增加还要多，此时利息率就不会降低；利息率的降低能够增加就业量，但是如果资本边际效率曲线比利息率的降低下降得迅速，那么此时就业量也不会增加；投资的增加能够增加就业量，但是如果消费者的消费倾向也下降，那么此时就业量也不会增加。最后，如果就业量增加，那么价格也会随之增加，一部分由生产函数曲线的形状决定，一部分由以货币衡量的工资单位的上涨决定。当产量增加、价格提高了，这对流动性偏好的直接影响就会是增加人们持有货币的数量，以保持一定的利息率。

四

在我的《货币论》中，概括性地把由投机性动机引发的流动性偏好称为"空头状态"，但是需要注意的是，两者并不是完全相同的。因为"空头状态"一般被定义为债权和资产价格与货币数量之间的函数关系，而没有被定义为利息率（或者可以说债权的价格）和货币数量之间的关系。然而这种做法引起了一种混淆，即这种结果到底是由于利息的变化造成的，还是由于资本边际效率曲线的变化造成的。我希望自己已经避免这种混淆。

五

"储藏货币"这个概念的表述还是比较准确的，它较为接近流动性偏好这个概念。的确，假如我们用"储藏货币的倾向"来代替"储藏货币"，那么储藏货币与流动性偏好之间确实是没有什么区别的。可是，假如我们所谓的"储藏货币"是指现金持有额的实际增加，那么这个概念就不够明确了——觉得“储藏货币”和“不储藏货币”是两种简单的选择，这个概念的定义可能会引发这样严重的误解。因为决定进行储藏货币的决策时，人们都是反复权衡放弃流动性偏好所能得到的益处——这种储藏货币的决定是人们放弃流动性偏好所能得到的各种益处之间博弈的结果，因此，我们还必须对其他可能的益处做全面的了解。而且只要我们把“储藏货币”定义为实际持有的货币量，那么实际储藏货币的数量就不可能随着人们意志的变化而发生变化。因为储藏货币的数量必须等于货币数量（或者根据其他定义，等于货币数量减去为满足交易性动机而持有的货币数量），而货币数量却并非由公众所决定。社会公众储藏货币的倾向可以这样决定，即决定当前的利息率下公众想要储藏的货币数量，该货币数量等于可用的现金。人们忽略利息率和贮藏货币之间的关系的习惯，可以被看作对为什么利息率总是被认为是人们不花钱的报酬的部分解释，而实际上，利息率却是不储藏货币的报酬。

第14章　古典学派的利息率理论

一

古典学派的利息率理论是什么？我们都接受过有关这种经济理论的教育，直到现在，我们还是虔诚地在学习这种理论。但是我发现，想要把古典学派的理论准确地表述出来是很难的，或者说，想在古典学派的权威著作中找到其对于利息理论的明确阐述是非常难的[1]。

但是我们可以明确一点，即传统理论都把利息率作为使投资需求和储蓄意愿趋于均衡的因素。投资代表对可用资金的需求，储蓄代表对资金的供给，而利息率就是这种可用资金的“价格”，在该价格上，投资和储蓄能够相等。如同商品价格表示的是对该商品的需求等于供应一样，利息率也是由市场的力量所决定的，在这点上，该利息率下的投资量等于该利息率下的储蓄量。

在马歇尔《经济学原理》一书中是找不全我们上面这些内容的。然而他的理论似乎就是这样，我也是一直接受这样的教育，而且多年来也一直是这样教别人的。例如，《经济学原理》中有这样一段话：“利息率，是任何市场中使用资本所支付的价格，它趋于达到一种均衡水平，在该均衡水平的利息率水平上，对资本的总需求等于总的供给量。”[2]再比如，在卡塞尔教授《利息的本质和必要性》一书中，投资构成了“对等待的需求”，储蓄构成了“对等待的供应”，利息率就是这样一种“价格”，它意味着“对等待的需求”和“等待的供应”这两者之间的均衡。在此我也找不到原文中实际的词语来引用。卡佛教授的《财富的分配》第6章中明确地把利息率作为使等待

[1]　请看本章的附录，我对所能找到的论述都已经做了节录。

[2]　在本章的附录中，我们还要对这段进行讨论。

费城老照片，19世纪40年代，北4街菲勒达的商人酒店东南的景观

的边际负效用与资本的边际生产率保持均衡的一种要素[1]。阿尔弗雷德·福勒克斯先生在其著作《经济学原理》中写道："如果我们一般讨论的观点是正确的话，那么它必定允许自动调整，这种调整发生在储蓄和利用资本获取收益的机会之间……只要利息率大于零……储蓄就会继续发挥作用……"。陶西格教授（《经济学原理》，第2卷，第29页）提供了储蓄的供给曲线和需求曲线，这条曲线代表"资本数量分期增加时，生产率的递减"。在这本书的第20页，他写道："利息率最终会定于一点，在该点上，资本的边际生产率能够足以引起储蓄的边际递增[2]"。瓦尔拉斯在其《纯粹经济学大纲》的附录I.（Ⅲ）中，论述了"储蓄与新资本的交换"，在书中他明确表示：每一个

[1] 卡佛教授关于利息率的讨论是复杂难解的，这里有两个原因，一是他在文中的表述不一致，我们不知道其所说的"资本的边际生产率"是指边际产品的数量，还是边际产品的价值；二是他没有对资本的数量进行定义。

[2] 在关于这些问题的最近的讨论中（弗兰克.H.奈特教授在《经济》杂志1932年8月发表的《资本、时间和利息率》），这些有意义的讨论是很有趣的，它实际上是对资本本质的观察，奈特教授肯定了马歇尔传统观点的正确性，也肯定了巴维克分析的无效性，他的利息理论是非常典型的传统古典学派利息理论的模板。根据奈特教授的分析，资本生产领域的均衡意味着"在这样一种利息率水平上，流入市场中的储蓄与流入投资中的储蓄的时间速率或速度是相等的，投资所产生的收益率正好等于因为使用了储蓄而支付给储蓄者的代价"。

个人愿意储蓄的数量都与一个可能的利息率相对应，也有一个人们愿意投资于新资本设备的数量，而这两者总体上是趋于相等的，而利息率就是使两者趋于相等的变量。所以，利息率被固定在一点上，在这点上，代表新资本供应的储蓄等于对需求的储蓄。可见，瓦尔拉斯的学说完全遵从了古典学派的传统。

一般来说，那些银行家、公务员或政治家，都是受到这种传统理论的教育，受到专门训练的经济学家也具有这样的想法，即不论何时，一个人进行了一种储蓄行为，那么这种行为就能够自动地降低利息率，从而自动地刺激资本的生产，而利息率的降低正好可以降低到一定的水平，在该水平上，刺激资本的产出正好等于储蓄的增加；更进一步讲，人们会认为这是一个自我调节的过程，不会由于没有受到任何特殊的干预或货币政策制定者慈母般的关照而不发生这种自我调节的过程。同理，即使在今天，这也是更为普及的一种观念——如果这种投资的增加没有被相应的储蓄意愿的变化所抵消，每一份投资的额外增加必然会提高利息率。

现在，从上面几章的分析中，我们清楚地看到，他们的观点肯定是错误的。为了寻找这些意见分歧的原因，我们还是从与他们的观点一致的地方开始论述。

新古典学派的观点是储蓄和投资实际上是不相等的，而古典学派则认为储蓄和投资是相等的。例如，马歇尔虽然没有明确地表明观点，但是他非常确信总储蓄和总投资是必然相等的。的确，很多古典学派的成员已经把这个概念推广到更为深入的程度，因为他们认为个体增加储蓄的行为必然会相应地增加投资量。到目前为止，在所讨论的范围内，我的资本边际效率曲线或投资需求曲线与上面所引用的古典学派经济学家对资本的需求曲线之间并没有什么大的不同和实质性的差别。当我们转而讨论消费倾向和与之相对应的储蓄倾向时，就出现了意见分歧，因为古典学派经济学家强调利息率对消费倾向的影响。但是根据我的推断，他们不会否认收入水平也对储蓄量具有重要的影响，而对我来说，也不会否认当收入水平一定的时候，利息率对储蓄量也许具有重要的影响（尽管这种影响的方式可能超出他们的预想）。这些相同点我们可以总结为一个古典学派可以接受而我们又不会反对的命题。那就是，如果给定收入水平，我们可以断言：当前的利息率必须处于一点，在该点上，对应于不同利息率的资本需求曲线和对应于不同利息率的与该收入水平相对应的储蓄曲线相交。

但是，从这里开始，古典学派的理论就出现了错误。对于上面的命题而言，如果古典学派仅仅根据上面的命题就推断得出如下结论，即在给定资本需求曲线下，以及在给定利息率的变化对储蓄量的影响下，收入水平和利息率之间必然存在着一定的关系。在这个命题上，我们与古典学派没有什么好争论的。而且这个命题自然能够引导出另一个重要的真理性命题，那就是，假如给定利息率、资本需求曲线，以及一定收入水平上利息率对人们储蓄意愿影响也是既定的，那么收入水平一定是一个使得储蓄量等于投资量的要素。但是事实上，古典学派不仅忽略了收入水平变动的影响，而且还有思维上的错误。

如上所述，古典学派总是认为他们可以继续考察资本需求曲线的移动对利息率的影响，而不需要去中止或修改他们的假设条件，比如给定收入水平中有多大比重是用于储蓄的。古典学派利息理论的自变量是资本需求曲线和利息率对一定收入水平下储蓄量的影响；当资本需求曲线移动时，根据古典学派的理论，移动会带来一个新的利息率，这个利息率是由资本需求曲线和关于利息率与一定收入水平下的储蓄量之间关系的曲线的交点决定。古典学派的利息理论似乎假设：如果资本需求曲线发生了移动，或者关于利息率与一定收入水平下的储蓄量之间关系的曲线发生了移动，或者这两条曲线都发生了移动，那么新的利息率就由这两条曲线的新位置的交点决定。遗憾的是，很明显这是个荒谬的理论。因为关于收入是不变的假设与两条曲线可以独自发生移动的假设是不一致的。如果任意一条曲线发生移动，那么一般来说，收入也会随之改变，于是建立在收入是既定假设基础上的整个理论就都站不住脚了。如果想要这个理论成立，必须给出一些复杂的假设条件，即假设货币单位的数量能够进行自我调整，这种调整要充分到能够影响流动性偏好，从而可以形成新的利息率，而这个新的利息率正好可以抵消上述两条曲线的移动所造成的影响，从而保持产量与两条曲线移动之前相同的水平。实际上，在上面所提到的经济学家中，我们找不到一点能够说明他们认为这种假设是必要的提示；这种假设充其量只适用于长期均衡的状态，并不能构成短期理论的假设基础；即使在长期，也没有理由可以支持这种假设能够成立。综上所述，古典学派的理论存在错误，他们既没有意识到收入水平的变化与其假设条件之间的关系，也没有意识到收入水平事实上是投资率的函数这样一种可能性。

上面的论述如图 1 所示[1]。

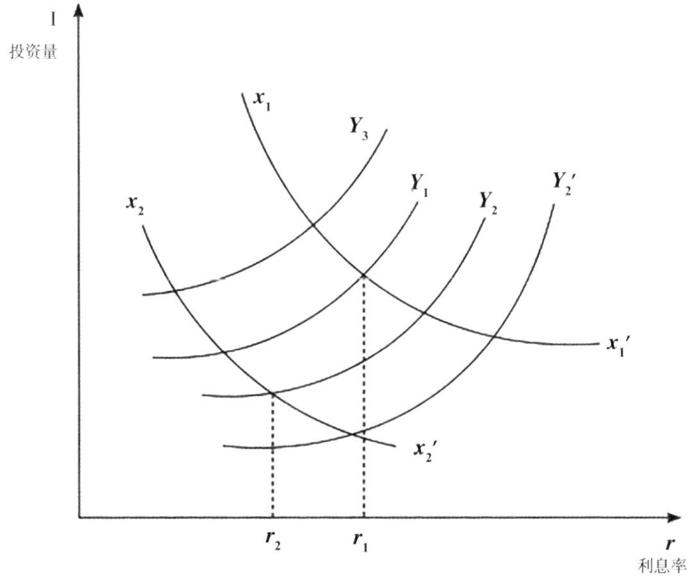

图1　资本需求曲线变动对利息率的影响

在图1中，纵轴代表投资量I（或储蓄量），横轴代表利息率r。x_1x_1'是投资需求曲线的第一位置，x_2x_2'是投资需求曲线的第二个位置。曲线Y_1表示收入为Y_1时，在该收入水平上，与不同的利息率所对应的储蓄量。同理，曲线Y_2、Y_3表示当收入分别为Y_2和Y_3时，在该收入水平上，与不同的利息率相对应的储

[1]　这个图是R.F.哈罗德先生向我建议使用的。D.H.罗伯森先生也有过类似的设想，请参阅《经济学杂志》1934年12月，第652页。

蓄量。假定曲线Y_1是与投资需求曲线 x_1x_1'和利息率r_1相一致的收入曲线。假如投资需求曲线发生了移动，从x_1x_1'移动到 x_2x_2'，如果没有意外情况，收入也会随之发生移动。可是从上面的表格中，我们找不到足够的数据来了解新的收入数值是什么，也不知道哪一条曲线是合适的曲线Y，因此我们也就不知道在哪一点上新的投资需求曲线将与曲线Y相交。然而如果我们引入流动性偏好和货币数量，它们之间的关系就能够告诉我们新的利息率为r_2，那么其他曲线的位置就可以确定下来了。因为Y曲线与x_2x_2'相交于r_2点，此时的Y曲线就是应有的Y_2曲线。据此，x曲线和Y曲线并不能告诉我们利息率r是多少。如果我们能够根据其他数据知道利息率是多少，它们也只能告诉我们收入是多少。如果流动性偏好和货币数量没有任何的变化，那么利息率是不会发生改变的，曲线Y_2'与新的投资需求曲线的交点位于曲线Y_1与旧的投资需求曲线交点的正下方，此时利息率没有发生改变，但是新的收入水平应该是Y_2'，而曲线Y_2'就是最适合的Y曲线。

所以，古典理论所定义的函数，即当利息率发生变化时，投资量和与其相对应的储蓄量对这种利息率变化的反应，并没有给我们提供利息理论所需要的数据。但是这两个函数的使用还是具有一定的意义的，比如可以告诉我们在利息率既定的情况下，新的收入水平应该是多少；同样地，也可以告诉我们，如果我们需要把收入水平维持在给定的数字水平上（也就是与充分就业的状态相适应的水平），那么此时的利息率应该是多少。

在我看来，古典学派理论错误的根源在于：把利息作为等待的报酬而不是作为不储藏货币的报酬。就如同包含着各种程度风险的贷款和投资的收益，它们不应该被看作等待的报酬，而应该看作冒风险的报酬。事实上，贷款和投资的报酬与所谓“纯粹的”利息率之间没有明显的界线，所有这一切都是甘愿冒这种不确定性的风险或那种不确定性的风险的报酬。只有当货币单独用于交易而非储藏价值时，其他理论才可能是适用的[1]。

我们也许已经警告过古典学派，他们有两个方面的知识是错误的。

[1] 参阅后面的第17章。

1935年，财政部守卫着从费城造币厂运来的银币，手持自动武器的武装人员站在财政部大楼外

一方面，自从卡塞尔教授的《利息的本质和必要性》一书出版后，一定收入水平下的储蓄随着利息率的增加而增加就是不确定的事情了；而且也没有人怀疑投资需求曲线会随着利息率的增加而下降。但是，假如Y曲线和o曲线都同时随着利息率的增加而下降，那么就没有人能够保证一条既定的Y曲线和一条既定的x曲线能够相交。这就告诉大家：不能单凭Y曲线和x曲线来决定利息率。

另一方面，做出这种假定是很平常的事情，即假定增加货币数量具有减少利息率的趋势，至少在开始或短期内是如此的。但是没有任何理由能够解释为什么货币论的改变可以影响投资需求曲线，或者影响一定收入水平上人们的储蓄意愿。因此，古典学派有两种完全不同的利息理论，在第1卷中关于价值的理论，第2卷中关于货币的理论。他们似乎没有被这种矛盾所干扰，而且据我所知，他们也没有试图对两者加以调和。一些新的古典学派试图将两者结合起来，结果却把情况搞得更加糟糕。其原因在于新古典学派认为有两种供给的来源去满足投资的需求，那就是正常的储蓄，也就是古典学派所说的储蓄和由于增加货币数量所产生的可用的储蓄数量（可以被称为“强迫性储蓄”或其他类似的名词）。这种理论产生于这样的看法，即存在“中立的”[1]或“均衡的”利息率，也就是，这些利息率是使投资与古典学派的储蓄相等的利息率，古典学派此时所指的储蓄是没有任何附加的“强迫性储蓄”的储蓄。

最后，假如古典学派最初的理论是正确的，那么他们的解决办法是什么呢？答案是：如果货币量在任何情况下都保持不变，那么任何复杂的情况都不会发生，因为如果货币量不变，就不会出现投资超过正常储蓄所造成的恶果。但是在这一点上，我们蹚进了浑水：“野鸭子已经潜入深深的河底，它胡乱地啃咬着河底下树根旁的野草、根须或沉淀在那里的垃圾，此时我们需要一只非常聪明的狗潜入水下，然后把野鸭子捞上来”。

可见，传统是错误的，这是因为这种分析没有正确地把经济体系中的自变量分离出来。储蓄和投资在经济体系中充当着被决定因素的角色，而不是决定因素。经济体系的决定因素是消费倾向、资本边际效率曲线和利息率，储蓄和投资只是这些决定因素的相关因素。而这些决定因素，就其本身而言，确实是比较复杂的；其中的任何一个因素都会受到其他因素预期变化的影响。但是其又相互保持独立，也就是说，它们的价值不能被其他因素的价值推算出来。传统的分析已经意识到储蓄取决于收入，但是他们却忽视了这样的事实，即收入取决于投资。换句话说，当投资变化时，收入也必然会发生变化，收入必然会变化到使储蓄的变化等于投资的变化。

我们还能找到其他一些理论，这些理论试图让利息率取决于“资本边际

[1]　现代经济学家所说的“中立的”利息率，与庞巴维克的“自然”利息率以及维克塞尔的“自然”利息率都是不同的。

效率”，但是也没有获得很大的成功。处于均衡状态时，利息率等于资本边际效率是无可争辩的事实。因为可以通过增加当期的投资量来获取利息，直到利息率等于资本边际效率为止。但是把这些作为利息理论，或者根据这些推算出利息率，就是陷入循环推理的误区。正如马歇尔按照这条理论研究到一半后所发现的那样[1]。因为“资本边际效率”部分地取决于当前的投资量，计算这个投资量到底有多大之前，此时的利息率应该是已经确定的了。最有意义的结论就是，新投资的数量会被推进到资本边际效率等于利息率这一点上；资本边际效率曲线告诉我们的不是利息率是多少，而是在既定的利息率水平下，新投资的数量将会是多少。

到这里，我想读者已经意识到了，我们现在所讨论的问题无论在理论上还是在实践上都有着非常重大的意义。经济学家的实际建议都是建立在这个经济学原则之下，即消费的减少将会降低利息率，增加投资将会提高利息率。但是，如果上述的消费和投资所决定的不是利息率，而是总就业量，那么我们对经济体系运行机制的看法就会发生重大的变化。假设在其他条件不变的情况下，倘若我们不是把消费意愿的减少作为投资增加的一个影响要素，而是把其作为就业量减少的一个影响要素，那么就说明我们对减少消费意愿所造成的影响有了不同的看法。

[1] 参阅本章附录。

附 录 马歇尔的《经济学原理》、李嘉图的《政治经济学原理》以及其他著作中的利息率理论

一

在马歇尔、埃奇沃思和庇古教授的著作中，找不到对利息率的系统性的讨论，只是一笔带过。除了我们上面引用的之外，马歇尔对利息率的见解最重要的线索是《经济学原理》（第6版）的第6卷第534页和第593页。其要点如下：

“利息在任何市场中都是为了使用资本而支付的代价，它趋向于达到一种均衡，在该均衡水平上，市场对资本需求总量等于供给总量[1]。如果我们考察一个小市场，如一个独立的城镇或者某个发展中国家的独立行业，在这个小市场中增加资本需求能够及时通过增加供给来满足，这种供给来自与其相邻的地区或行业。然而如果我们考察的是一个大国，甚至是整个世界，把它们作为资本的市场，我们就不能认为资本总供给可以随着利息率的变化而迅速地变化。因为一般的资本是劳动和等待的产品。提高利息率固然可以对

[1] 请注意，马歇尔用的是“资本”而不是“货币”，是“供给量”而不是“贷款”。然而利息却是为了借款而进行的支出，“对资本的需求”在某种意义上应该是“为了购买一定量资本设备而产生的对货币贷款的需求”。但是对资本设备的供给量和需求量均衡起到作用的并不是利息率，而是资本设备的价格，对货币贷款的需求和供应均衡起作用的是利息率。

经济产生刺激进而带来额外的工作[1]和额外的等待，但是与已经存在资本量总额所引起的工作和等待相比，这种额外增加的工作和等待并不会立即增加。所以在短期内，若是资本需求大量增加，较少原因是资本供应的增加，较多原因是利息率的提高[2]；这将导致资本从部分使用资本边际效率最低的行业中抽离出来。利息率的提高，只能慢慢地、逐渐地增加资本的供应”。（第534页）

“我们应该反复强调：对原有的资本投资来讲，‘利息率’这个词的适用性是非常有限的[3]。例如，我们可以做这样的估计：70亿的贸易资本已经以大约3%的净利息投资于国家的各种贸易中。但是这样的叙述方法，尽管方便且在很多场合也适用，但是却不准确。我们应该说，在每个贸易领域新资本投资的净利息率为3%，假如把所有在各种贸易中进行投资的资本所取得的收入按照1933年的购买来计算资本化（以3%的利息为基础进行资本化），那么该数值大概等于70亿。因为一旦资本已经投资于改进土地、建造房屋、建造铁路或者制造机器中，那么资本的价值就是根据预期的未来净收入（或者准地租）所折现的现值；如果资本的预期产生收入的能力在下降，那么资本的价值也会相应下降，其价值就是经过贬值的较小收入进行资本化求得的。”。（第593页）

[1] 我们假定收入不是固定不变的，但是利息率的提高是以哪种方式引起“额外的工作”的？这个是不明显的。可不可以认为：利息率的增加能够吸引人们为了多储蓄而多工作，那么利息率的增加就构成了实际工资增加的一种因素，这种实际工资的增加能够吸引生产要素以较低的工资而工作。我认为这正是罗伯森先生对类似问题的看法。当然这种额外的工作“不会在短时期内发生”，尝试通过这种要素对投资量的实际波动进行解释，可以说是最不合理的、最荒谬的事情。我认为可以对引文的后半部分这样改写：“如果由于资本边际效率曲线的上升所引起的对资本需求的大量增加没有被利息的上涨所抵消，那么作为资本物品生产增加结果的额外就业量和较高的收入水平将会引起以货币衡量的额外等待的数量正好等于当前的资本物品的增加的价值”。

[2] 为什么不是由资本品供应价格的上升得到满足的？例如，我们假定“对资本品需求的增加”是由于利息率的降低引起的，那么我建议把这句话改为：“对资本品需求的增加不能立刻从资本的供给中得到满足，那么它就必须等待，直到资本品供给价格充分上涨，以致资本的边际效率与利息率达到均衡，而此时的利息率并没有伴随投资规模发生很大的变动；同时与资本品的产出相适应的生产要素将被使用，来生产在这种新的情况下其资本的边际效率最高的资本品”。

[3] 实际上，我们根本不能这样说。我们只能把利息看作为了购买资本品进行投资而借来的货币的成本，不论这种资本投资是新的还是旧的。

庇古教授在《福利经济学（第3版）》第163页中写道："'等待'服务的性质一直被人们误解。有时它被认为包括了货币的提供，有时包括了时间的提供，有时两者都包括；根据这样的说法，不管利用'等待'能够做什么，它对国民收入都没有贡献。其实这两种说法都是不正确的；'等待'仅仅意味着一个人把即时消费享受的权利推迟到日后，这样可以使本来应该毁坏的资源转变成生产的工具[1]……因此'等待'的单位是一定资源的使用[2]。例如，给定时间内，对劳动力或机器的使用。我们可以用更一般性的词语来表示等待的单位，即年价值单位，或者用更为简单的表述，也就是卡塞尔博士所表述的年英镑单位，但这种表述不是很精确……但我们应该对一个带有普遍性的观点保持警惕，那就是任何一年所积累的资本量必然等于该年所储蓄的量。但是这种观点实际上是错误的，即便我们把储蓄解释为净储蓄，没有发生借贷的情况下，也即使在我们忽略了暂时没有使用的银行存款的支配权的情况下，这种观点仍然是不正确的。因为很多想要变成资本的储蓄事实上由于错误的引导并没有达到这个目的，导致这些储蓄最后被浪费掉了[3]。"

我认为，庇古教授关于决定利息率的因素的唯一重要的论述写在其《工业波动论》（第1版）第251~253页中。在这里，他驳斥了"认为利息率是由实际资本的需求和供给这一基本条件所决定的，并不是在中央或者其他银行控制之下"的观点。他提出与该观点相对应的意见是："当银行家为工商业

[1] 所以，此处的用词非常含糊——我们不确认能否据此推出消费的推迟必然也会具有这种作用，或者不确定它是否只是释放了一些资源，这些资源或者是不用的，或者是根据环境而用于投资的。

[2] 这里应该注意的是，并不是指有收入的人所持有的货币可能用于消费而没有用于消费。所以等待的报酬不是利息，而是准租金。这句话似乎意味着一定量的资源必然会被使用。因为当假设这些资源没有被运用，那么什么是等待的报酬呢？

[3] 这一段没有提到如果我们忽略了这些错误引导的投资而把"暂时存在银行但没有使用的对存在银行的货币的支配权"计算在内的，那么净储蓄是等于还是不等于资本的增量。但是在《工业波动论》（第22页）中，庇古教授清楚地表明：这种积累对他所谓的"真实储蓄"并不产生影响。

19世纪初的老照片。纽约一位富有的银行家哈里斯·查尔斯·法赫内斯托克（1835—1914年）正驾驶着他的马车

者创造出更多的信用时，银行家为了自己的利益会受制于前面所讲的解释[1]，向公众征收实际的物品，增加他们可用的实际资金数量，从而引起了长期和短期贷款利息率的下降。简而言之，银行确实对货币的利率与长期贷款的实际利息率具有某种影响，但是这种实际利率是由银行家所不能控制的条件决

[1] 此处（第129~134页）阐明了庇古教授的观点，即银行增加自己的实际资本创造出新的信用，而这些新创造的信用都被工商业者所用。实际上，他尝试着减去"流动资本"，因为流动资本是通过信用的产物流动信用传递到工商业者的手中形成的，如果没有银行的信用创造，这些流动资本可能会被用于其他地方"。但问题是经过这样的相减之后，很多观点变得更加复杂难解。例如，一个出租者有1 500的收入，其中用于消费的是500，用于储蓄的是1 000，信用的创造把他的收入减少到1 300，其中用于消费的为500−X，用于储蓄的为800+X。据此，庇古教授做了如下总结：X代表通过信用的创造所形成的资本的净增加额。那么企业主的收入通过从银行的借款而增加了（在做了上面所说的减法之后），增加额是出租者减少的收入，如上面所说的200？不管发生了上述哪种情况，企业主是否把增加的收入全部用于储蓄了？增加的投资是否等于信用的创造减去上述企图减去的数量？还是它就等于X？庇古教授的论证似乎在本来应该开始的地方就停止了。

定的，这种情况就不是事实。”

我对上述经济学家的看法在注释部分都有说明。我对马歇尔的观点之所以感到困惑是因为他把属于货币经济范畴的“利息”概念引入没有讨论货币的著作中。“利息”不应该出现在马歇尔的《经济学原理》中——它属于经济学的另一个分支。庇古教授的论述与他的其他假设保持着一致性，它引导我们（在其著作《福利经济学》中）推算出等待的单位与当前投资的单位是相同的，等待的报酬是准租金，而实际上，他没有提到过利息，利息在这里本来应该被提及的。然而这些经济学家所讨论的并不是一个不使用货币的经济。他们非常明确地假定使用货币，并存在一种银行体系，而且利息率在庇古教授的《工业波动论》（这本书主要集中分析了资本边际效率的波动）中或者在其《论失业问题》（主要分析了在假设没有非自愿性失业的情况下，决定就业量的要素）中所起到的作用，并不比在《福利经济学》中所起到的作用大。

二

下面一段是李嘉图《政治经济学原理》（第511页）一书中的论述，也是其关于利息率理论最本质的描述：

“货币利息不是由银行贷款时的利息率决定的（不论这种贷款利率是5%、3%还是2%），而是由资本的使用所能得到的利润率决定的，而且银行贷款的利息率与货币的数量或价值是没有关系的。不论银行贷出多少货币，不论是100万，还是1亿，市场的利息率都不会因此而发生变化，改变的只是发行出去的货币的价值。在同样的情况下，经营一家企业也会比另外一家从事同样行业的企业所需要的货币多10倍甚至20倍。向银行申请贷多少数量的货币取决于运用这笔贷款资金所获得的利润率和银行愿意贷款给企业所索取的利息之间的比较。如果银行索取的利息低于市场的利息率，那么此时银行就会没有贷款可以放；如果银行索取的利息高于市场的利息率，那么就没有人向银行贷款了。”

李嘉图这段话对利息率论述得很清楚，比后来的经济学家的论述要容易理解。那些后来的经济学家也没有脱离李嘉图的分析框架。当然，上面的论述可以理解为是李嘉图的一种长期原则，因为引文中重点强调了长期这个词。研究一下该论述所成立的假设是很有意思的。

这些所需要的假设又是古典理论经常进行的假设，即总是存在着充分就业。所以假定以产品衡量的劳动力供给曲线不发生变化，那么就只存在一种长期均衡下的就业水平。在这个假设条件下加上其他的假设条件，如心理倾向和预期保持不变，那么除了货币数量的变化所引起的其他结果不发生变化之外，李嘉图的学说在某种意义上是可以成立的：这种意义就是在这些假设条件下，长期中只会存在一种与充分就业状态相适应的利息率。李嘉图和他的追随者们忽略了这样的事实，那就是，即使在长期就业量也不可能处于充分就业的状态，而是处于变动之中，并且对于每一种银行政策都有与之相对应的不同的长期就业水平。所以会有很多不同位置的长期均衡与货币政策制定者所指定的不同的利息率政策相对应。

如果李嘉图将其推论仅仅应用在货币政策制定者所创造的一定货币量的环境下，那么在货币工资具有伸缩性的假设前提下，他的论点还是正确的。也就是说，如果李嘉图认为不论货币政策制定者把货币量稳定在1 000万的水平上，还是稳定在1个亿的水平上，都不能使利息率发生持久性的改变；在这一点上，他的结论是可以成立的。但是如果我们所说的货币政策制定者的含义是其可以通过改变贴现率和公开市场操作来增加或减少货币量，从而改变利息率来增加或减少他的资产——这也是李嘉图在上面的引文中明确指出的含义——那么此时的情况就变为货币政策既不是没有起作用，也不是只有一种政策才会符合长期均衡的状态。在极端的例子中，在面对非自愿性失业时，失业的劳动者之间就会展开激烈的竞争来获得就业机会，结果就是造成货币工资下降。那么，在这种极端的情况下，也会存在两种可能的长期均

1876年费城国际博览会鸟瞰图，展览场地的前景是来自不同国家的人。在这次展览会上，英国展出的是最新蒸汽机车，美国展出了大功率电动机和发电机，德国展出了加工枪炮的精密机床

衡位置——充分就业和与使流动性偏好变得无穷大的利息率相适应的就业水平（这种情况下的就业量是低于充分就业的水平的）。假如货币工资具有弹性，那么在长期内货币数量就会失去作用；但是货币政策制定者将会改变货币量的条件却成为一个决定经济活动的主要要素。

另外，从上面引文的最后几句话可以看出，李嘉图忽略了资本边际效率会随着投资量的变化而发生变化的事实。但是这可以成为一个好的例子，来说明李嘉图比他的继任者们具有更好的严谨性。因为如果就业量和社会的心理倾向是既定的，那么实际上，只可能存在一个资本的积累率，也只可能存在一个资本的边际效率值。李嘉图给我们提供了无与伦比的智慧成果，一般人是达不到他的水平和成就的，他把远离实际经验的假想世界看成是一个实际的世界，并和谐地置身其中。而李嘉图的继任者们却做不到和谐地处于假想世界之中，他们总是禁不住闯入现实经验的世界——这就使他们理论的逻辑一致性受到很大的损害。

三

米塞斯教授有一个奇特的利息率理论。在我看来，该理论已被哈耶克教授和罗宾斯教授采纳。此理论认为：利息率的变化能够与消费品和资本品相对价格水平的变化保持一致性[1]。我们不清楚这样的结论是如何得出来的。但是论证的过程似乎是按照如下方式进行的：通过一些剧烈的简化，资本的边际效率是被看作新消费品的供给价格与新资本品的供给价格之间的比例来计算的[2]。这个比例就是利息率。我们要注意如下事实，即利息率的降低有利于投资，所以消费品供给价格与生产品供给价格的比率下降是有利于投资的。

通过这种方法，可以建立起个人储蓄的增加与总投资的增加之间的比例关系。因为一般人都会认为，个人储蓄的增加将引起消费品价格的下降，而且很有可能这种价格下降的幅度比生产品价格下降的幅度要大。所以根据上面的推论，我们可以推断出降低利息率将会刺激投资。当然，特殊资本设备边际效率和一般资本边际效率曲线的降低所产生的效果与我们上面所论述的正好相反。因为投资可能是边际效率曲线的上升刺激的，或是降低利息率刺激的。由于对资本边际效率和利息率的混淆，米塞斯教授及其门徒便得出与

[1] 参阅《货币与信用理论》一书第339页以及其他部分，尤其是该书的第363页。

[2] 如果我们是处于长期均衡的状态，也会想出特殊方法能够使得这样特殊的假设条件成立。但是当我们所讨论的价格是经济萧条情况下的价格时，假定企业主在形成他的期望时会假定这些价格是持久不变的，并对这样的假定进行简化，那必然会导致与事实不符。而且进一步讲，假如企业主果真这样做，那么现有生产品的价格必然会与消费品的价格保持相同比例的下降。

事实相反的结论。对他们的这种混淆最好的说明是汉森教授下面的一段话[1]：“很多经济学家认为，支出减少的净效用将会导致较低的消费品价格水平，这种降低的水平比没有发生支出的减少所导致的消费品价格水平要低。所以在固定的资本下，对投资的刺激也将趋向于减少。然而这种观点是错误的，而且是建立在对资本形成的效果混淆的基础上的：（1）消费品价格的上涨或下跌会影响资本的形成；（2）利息率的改变也会影响资本的形成。实际上，由于减小投资和增加储蓄的作用，消费品价格相对于生产品价格将会下降。但是这实际上意味着利息率的降低，而降低利息率也会刺激资本投资的膨胀，这些资本投资在利息率较高的时候是不能获得利润的。”

[1] 参阅《经济复兴》一书第233页。

第15章 流动性偏好的心理动机和商业动机

一

我们现在必须详细分析在第13章中初步介绍过的流动性偏好的动机问题。实际上，这种分析有时会与讨论货币的需求相同，也会与货币收入流通的速度密切相关——因为货币收入流通的速度可以测量出公众选择持有多大比例的现金，所以货币收入流通速度的增加也许是流动性偏好降低的特征。然而这两者并不是相同的，因为个人在流动性与非流动之间进行选择的是其积累起来的储蓄，而不是他的收入。况且不管怎样，“货币收入流通速度”这个词让人们产生了误解，使人们认为对货币的需求是与收入成比例的，或者是与收入保持某种决定性的关系的。然而如同我们上面所看到的那样，上面的假设应该仅仅被应用在公众持有现金的比例这个问题上，这样造成的结果就是人们忽略了利息率所起的作用。

在我的《货币论》中，我用收入存款、商业存款和储蓄存款这三个标题来研究货币的总需求。在这里没有必要重复在本书的第3章所做的分析。然而，个人为了上述三个目的而持有的货币实际上构成了一个独立的蓄水池，而持有者往往认为没有必要把这个蓄水池分为三个独立的部分。所以他们认为，把这些用途分得过细是没必要的，并且同一笔款持有的主要目的是一个，次要目的是另一个。所以我们希望最好能把特定环境中个人对货币的总需求看成一个对的决策，尽管个人持有这些货币的目的和动机的组成是不同的。

然而，把这些动机分成不同的类别来分析仍然是非常方便的分析方法，第一种类别是大致相当于包括上述的收入存款和商业存款的分类；第二种类别和第三种类别相当于我上面所说的储蓄存款。在第13章中，我把这些进一步分类成收入动机和商业动机的交易性动机、谨慎性动机和投机性动机。

（1）收入动机。持有现金的理由之一就是在两次收入之间的间隔建立一种联系。这个动机的力量在于能够引导持有一定总数量的现金，而持有多少数量的现金则主要取决于收入多少和两次收入之间的时间的长短。货币收入的流通速度这个概念只严格适用于这种关系。

（2）商业动机。毫无疑问企业也需要持有现金，且很多时候是大量现金，目的是在支出商业的成本与得到销售收入之间的间隔之前建立一种联系。工商业者所持有的为了在购买和实现这种购买所需要的销售之间作支付之用的现款也属此类。这种动机需求的力量主要取决于当前产品的价值（与当前的收入相适应）和产品所要经过的流通时间的长短，即这些产品需要经过多少环节才能传到消费者那里。

（3）谨慎动机。这种动机持有现金是为了防止意外的支出和不可预测的偶然的获利机会。同时持有以货币衡量的价值不变的资产来满足接下来的以货币衡量的不变的负债，这是持有现金的谨慎动机的更进一步的动机。

上述三种动机力量的强弱将部分取决于需要现金时以暂时借贷的方式获得现金的成本和可靠性，尤其是通过银行透支或类似透支的方法获得现金的成本和可靠性。因为当我们能够没有任何困难地在需要现金时得到现金，那么就没有必要持有闲置的现金来为需要现金与得到现金之间的间隔建立桥梁。上述三种动机力量的强弱还取决于我们持有现金的相对成本。如果持有现金的代价是放弃对有利可图的资产的购买，那么就会增加持有现金的成本，削弱持有一定数量现金的动机。如果存款具有利息，或者如果银行的收费可以通过持有现金来得到规避，那么就将减少持有现金的成本，并加强持有现金的动机。然而这可能只是一个很小的因素，除非持有现金的成本有很大的变化。

（4）这里还存在最后一种动机即投机性动机。这种动机比其他动机更需要深入详细地分析，不仅是因为人们对这种动机的了解比对其他动机的了解要少，还因为这种动机在传导由货币数量的变化所产生的影响方面具有特殊的重要性。

在正常的环境中，为了满足交易性动机和谨慎性动机而持有的货币数量主要是经济系统的一般活动和货币收入水平的结果。但是由于投机动机的存在，才使得货币的管理（或者是没有货币的管理，货币数量的变化）能够影响整个经济系统。为了满足前面两个需求而持有的货币大体上不会受其他因素的干扰，除非一般的经济活动和收入水平发生实质性的变化。然而经验告诉我们，为满足投机性动机而产生的对货币的总需求，通常会随着利息率的连续变化而发生变化。也就是说，存在一条连续的曲线，这条曲线是关于为了满足投机性的动机而产生的对货币需求的变化与债券和各种不同到期日的债权的价格变化所造成的利息率变化之间的关系。

的确，如果情况不是如此，那么“公开市场操作”将不具有实践性。我已经指出，经验告诉我们存在上面所说的连续性的关系。因为在一般的环境条件下，银行系统事实上总是可以通过在市场上提高债券的价格，从而用现金来购买债券，也可以通过在市场上压低债券的价格并出售债券来换取现金。银行通过购买债券和债权想要创造的货币数量越多，利息率降低的程度就会越大。同样，银行通过出售债券和债权想要取消的货币数量越多，利息率提高的程度就会越大。然而公开市场操作仅限于期限很短的债券买卖（如1933—1934年的美国），当然，其影响也仅限于短期的利息率，而对更为重要的长期利息率的影响则很小。

然而，在讨论投机性动机时，区分两种利息率的改变非常重要。第一种利息率的变化是在流动性偏好函数不变的情况下，由用来满足投机性动机的货币供给量的变化而引起；第二种利息率的变化是因为预期的改变影响到流动性偏好函数本身而引起的。的确，公开市场操作通过这两种渠道都能够影响到利息率，因为公开市场操作不仅可以改变货币的数量，还可以引起关于中央银行或政府的未来政策预期的变化。如果流动性偏好函数本身是由于引起预期修正的信息的变化而发生的，那么这种流动性偏好函数的变化往往就是不连续的，由此也会引起利息率变化的不连续。只有当信息变化能够被不同的人做不同的解释或者能够影响不同人的利益时，才可能为债券市场交易

纽约东部的犹太市场。这片社区人口稠密，到处都是廉价公寓和住房，来自东欧的贫穷移民则是这里最常见的雇工

活动的增加提供空间。如果信息变化能够以同样精确的方式影响到每个人的判断和需求，那么利息率（以债券和债权的价格所表示的）将会调整到与新的情况相适应，而不需要任何市场上的交易。

这样，在最简单的情况下，每个人都是相似的，处境也是相似的，那么不论环境或者预期发生何种变化，都不会引起货币的交易——这只能简单地改变利息率，利息率的改变必然能够抵消每个人面对新的情况想要改变在原来的利息率基础上所期望持有的现金的愿望。而且每个人都会由于诱使其改变持有现金的愿望的利息率的变化而改变想法，由于利息率改变的程度与每个人想法改变的程度相同，所以此时不会发生任何货币的交易。对于人们所处的每一组环境和期望，都会有一个适当的利息率与之对应，而且此时不会存在这样的问题，即任何人都想改变其平时持有的现金量。

但是，一般来说，环境或期望的改变会引起个人持有货币数量的某种程度的调整。因为事实上环境或期望的改变将会对不同的人施加不同的影响，这种情况的发生部分是因为每个人持有货币的环境和原因不同，部分是因为每个人对于自己所处的新情况的知识和解释不同。所以，利息率的新均衡与货币持有数量的重新分配有关。尽管如此，我们应该关心的主要还是利息率的变化而不是持有现金的重新分配。现金的重新分配只是因人而异所出现的偶然现象，而在上述最简单的情况下出现的现象才是本质现象。而且即使在最普遍的情况下，利息率的变化通常也是对信息变化做出反应的最重要的部分。正如同报纸上经常说的，债券价格的变化“与市场的交易活动根本不成比例”——如果意识到人们对信息反应相似之处多于不相似之处，那么这种现象就应该出现。

二

个人为了满足交易性动机和谨慎性动机而持有的现金量与为了满足投机性动机而持有的现金量并不是完全独立的，也并不是没有关系的，但是我们把这两种分类看作互相独立的。所以，为了我们深入分析的目的，可以按照如下方式把问题分成两部分讨论。

我们用M_1代表为了满足交易性动机和谨慎性动机而持有的现金量，M_2代表为了满足投机性动机而持有的现金量。与这两种持有的现金量相对应，我们也假设了两个流动性函数L_1和L_2。L_1主要取决于收入水平，而L_2主要取决于当前的利息率与期望之间的关系。所以，有这样的公式：

$$M=M_1+M_2=L_1(Y)+L_2(r)$$

L_1是与收入水平Y相对应的流动性函数，其决定了M_1，L_2是与利息率r相对应的流动性函数，其决定了M_2。那么，这里存在三个我们需要进行研究的问题：第一，M发生变化时，Y和r与之具有什么样的关系；第二，是什么决定了L_1曲线的形状；第三，是什么决定了L_2曲线的形状。

（1）M的变化和Y、r之间的关系首先取决于M的变化是如何发生的。假如M是由黄金构成的，而M的变化只能是由于黄金开采活动所带来的收益增加，而黄金开采的活动正好属于我们所要考察的经济系统。在这种情况下，M的变化首先是与Y的变化具有直接的联系，因为新开采出来的黄金总会成为某些人的收入。如果M的变化是由于政府印制货币来满足当前的支出，那么情况也是完全相同的——在这种情况下，新的货币也总会成为某些人的收入。然而新的收入水平不会继续充分地升高使得M的所有增加值都能够被M_1所吸收。所以一部分的货币就会通过购买证券或其他的资产来寻找出路，直到利息率r降低，这种利息率的降低还会导致M_2的增大，同时还会导致收入Y升高到一定程度，在这个收入水平上，新增加的货币或者被吸收在M_2中，或者被吸收在M_1中。于是我们把这个例子进行扩展与下述的另一种情况相接近，即发行新的货币之前，必须首先放松银行的信贷条件，这样可以诱使人们把债权或债券卖给银行，从而换取现金。

所以，我们把后面的这种情况当作典型的情况也是一种安全的处理方法。M的改变首先会影响到r，r的改变将通过改变M_2和Y，从而改变M_1达到新的均衡。在新的均衡位置，新增加的现金怎样在M_1和M_2之间进行分配将取决于投资对利息率减少的反应和收入对投资增加的反应[1]。由于Y部分地取决于r，所以如果M发生一定数量的改变，那么必然会引起r发生充分的变化，而r的变化也必然会引起M_1和M_2的改变，而M_1和M_2的改变又会改变M。

（2）货币收入流通速度到底应该被定义为Y与M之比率，还是应该被定义为Y与M_1之比率，我们对此仍然不是很清楚。然而我建议使用后一种定义。如果V代表货币收入流通速度，那么：

$$L_1(Y)=\frac{Y}{V}=M_1$$

当然，我们没有理由能够假定V是一个常数。它的数值取决于银行和工业组织的特点、社会习俗、不同阶层之间的收入分配，以及持有闲置现金的有效成本。然而如果我们所讨论的是短周期，那么就可以安全地假定这些因素不会发生任何实质性的变化，我们就可以把V看作一个常数。

（3）最后一个问题就是M_2与r之间的关系。我们在第13章已经看到，未来的利息率都是不确定的，这是对导致人们持有现金数量为M_2的流动性偏好L_2的种类的唯一具有说服力的解释。所以，一定数量M_2与一定的利息率r之间是没有固定数量关系的——在此，人们关注的并不是利息率r的绝对水平，而是这种绝对水平r与通常认为的相对安全的水平r之间的差别程度，而这种相对安全水平的r是已经考虑了它所依赖的概念之后的水平。在任何给定期望状态的情况下，r的下降与M_2的增加都是具有联系的，至少有两个理由可以认为此期望或关系是存在的：一是如果人们对什么是r的安全水平的看法没有发生改变，那么r的每一次下降都会减少与这种“安全的”利息率相对应的市场利率；二是r的每一次下降都会减少非流动性的当前收益，这可以被看作一种风险补偿金，可以用来抵消资本账户损失的风险，这种损失等于旧利息与新利息的平方差。例如，如果长期债权的利息率为4%，此时人们更喜欢牺牲流动性，除非人们害怕长期的利息率会比现在的利息率要高而选择现在持有现金。若未来利息率的增加速度为当前利息率的4%，也就是每年增加0.16%。然而，如果利息率已经降低到2%，那么利息收入所能补偿的资本损失，只能是长期利息每

[1] 我们必须留到本书的第五卷才能讨论是什么决定了新均衡的特点这个问题。

年增加0.04%。这也许正是长期利息率不能降低到很低水平的主要障碍。除非人们相信一些理由，认为未来的利息率与过去的利息率水平是迥然不同的，否则，当长期利息率降到2%时，给人们更多的是担心而不是希望，同时，这种利息率水平只能够抵消人们非常小的一部分对未来的担心和害怕心理。

利息率是一种具有高度心理性的现象，这是很明显的。我们在第5卷中发现，均衡状态时的利息率不能低于与充分就业相适应的利息率。因为当均衡状态的利息率低于充分就业时的利息率时，就会产生通货膨胀，此时M_1会吸收掉所有增加的现金量。但是如果均衡时的利息率高于充分就业时的利息率，那么长期的市场利息率将不仅取决于货币当局当前的货币政策，还取决于关于未来政策的市场预期。货币当局很容易控制短期的利息率，不仅是因为货币当局不难让人们相信政策在近期内不会发生很大的改变，还因为损失的可能性与利息收入相比是非常小的（除非利息率到了接近0的水平）。但是当长期利息率降低到一定水平时，就会非常难以维持。这个降低的水平就是人们根据过去的经验和现在对未来货币政策的预期而普遍认为是“不安全”的利息率水平。例如，在一个采用国际黄金标准的国家，也就是一个金本位国家，如果其利息率低于其他国家，就会被认为是由于信心不足造成的短暂现象。但是如果一个国家国内的利息率提高到与属于国际体系中最高的利息率相等，那么这就是非常危险的，因为这种利息率与国内的充分就业水平并不适应。

于是，公众认为某项货币政策只是实验性的或者该项政策很容易发生变化，那么这项政策就可能达不到其大幅度降低长期利息率的目标。因为当利息率r减少到某种程度时，M_2可能会无限增大。从另一方面来说，如果同样的货币政策被公众认为是合理的、切实可行的、对社会有利的，并且公众认为政府不会轻易改变这项政策，那么此时这项货币政策就会成功达到调控目标。

如果把利息率看作一种高度循规蹈矩的现象而不是一种高度心理性的现象，那么这种说法就更为准确了。因为利息率的实际价值很大程度上是由普遍的流行意见统治的，这种流行意见预期了利息率的价值是多少。任何被充分信任为可持续的利息率水平都会是持续的。当然，在一个变化的社会中，利息率会由于各种理由围绕预期的正常水平上下波动，特别是当M_1的增加速度比M快时，利息率将会升高；反之，利息率则下降。但是，利息率在数十年中波动的水平可能高于充分就业时的利息率，特别是当社会公众的流行意见认为利息率可以自我调整，社会惯例所决定的利息率被认为是符合客观条件的而且客观程度比社会惯例还强烈时，那么此时不论是社会公众还是政府当局，都不会认为就业量没有达到最优水平是因为与之联系的利息率处于不合适的范围。

现在，读者应该能清晰地看到，若想把有效需求维持在足够高能够保障充分就业的水平是非常困难的。因为利息率是由社会成规决定的，而且是非常稳定的，但是资本边际效率却具有很大的不稳定性。

我们聊以自慰的是通过鼓舞人心的期望的反应。因为成规并不是一种深入人心的、确切的知识，它是可以改变的，如果货币当局采取一贯温和的政策，就不会受到抵制。公众的意见可以迅速地适应利息率的温和的下降，而公众对未来的墨守成规的期望也可能会做出相应的修改，所有货币当局可以进一步行动，把利息率再次降低到某一水平。英国在放弃金本位之后，长期利息率的下降为我们提供了很有趣的例子——主要变动受到一系列不连续的跳动影响，如同公众的流动性函数已经逐渐适应了利息率的每一次下降，从而做好了应对信息或者政府政策所产生的新刺激的准备。

三

我们可以把上面的命题都综合起来，那就是，在任何给定期望状态的情况下，公众除持有满足交易性动机和谨慎性动机所要求的现金之外，还有一种潜在的想要持有现金的愿望，这种愿望在多大程度上实现真实的现金持有取决于货币当局创造现金的意愿。这种潜在的愿望就是我们所说的流动性函数L_2。

因此，与货币当局所创造的货币量相适应的只有一个利息率。更严格地说，对不同到期日的债券而言，只有一个决定的利息率体系。然而，如果把经济系统的其他要素单独拿出来进行分析，都会有此结论，这些要素都与利息率有关系。但是只有在货币量的变化和利息率的改变具有某种特殊的或目的性的联系时，这种特殊分析才是有用的和有意义的。我们之所以认为货币量的变化和利息率的改变具有某种联系，从广义角度讲，是由于银行系统和货币当局是货币和债权的经营者，而不是资产和消费的经营者。

如果货币当局对不同到期日的债权进行买卖，甚至可以对各种不同风险的债权进行买卖，那么此时利息率体系和货币量之间就具有直接的关系。利息率体系仅仅是银行系统准备得到或卖出债权的一种表述；货币量不过是个人手头所持有的财富量——个人经过对各种有关因素和环境的考虑之后——决定更喜欢控制现金，会持有现金，所以他不会以市场利率把现金脱手从而换得债权。中央银行按照固定的价格买卖各种到期日的优质债券来取代只按照单一的银行利率买卖的短期票据，这对于货币管理的技术性来说，是具有可行性的最重要的改革。

然而，在今天的经济生活中，债权价格在多大程度上是由银行系统控制的？而且这种控制在市场中的“有效”程度到底有多少？答案是，根据不同的银行系统而不尽相同。从某种意义上来说，银行系统管理实际的市场价格。有时，银行对债权价格的控制能力在一个方向比另外一个方向会更加有效。也就是说，银行系统可能在一个价格上购买债权，但是不一定愿意在买价的基础上加上一小笔转手费出卖债权从而使买价和卖价尽可能地接近，尽管没有理由可以说明为什么在公开市场业务的帮助下不让银行在这两个方面都起到作用。除此之外，还有一个重要的限制条件是产生于货币当局的，那就是货币当局不愿意对不同到期日的债权都采取同样的定价方式。货币当局在现实中往往喜欢买卖短期债权，并使买卖短期债券的行为影响也已成定局的长期债权价格，当然，影响微乎其微，尽管没有理由可以说明他们为什么要这么做。当这些限制条件起作用的时候，利息率与货币数量之间的直接关系也会相应发生改变。如在英国，当局对它们之间的关系的这种操控似乎正在扩大。但是想要把这种理论应用到特殊的例子中，还必须考虑货币当局在现实中所采用的方法的特殊特征。如果货币当局只是在进行短期债权的买卖，我们就必须考虑是什么影响了短期债权当前的和预期的价格及其对到期日较长的债权的影响作用。

然而，这里存在对货币当局想要为不同到期日或不同风险的债权建立一套特定的利息率体系的限制，这些限制可以总结如下。

（1）由于货币当局把自己的买卖意愿局限于某种特殊类型的债权，所以会存在一些限制。

（2）由于上面已经讨论的原因，存在这样一种可能性，即利息率降低到某种程度时，流动性偏好可能变成几乎是绝对的；换言之，由于利息率比较低，此时每个人都宁愿持有现金而不去购买债权。在这种情况下，货币政策当局会失去其对利息率的有效控制。尽管这种受限制的情况在未来可能会变得具有实际的重要性，可是到目前为止，我还不清楚这样的例子是否存在。的确，由于大多数的货币当局都不会大胆地进行长期债权的买卖，所以我们没有机会来做这种实验。更进一步说，如果发生了这种情况，这就意味着政府公共权威部门可以按照非常低的利息率向银行系统借到无限制数量的借款。

（3）最吸引人注意的例子就是由于流动性函数的曲线在一个方面或其他方向变成了直线，那么利息率的稳定性就会受到完全的破坏，这种情况曾经在非常不正常的情况下发生过。第一次世界大战之后的俄国和中欧都经历过货币危机，此时人们不愿意持有货币或者任何期限的债权，而且即使利息率不断提高，还是不能赶上资本边际效率（尤其是库存的流动商品的边际效率），因为此时人们都预期货币的价值会发生更大程度的降低。而在1932年的美国，出现过一种相反种类的危机，即金融危机或流动性危机，此时每个人都愿意持有货币，而不愿将现金抛出去换成任何期限的债权。

（4）最后，我们又碰到了第4部分第11章的困难：把实际利息率减低到某种程度，这可以证明低利息率时代的重要性。顾名思义，这种困难就是必须有中间费用才能把借款人和最终的贷款人联系到一起，而且由于考虑到风险，尤其是道德风险，贷款人会要求在纯利息率的基础上加上一部分以弥补

伦敦贫民窟图景，古斯塔夫·多尔雕刻于1850年。当时，伦敦底层工人的居住环境非常恶劣，16 000幢住房中只有7 738幢能够将废水排到下水道，其余全部都没有完整的排水系统

风险。当纯利息率下降时，对中介费和保险费不一定会下降。据此可知，典型的借款人所支付的借款利息率可能比纯利息率下降得慢，银行系统和财政金融组织所采用的方法可能无法把借款人的利息率降低到某种最低的水平之下。如果贷款方对道德风险的评估很高，那这一点尤为重要。因为如果风险是由于借款人对贷款人的诚信的怀疑所引起的，那么即使贷款人什么也没有想，没有想不诚实，那么也无法抵消利息率升高所造成的影响。这种情况在

支出很大的短期贷款中非常重要——即使贷方的纯利息率等于0，那么银行也会向客户收取1.5%~2%的利息。

四

这部分的讨论内容放在第21章的题目中讨论更为合适，但是在这里把本章和货币数量的关系先提一提可能也是很有必要的事情。

在一个静态的社会中，或者在一个没有人对未来的利息率感觉具有不确定性的社会中，在处于均衡状态时，流动性偏好函数L_2或贮藏货币的倾向总是等于0。所以，此时$M_2=0$，$M=M_1$；因为M的任何变化都会引起利息率的波动，直到收入达到一种水平，在这个水平上，M_1的改变恰好等于M的改变。现在，$M_1V=Y$，V是上面所定义的货币收入的流通速度，Y代表总收入。如果我们要衡量产量O和当前产出水平下的价格P，是具有现实可行性的，因为根据$Y=OP$，从而能够得到$MV=OP$。这种形式与货币数量理论的传统形式是相似的[1]。

对于分析现实世界的目的来说，货币数量理论的最大缺点在于没有分清产出改变所引起的价格变化与工资单位的变化而引起的价格变化之间的区别[2]。对这种疏忽的解释大概可以在下列假设中找到，即没有贮藏货币的倾向和总是存在充分就业。在此假设下，O就是常数，M_2等于0，假如我们把V也看作常数，那么货币单位和价格水平两者都会与货币数量保持直接的比例关系。

[1] 如果我们把V定义为等于$\frac{Y}{M}$，而不是等于$\frac{Y}{M_1}$，那么货币数量论就是一个在任何环境下都成立的理论，就没有什么重要意义了。

[2] 关于这一点，我们将在第21章进行深入分析。

第16章　对资本本质的观察

一

个人的储蓄行为——可以这样说——是今天不吃丰盛晚餐的决策。但是此决策并不表示在1周或1年之后再去吃这顿丰盛晚餐，也不意味着在某个特定的日期去消费特定的物品。于是，个人的储蓄行为会削弱餐饮业的繁荣景象，更不会刺激生产未来消费品的行业的发展。储蓄行为并不是用未来的消费需求来代替现在的消费需求，而是直接减少现在的消费需求。此外，对未来消费的预期很大程度上是基于当前的消费经历，而对当前消费的削减也很有可能会削弱未来消费的预期；所以就造成了以下结果，即储蓄行为不仅削弱了消费品的价格和使现存的资本边际效率不受影响，还会趋向于削弱资本边际效率。那么在此情况下，它不仅会减少当前的消费需求，也会减少当前的投资需求。

如果储蓄不仅抑制当前的消费，还同时表示对未来消费的一种具体的订单，那么此时造成的影响也许就会不同。因为在这种情况下，人们对投资的未来收益的期望值会增加，从准备当前的消费品中释放出来的资源可能会被用于准备未来的消费品。即使这样，从生产当前的消费品中释放出来的资源数量与转移到用于生产未来的消费品的资源数量也未必相等。因为用于生产未来消费品的时间与现在还有一段距离，此时可能会需要一种不是很便宜的“迂回”的生产方法，这使得此生产方法的效率低于当前的利息率，其造成的结果就是：为生产未来的消费品所造成的对就业量的有利影响不会马上显现，而是会在以后的某个日期才能实现，所以储蓄对就业量而言，仍然会有短暂不利于就业量的影响。然而无论如何，单独某个人进行储蓄的决策实际上并不代表对未来某种消费品提供了一份具体的消费订单，而仅仅表明取消对某种消费品的当前订单。由于对消费品满足的期望是雇用劳动力的唯一理由，所以消费倾向的减少对就业量具有削弱的作用这个结论就没有任何自相矛盾的地方了。

然而，这样就会产生一些经济上的麻烦。因为储蓄行为并不代表用某种特定增加的消费来替代当前的消费，而对此特定增加的消费品需求的满足也需要进行立即的经济活动，这种经济活动与当前的消费品满足所需要进行的经济活动是类似的，但是，此经济活动所创造的价值量未必等于储蓄的价值量。所以储蓄行为仅是代表对“财富”的渴望，换句话说，想要得到一种在任何时间都能得到某种物品进行消费的能力。这里存在一种几乎普遍认同的荒谬看法，即人们的储蓄行为对有效需求的作用如同人们的消费行为对有效需求的作用一样，都是好的。此荒谬的看法来自一种看起来比得出的结论更为具体的、更貌似有理的错误看法，即对持有财富增加的渴望与对持有投资增加的渴望是一样的，都能够增加投资的需求，都能够为生产提供动机和刺激。所以个人储蓄所增加的投资量正好等于当前消费的减少量。

一般来说，很难把这种错误、荒谬的看法从人们的思想中移除。因为造成此错误看法的根源在于人们相信财富的所有者想要得到资产设备，而实际想要得到的是资本设备的未来预期收益。预期收益完全取决于对未来有效需求的预期和未来的供应条件之间的关系。如果储蓄行为不能够提高任何的预期收益，那么它就不能刺激投资。而且个人储蓄者为了达到其想要拥有财富的目的必然会生产出新的资本设备来满足需要。正如我上面所展示过的，一个人的储蓄行为具有两面性，其中一个作用就是迫使另一些人把新的或旧的代表财富的物品转移到其手中。每种储蓄行为都包含这种“驱动性”的不可避免的财富转移行为，当然，这个储蓄者的财富也同样会把财富转移到其他人的手中。这些财富的转移并不需要新财富的创造，正如我们所看到的那样，它们可能还不利于新财富的创造；新财富的创造完全取决于新财富的预期收益是否达到当前的利息率所设定的标准水平。边际新投资的预期收益不会由于某些人想要增加财富而增加，因为边际新投资的收益取决于特定的日期对特定物品的需求期望。

我们也不能避免如此结论，即财富所有者希望得到的不仅是给定的预期收益，而是可以得到的最好的预期收益。所以，拥有财富的愿望增加会减少预期收益，而在这种减少的预期收益水平上，新投资的生产者却不得不满足于这种预期收益水平。这个结论忽略了对真实资本设备的所用者来说，总是会有选择的权利，也就是可以选择对货币和债权的所有权；所以新投资的生产者不得不满足的预期收益不能低于当前的利息率所设定的标准。正如我们所看到的那样，当前的利息率不取决于持有财富的强烈愿望，而在于持有流动性或非流动性形式表示财富的强烈愿望，以及以流动性形式表示财富的供

1872年，被解放的黑奴简·约翰逊和她的两个孩子登上了一艘即将驶离费城前往纽约的船。美国奴隶制时期，黑人被压迫和奴役，但并没有阻止黑人追求自由、财富和地位的步伐。辛辛那提有一位黑人塞缪尔·威尔科克斯就开办了美国最早的高端杂货店，年销售额达到了14万美元，相当于现在的420万美元

应量和以非流动性形式表示财富的供应量之间的对比。如果读者发现自己此时比较困惑，不完全明白，那么读者可以反问自己：为什么货币量没有发生变化，新的储蓄行为能够在现存的利息率水平下减少人们想要以流动性形式持有的货币量?

如果我们想要就这个问题深入探索下去，就会出现更加混淆的地方，这些我们将在后面的章节进行探讨。

二

与其说资本是具有生产性的，不如说资本能够产生收益，该资本在它的整个生命周期中所获得的收益超过了它的原始成本。一项资本在它的整个生命周期中能够提供预期收益，该资本的总价值大于其初始供给价格，这是因为资本具有稀缺性。而之所以具有稀缺性是因为利息率之间的竞争引起的。如果资本变得稀缺性减少，那么其所能获得的超额收益就会减少，但是它的生产力并没有减少——至少从物质意义上是如此。

因此，我赞同古典学派之前的原则，即任何物品都是劳动借助于之前所谓的艺术——现在所谓的技术生产出来的。同时，物品的生产也是通过免费的或者根据稀缺与富裕程度的不同而定的租金完成的。另外，物品的生产还通过嵌入在资本设备中的过去的劳动力生产出来，这种资本设备的价格同样是根据资本设备的稀缺与丰裕程度的不同而定的。我们最好把包括企业主和其助手的个人服务在内的劳动作为生产的唯一要素，这些劳动在给定技术、自然资源、资本设备和有效需求的条件下进行生产。这部分地解释了为什么我们能够把劳动的单位看作我们在经济系统中所需要的唯一物质单位，而不是货币单位和时间单位。

一些长期的或迂回的生产过程通常具有较高的物质效率，但是一些短期的生产过程也具有很高的物质效率。之所以很多长期的生产过程，也许是大部分的长期生产过程在物质意义上都不是很有效率，是因为在它们的生产过程中总是会存在一些随着时间而造成的破坏或浪费[1]。在既定的劳动力水平下，体现在迂回生产过程中的劳动量具有一定的限度，也具有一定的优势。除了其他的考虑之外，制造机器的生产所雇用的劳动量与使用这些制造机器设备所雇用的劳动量之间一定存在一个比例关系。随着所采用的生产过程越来越具有迂回性，即使这些生产过程的物质意义上的效率仍然在增加，最终的价值量相对于所雇用的劳动量也不会无限制地增长。只有延迟消费的愿望足够强烈以致可以形成这样一种情况，并且在这种情况下，充分就业所需要的投资量足够大，以致大到使资本的边际效率具有负值，此时整个生产过程才会变得是有利的，因为这个生产过程的周期比较长。只要这些生产过程的时间长到能够使延迟消费所带来的好处超过低效率所带来的坏处，那么我们就应该采取这种效率较低的生产过程。事实上，我们可能处于如下一种情况之中，即时间短的生产过程必须保持其稀缺性，因为此稀缺性可以使生产过程在物质意义上的效率超过产品比较早地生产出来所带来的劣势。因此，一个正确的理论，应该可以涵盖资本边际效率的所有情况，不论这种资本的边际效率与正的利息率相对应，还是与负的利息率相对应。我认为只有上面所说的稀缺性的理论才能做到涵盖上面的这些点。

此外，这里有各种理由可以解释为什么不同种类的服务和设备具有稀缺性，从而这些不同种类的服务和设备相对于包含于其中的劳动量来说比较昂贵。例如，如果人们所从事的生产过程的环境是空气受到污染的，那么人们必须要得到更高的报酬，否则人们就不会从事这种生产。同理，具有风险的生产过程也是如此。但是我们也并不会创立一种关于空气受到污染的或具有风险的生产过程的生产率理论。总之，并不是所有的劳动者都能够在轻松愉快的工作环境中从事劳动。均衡的条件要求在不轻松愉快的工作环境中（可能有气味、风险大或者工作时间长）所生产出来的产品具有稀缺性，这种稀缺性必然会要求这种产品具有较高的价格。但是如果时间长的生产过程变成一种轻松、愉快的环境，这也是非常具有可能性的一种情况，同时这种生产

[1] 参见马歇尔对庞巴维克所作的脚注，载自《原理》一书第583页。

过程也已经雇用了足够多的人，那么如同我上面所讲过的，此时必须要让短期生产过程保持稀缺性。

假如已知最优的生产过程的迂回程度，那么我们当然会选择最能满足我们需求的最有效率的迂回生产过程。最优的迂回生产过程是指能在合适的日期满足消费者想要延迟的需求。也就是说，在最优的条件下，生产应该被组织起来，并以最有效率的方式进行生产，而且这种生产要在消费者的需求变为有效需求时及时提供。如果没有在特定的日期满足消费者的有效需求，而是在不同的日期进行生产来满足消费者的有效需求，那是没有用的，即使通过改变这种生产交货的日期可以增加物理上的产量也是没有用的——除非消费者因为受到饭菜更丰盛的诱惑而愿意提前或延迟吃饭的时间。假如消费者在得知不同开饭时间的饭菜的所有细节，那么消费者就期望把吃饭的时间定在8点，那么厨师的任务就是在这个时间点上能够提供他所能做出的最美味的饭菜，而不管厨师是否认为如果开饭的时间是7点、8点或者8点30分是最适合他做出好饭菜的时间。如果不计时间，那么厨师的唯一任务就是做出相对来说最好的饭菜。在社会的某些时期，如果我们把吃饭的时间推迟，那么我们可能得到更为丰盛的饭菜；但是在社会的其他阶段，我们也可能因为把吃饭的时间提前而得到更为丰盛的饭菜。所以正如同我上面所说过的，我们的理论必须适用于这两种情况。

如果利息率为0，那么对于任何一种商品而言，投入生产该商品的平均日期与消费日期之间都会存在一个最适度的时间间隔，此时劳动力成本可能是最小的——从技术上来说，短期的生产过程可能也具有较低的效率，而长期的生产过程由于储藏成本和损耗也同样会具有较低的效率。然而，如果利息率超过了0，新的成本要素就会随着生产过程的加长而出现，所以最优的间隔周期将会缩短，为了交付最终的产品而进行的当前产出将会停止，直到预期价格增长得足够多，以致可以超过增长的成本——这部分成本是由于利息费用而引起的，也是由于缩短生产导致效率下降而引起的。如果利息率降低到小于0（假设这在技术上是具有可实现性的），情况则是相反的。如果已知消费者的预期需求，那么当前的投入必然会与以后的投入相竞争。这种竞争

美国妇女在一战期间制造勃朗宁机枪，她们的工序是抛光，照片拍摄于1918年的纽黑文。

会导致以后的生产由于较大提高技术或者改变预期价格而降低生产成本，而当前的生产形成的较低收入可能不足以补偿负利息率。在大多数物品的例子中，可能都需要技术上的无效率来开始它们的生产，而不是在预期消费之前的某个合适的时间来进行生产。如此一来，假如在利息率等于0的情况下，还想要对满足未来消费者需求的生产进行有利的开始，那么就必须对预期消费者需求给定一个严格的限制。当利息率上升时，现在的生产为了满足预期消费者需求的比例就会减小。

三

我们已经看到，资本在长期中必须保持其稀缺性，以使得资本边际效率至少等于与其周期相同的利息率，这个周期是指资本的生命周期，而利息率是由社会心理状态和组织条件决定的。如果一个社会发现自己资本充足，而且资本边际效率等于0，如果再增加投资，资本边际效率就会变为负值，那么此时这个社会需要做一些什么事情呢？与此同时，这个社会的资本存量和就业量水平将会减小，直到整个社会变得贫穷而使得社会的总储蓄等于0，即一些人或者团体的正储蓄正好被其他人或团体的负储蓄所抵消。于是，对我们所描述的整个社会来说，在这些特定条件下的均衡位置正好处于这样一点，即就业量足够低而且人们的生活标准非常落后，此时的储蓄等于0；更有可能出现的情况是围绕着这个均衡位置会有周期性的波动。因为如果对未来的不确定性仍然存在一定的空间，那么资本的边际效率就将偶尔大于0，从而导致“繁荣”；而在随之而来的“萧条时期”，资本的存量在一定时间之内可能下降到一定水平，在该水平上，资本的边际效率在长期内等于0。如果对将来的眼光是正确的，那么在均衡状态下，使边际效率等于0的资本存量当然会小于和可用劳动力的充分就业状态相适应的资本存量。因为均衡状态下的资本设备必然是与一定比例的失业相适应的，这能够使储蓄等于0。

唯一可以选择的均衡位置是这样一个位置：此时资本的存量非常丰富，从而能够使得资本的边际效率等于0；同时该位置还代表着一定数量的财富足够大，大到等于能够满足社会公众的一部分为将来而准备储蓄的数量，即使此时是处于充分就业的状态，而且不能够获取任何以利息形式而存在的奖金。然而这个均衡位置是不可能会正好出现的，因为充分就业状态下的储蓄倾向能够在资本存量达到使资本的边际效率等于0的位置时刚好得到满足。如果想要这种可能性尽可能地出现并尽可能地发挥作用，不仅需要利息率在这一点正在减少，还需要在前面的位置处利息率也处于缓慢下降的趋势。

到目前为止，我们假设了机构性的要素能够阻止利息率等于负值，同时在货币的形成过程中，这些机构性的要素也使得成本可以忽略不计。然而事实上，机构性的要素和心理性的要素的出现设定了利息率大于0的限度，即使在利息率处于切实可行的下降过程中也应该大于0。尤其是我们在上面已经检查过的把借款人和贷款人联系到一起的成本和对未来利息率的不确定性已经为利息率设定了一个比较低的限度，在当前的环境下，这个限度在长期范围内的值大概在2%或2.5%之间。如果情况证明是真实的，那么财富存量的增加和利息率的下降互相作用所产生的结果在实践中就会实现。此外，如果财富增量的最低水平在实际上能够使得利息率高于0，那么在利息率达到与这个最低水平的财富增量相适应的利息率之前，满足整个社会积累财富的愿望就具有很大的困难。

战后的美国和英国提供了实际的例子，即财富的积累非常大，以致资本的边际效率比利息率下降的程度要迅速得多，而利息率的下降受到普遍的制度性和心理性要素的制约，因此此时的就业量和生活水平都不能达到一个合理的程度，尽管从技术条件上说，生产是可以满足这种合理的程度的。

假设有两个社区，它们的技术水平相同，但是资本存量不同，那么具有较少资本存量的社区就有能力比具有较多资本存量的社区享受更高标准的生活水平。尽管当较贫穷的社区赶上较富裕的社区——这最终还是会有实现的时候，两个社会都还是要面临希腊神话故事中米达斯国王的命运。这种令人不安的结论当然都依赖于这样的假设，即消费倾向和利息率都不是被社会的利益故意地操纵，而主要是放任所造成的结果。

假如不管什么原因，利息率降低的速度不能达到与资本边际效率降低的速度相等的程度。那么，此时的资本边际效率就是指一定的财富积累速度下的资本边际效率，而财富的积累速度是与一个社区在充分就业的条件下选择利息率等于资本边际效率相适应的，然后即使持有财富的愿望发生分散转移到事实上不能够产生任何经济利益的资产上，此时也会增加社会的经济福利。例如，亿万富翁们活着的时候，以建造高楼大厦来满足身体需要，在其死时，还会建造金字塔来保存遗体，或者为了忏悔其罪恶，做一些诸如修建教堂、捐赠教会和救济宗教团体的行动。此时亿万富翁获得了满足，但是会推迟充足的资本和充足的产出出现的日期。在地球上开矿，用储蓄来进行支

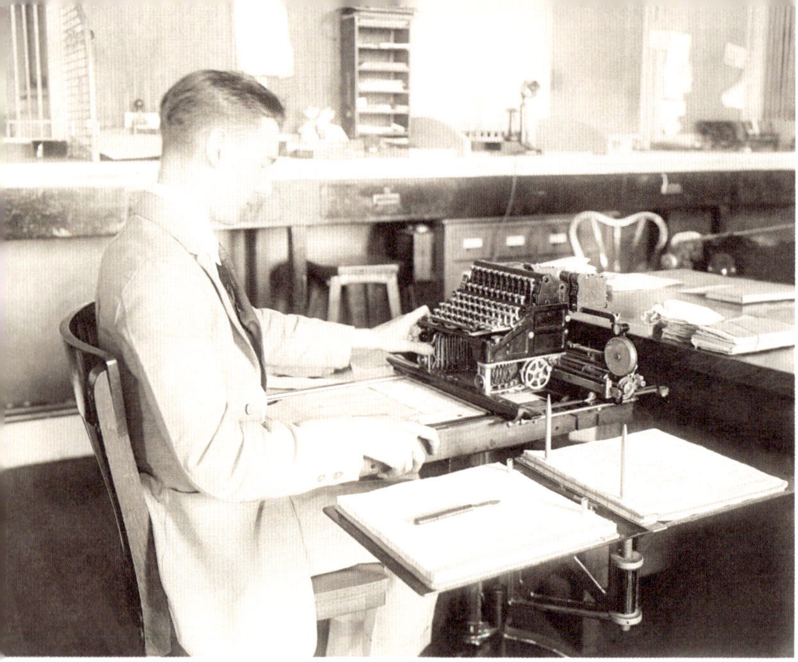

一名操作邮局汇票机的男子，照片拍摄于1930年。在美国，邮政汇票是一种常见的支付工具，邮政汇票的功能与支票类似，但因官方担保信用度更高。支付方在邮局（代售网点）购买汇票，邮寄给接收方，接收方凭票在任意一家邮局均可兑换现金或将票面金额存入银行

付时，将不仅可以增加就业量，还可以增加有用的物品和服务的真实国民收入。然而，当我们理解了影响有效需求的要素之后，如果仍然满足于保持使用偶然的、浪费性的缓解办法就显得不合情理了。

四

让我们假定采取了一定的步骤来确保利息率和与充分就业相适应的投资率保持一致。而且更进一步假设，国家的干预作为一种均衡要素帮助资本设备的增长直到其达到饱和点，这个饱和点就是资本设备的增长不会给当前人们的生活标准施加任何不成比例的负担或影响。

在这样的假设条件下，我猜测用现代技术资源武装起来的一个以合适的步伐进行运转的社会，同时这个社会的人口也没有以很快的速度增长，这个社会应该有能力使均衡状态下的资本边际效率在一代人的时间范畴内大致等于0。所以我们可以得到均衡状态的社会所需要的条件，即变化和进步应该仅仅来自技术、偏好、人口和机构，同时在该均衡状态的社会中，资本产品能

够以包含其中的劳动力成比例的价格出售。这个原则与决定消费品价格的原则是相同的，资本费用以一种不具有明显意义的比例或程度体现到消费品的价格中。

如果做这样的假设并且这种假设是对的，这种假设是比较容易能够使资本品富足从而使资本边际效率等于0，那么这也许就是逐渐消除资本主义很多引起人们反对的特征的最有意义的方法。通过稍加思索，我们就能明白巨大的社会变革是由于所积累财富的收益的逐渐消失而引起的。一个人仍然具有权力决定把其挣得的收入积累起来以在未来的某个时间用于支出，但是其积累不会增长。可能仅仅是处于像波普的父亲那样的位置，这个位置就是：当波普的父亲从他所从事的商业中退休时，携带一箱子的金币回到他的别墅，同时依靠这些金币来维持他生活的支出。

虽然靠收取租金为生的人最终会消失，但是在对预期收益进行估计的时候，人们可能还会有不同的意见，因此，企业家的才能和技术还是有其发挥作用的空间的。因为我们在上面主要是就纯利息率而言的，没有把风险和与之类似的一些其他要素考虑在内，也没有把预期的风险报酬计算在资本的总收益里面。所以，除非纯利息率能够维持在负的水平，否则个人资产所进行的熟练的投资活动仍然会获取正的收益。如果不愿意承担风险，那么总资产在一段时间之内仍然可以获得正的净利润。然而在这种条件下，渴望从值得怀疑的投资中获取收益的想法难以如愿，因为这种投资的净收益的总和可能成为负值。

第17章　利息和货币的本质

一

货币的利息率看起来好像在限制就业量水平上扮演了特殊角色。因为它给资本设备的边际效率设定了一个标准，如果资本设备要进行新的生产就必须达到这个标准。似乎这个说法很复杂，我们自然会问：货币与其他资产相比，它的特殊性在哪里？是否只有货币才具有利息率呢？在非货币经济中，又会发生什么情况？直到我们回答了这些问题，我们理论的全部意义才能清楚地展示出来。

对于货币的利息率，我需要提醒读者，它只不过是从远期支付中所提取出来的一定比例的超额货币，如一年后从远期的支付中超过该远期支付数量的“现期支付”或其现金价格。所以每一种类型的资本设备看起来似乎都与货币的利息率具有相似之处。拿小麦来说，在一年之后交付一定数量的小麦和今天进行“现期支付”100夸脱具有相同的价值。如果一年之后交付的小麦数量为105夸脱，那么我们就可以说小麦的利息率为5%；如果一年之后交付的小麦数量为95夸脱，那么我们就可以说小麦的利息率为负的5%。所以，对于每一种持续存在的商品，我们都有自身的利息率——小麦的利息率、铜的利息率、房子的利息率，甚至是钢铁厂的利息率。

商品的“期货”价格与“现期”价格不同。小麦的价格与小麦的利息率有确定的关系，但是由于期货价格的计算是基于未来交付的货币价格，而不是以现期支付的小麦现货，所以其中会涉及货币的利息率。它们之间的关系可以用以下例子表述。

我们假设小麦的现期价格为每100夸脱100英镑，而小麦的“期货价格”

为每100夸脱107英镑，而货币的利息率为5%，那么小麦的利息率是多少呢？现期支付的100镑在未来支付中会变成105镑，105镑可以买到的期货小麦的数量为$\frac{105}{107}\times 100=98$夸脱。相应地，100镑可以购买现期支付的小麦的数量为100夸脱。所以现期的100夸脱小麦可以购买期货的98夸脱小麦。那么我们据此可知，小麦的年利息率为负2%。

综上所述，我们没有充分的理由认为不同商品的利息率会相等。正如为什么小麦的利息率就应该等于铜的利息率，我们在市场中所提及的“现期”价格和“期货”价格之间的关系，因商品不同而不同。这将会引导我们发现想要的线索。因为各种商品所拥有的利息率（我暂且这么称呼）中最大的将会是具有统治地位的利息率（因为正是这个最大的利息率决定了资本设备想要进行生产时所必须达到的最低标准的资本边际效率）；同时，我们也有理由说明为什么货币的利息率往往是最大的（正如我们所发现的，很多能够减少其他资产所拥有的利息率的驱动力对货币利息率并不起作用）。

还需要说明的一点就是，如同任何时间商品的利息率都不同一样，两种不同的货币之间的利息率也不同，外汇交易者对这个事实是很熟悉的，如英镑和美元的利息率就不是相同的。以英镑所衡量的外国货币的“期货”价格与“现期”价格也是不同的，作为一种规则，这也适用于不同国家的货币。

现在，这些商品的衡量标准都给我们提供了和货币相同的方法来衡量资本的边际效率。我们能挑选任何商品，比如，用小麦的价值来计算任何资本设备的预期收益，并计算出使一系列小麦年金的当前价值等于以小麦所衡量的资产的当前供给价格的贴现率，该贴现率就是以小麦所衡量的资产的边际效率。如果用于衡量资产的两种可以相互选择的标准的相对价格预期没有发生改变，那么，不论选择哪种衡量资产标准，资本设备的边际效率都是相同的。因为用于计算资本的边际效率的分子和分母都是以相同的比例发生变化的。然而，如果以另外一种物品衡量，并且可选择的衡量标准中的一个商品的价值发生变化，那么资本设备的边际效率也会以相同的比例发生变化，这种变化是根据资本设备选择哪种衡量标准来测定的。为了描述并说明这个过程，让我们举个最简单的例子，其中的一个衡量标准是小麦，如果以货币

《佃农的租金》，荷兰画家奎林·范·布雷克伦卡姆绘制。两个农民在一间办公室里交租金，其中一个人带来一只鸡抵扣。17世纪的欧洲正处在封建社会解体和资本主义兴起的阶段，封建庄园经济逐渐瓦解，大量的劳动力被释放到新兴的工场手工业中

所衡量的小麦的价值预期以一个稳定的年度比率a%升值，以货币来衡量的资本设备的边际效率为x%，那么以货币所衡量的资本设备的边际效率就是（$x-a$）%。因为所有资本设备的边际效率都是以相同的数量发生变化，所以不论我们所选择的衡量标准是什么，各种资本设备的边际效率的大小差别仍然是不变的。

假如存在某种复合商品，在严格意义上它能代表全部商品，我们可以把利息率和资本的边际效率用这种商品来衡量，某种意义上说，该商品所衡量

的利息率和资本的边际效率就是唯一的。但是要找到具有这样衡量标准的商品与建立衡量价值的唯一标准一样，面临很大的障碍。

因此，到目前为止，货币的利息率与其他的利息率相比，并没有什么独特的地方，而是处于相同的地位。但是货币的利息率的特殊性体现在哪些方面，可以让它具有统治性的实际作用呢？而为什么产出量和就业量是与货币的利息率密切相关的，而不是和小麦的利息率或者房屋的利息率密切相关呢？这些我们在接下来的几章将进行描述。

二

我们现在来考虑一下，对不同种类的资产而言，不同种类的商品利息率在一年之后会变成什么情况。我们轮流选择每种商品作为衡量标准，在下文所说的每种商品的收益都是以其本身来衡量的。

不同类型的资产在不同程度上具有如下三个特点。

（1）某些资产通过辅助某些生产过程或者供给消费，从而获得收益或生产产出q，其中，q是用资产本身来衡量的。

（2）除了货币之外，大部分的资产都会经历浪费或随着时间而产生某些损耗成本（此时不计算它们的相对价值的变化），不论这种资产是否被用来生产并获得收益。比如，这些资产可能包括以它们自身来衡量的持有成本c。这对我们当前的目的来说都是无关紧要的，即我们在计算q之前应该减去的成本与我们应该把哪种成本包括进成本c，这些都是无关紧要的，因为我们特别关注的是$q-c$。

（3）在一段时间内对资产处置的能力可以提供一种潜在的便利性或安全性，这对不同种类的资产来说是不同的，尽管这些资产本身都具有相同的初始价值。也就是说，这种潜在的便利性或安全性在生产周期的期末和生产过程中都是无形的。然而，这仍然是人们准备为之进行支付的一种东西。人们愿意为这种处置资产的便利性或安全性所支付的量（以资产本身来衡量），我们称之为流动性溢价，用l表示。

所以，一段时期内，设备的所有权中所期望获得的总收入等于资本设备的收益减去持有成本加上它的流动性溢价，也就是等于$q-c+l$。而$q-c+l$就是任何商品的自身的利息率，在这里，q、c和l都是用资产本身作为衡量标准的。

这个特征是正在使用的工具性资本（如机器）或消费资本（如房屋）的特征。也就是说，它们的收益通常要超过其持有成本，而它们的流动性溢价却大致可以忽略不计；库存的流动性商品、剩余的工具性资本或消费性资本都可以引发以其自身衡量的持有资本的存在，而它们此时却不能产生任何收益来抵消这种持有成本；在这种情况下，只要库存量超过正常的水平，它们的流动性溢价也经常会被忽略，尽管在特殊的环境中，这些库存的流动性商品、剩余的工具性资本或消费性资本具有一定的重要性；而货币这种资本，如果它的收益为0，其持有成本也可以忽略，但是其流动性溢价却是持续的。不同的商品可能具有不同的流动性溢价，货币也可能引发一定程度的持有成本，比如保管费用。但是货币与其他资产之间具有本质的不同，其不同之处就在货币的例子中，它的流动性溢价会超过它的持有成本很多。为了方便论述，我们假设房屋所产生的收益为q_1，其持有成本和流动性溢价可以忽略不计；小麦的持有成本为c_2，其收益与流动性溢价也可以忽略不计；货币的流动性溢价为l_3，其收益和持有成本可以忽略不计。也就是说，q_1代表房屋的利息率，c_2代表小麦的利息率，l_3代表货币的利息率。

为了决定在均衡状态中各种不同类型的资产的预期收益之间的关系，我们还必须知道这些不同类型的资产的预期相对价值会发生什么变化。把货币（为了这个目的，我们仅仅把货币作为一种计量单位，同样可以把这样的例子平等地应用到小麦的情况中）作为标准的测量手段，假设房屋的预期升值比例为a_1，小麦为a_2。而我们把q_1、$-c_2$和l_3分别称为房屋的利息率、小麦的利息率和货币的利息率，它们都是以自身作为价值标准进行衡量的。例如，q_1是用房屋表示的房屋自身的利息率，$-c_2$是以小麦表示的小麦自身的利息率，而l_3则是以货币表示的货币自身的利息率。我们也可以用货币作为共同的价值标准，把它们折合为共同的单位，那就是把a_1+q_1称为房屋的货币利息率，

a_2-c_2称为小麦的货币利息率，而l_3则是以货币表示的货币自身的利息率。有了如此转换，我们就可以根据a_1+q_1、a_2-c_2和l_3三者中的最大者把财富所有的需求直接引导到房屋、小麦或货币中。因此，在均衡状态中，以货币所衡量的对房屋和小麦的需求价格将会达到这样的一点，在该点上，持有任何一种的利益都不会具有相对的优势。也就是说，此时a_1+q_1、a_2-c_2和l_3三者将会相等。选择哪一种物品作为价值的衡量标准对结果是没有任何区别的，因为从一种衡量标准转移到另一种衡量标准将会同等地改变所用的衡量标准。也就是说，新标准的预期升值率都是以旧的标准案例来衡量的，其大小是相同的。

现在我们可以看出，平常的供给价格小于需求价格的资产类型就会被新生产出来。这种类型的资产，其边际效率（根据它们的正常的供给价格计算）将会比利息率（与资产所用的衡量标准是相同的）大。库存的资产，开始时所具有的边际效率至少等于利息率，随着库存资产的增加，它们的边际效率就会降低（理由已经在前面给出）。所以，此时会出现一点，在这一点上，不会再生产这些设备，除非利息率能够降低到一定的程度。当没有资产设备的边际效率能够等于利息率的时候，资本设备就会停止进一步生产。

我们假设（在论证的这个阶段，只能算是一种纯粹的假设）有些资产的利息率是固定不变的（因为随着产量增加，这些资产的利息率下降的速度比其他商品利息率下降的速度要慢得多）。此时均衡位置是如何调整的呢？由于a_1+q_1、a_2-c_2和l_3都相等，而且l_3或者是固定的，或者比q_1、$-c_2$的下降速度要小得多，那么据此可以得出a_1和a_2一定是处于上升的状态。换句话说，每种商品的当前货币价格相对于其预期未来价格而言，都趋向于下降，当然，这些商品不包括货币。因此，如果q_1和$-c_2$继续下降，就会达到这样一点，在该点上，生产任何商品都是无利可图的，除非未来的生产成本能够上升到大于当前的成本，其大于当前成本的数量应该能够包括从现在开始，持有生产出来的产品的库存一直到预期的高价格出现的那天为止的这个时间段内的持有成本。

现在可以明显看出，从严格的意义来讲，我们之前的观点，即货币的利息率给产量设定一个限度，是不对的。应该改为：随着一般情况下库存资产的增加，资产的利息率下降得很慢，这最终会使其他资产的生产变得无利可图——除非出现偶然事件，即我们所提到的，生产的当前成本与预期成本具有某种特殊的关系。随着产量的增加，某种产品自己所衡量的利息率会降低到某个水平，在该水平上，一个又一个资产降低到能够进行有利可图的生产标准之下——直到最后，只有一个或几个以产品自身所衡量的利息率仍然处于大于其他资产的边际效率的水平。

如果我们用货币来表示价值标准，那么就能清楚地看到，货币的利息率并不一定是造成上述情况的原因。通过把黄金或英镑作为价值的衡量标准替换成小麦或房屋作为价值的衡量标准的做法不能使我们走出所面临的困境。因为假如继续存在“随着产量的增加，以其自身所衡量的利息率不会下降”的资产，那么同样的困难就会出现。例如，在一个不兑换纸币的国家，黄金可能继续充当这个资产的角色。

三

接上文论述，当我们把货币的利息率作为其特殊重要性的时候，实际上已经做了如下假设，即我们已经适应使用的货币具有一些特殊的、与其他资产不同的特征，这种特征能够使货币以其自身所衡量的利息率不会随着产量的增加而降低。这种特征是不同于其他的资产的，其他资产以其自身所衡量的利息率会随着产量的增加而降低。那么，此假设能否成立呢？下面要说的货币所具有的几个特殊性质，可以使此假设成立。只要货币所建立起来的价值标准具有这些特殊性，那么上面的说法就能够成立，即货币利息率是具有重要性的利息率。

（1）围绕上面所说的结论的第一个特征就是如下事实。即无论从长期还是从短期来说，货币的生产弹性为0，或者接近于0。这一事实存在的前提是考虑私人企业的情况，而不考虑货币政策当局的情况。什么是生产弹性？

本文的意思是指用于生产货币的劳动量与一单位货币的增加所能购买到的劳动量之间的比例。也就是说，此时货币不能够被稳定地生产出来——当以工资单位所衡量的价格上升时，企业家不可能随意增加雇用劳动力来生产货币。在不兑换纸币的国家，这个条件是可以满足的。但是在实行金本位制的国家，情况也大概如此，那就是，除非一个国家是以开采黄金为主要行业，否则最大比例地增加雇用劳动力的数量仍然是很小的。

现在，对于具有生产弹性的资产，我们之所以假定以其自身所衡量的利息率会下降，是因为我们假定这些资产由于有比较高的产出率使其作用不断增强。然而在货币的例子中，在此，我们暂时不考虑工资单位减少的影响或者货币当局估计增加货币供应量的影响。那么货币的供应总是固定的。所以货币不能随意被劳动力用来生产是货币的一个特点，该特点为我们提供了一个假设，那就是以货币所衡量的利息率不太可能会下降。如果生产货币可以像生产农作物或者生产汽车一样，那么就可能避免或缓和经济萧条的局面。这是因为如果其他资产以货币所表示的价格趋于下降，那么更多的劳动力将会被转移以用于生产货币。正如我们在开采金矿的国家所看到的那样，对整个世界来说，基本上这种方式的最大化转移是可以忽略的。

（2）显然，尽管上面的条件得到了满足，但是此满足不仅是通过货币，还通过所有纯租金的要素，而生产这些货币或者具有纯租金性质的物品是完全没有弹性的。那么就需要第二个条件来区分货币与其他的租金要素。

货币第二个可以区分于其他要素的特点就是其替代弹性等于0或者说近乎等于0。这意味着随着货币交换价值的增加，没有其他要素来代替货币的倾向——除了一些微不足道的程度，如货币商品被用于制造业或者艺术品。货币的第二个特点来源于货币的独特性，即货币的效用完全来源于它的交换价值。所以货币和其他商品的交换价值会同时上涨或同时下跌，这样造成的结果就是当货币的交换价值上升时，没有一种动力或者趋向用其他要素来代替货币，而在其他租金要素的例子中，会有这种用其他要素来代替的趋向。

所以，当货币的劳动力价格上升时，不仅不可能把更多的劳动力用于生产货币，而且当对货币的需求增加时，货币还是容纳购买力的无底洞，因为当需求被转移时，它就没有价值了，这种情况发生在其他租金要素的例子中。

当货币的价值上升，且人们对未来货币保持这种价值上升不是很确定时，就会发生对货币的唯一修改。在这种情况下，a_1和a_2会增加，这就等于增加了商品的货币利息率，从而会刺激其他资产的产出。

（3）我们必须考虑这个结论是否会被这样的事实所颠覆：这个事实就是尽管货币数量的增加不能通过转移更多的劳动力来生产它，但是关于货币的有效供给不是严格固定的假设也是不正确的。特别是，工资单位的减少会把现金从其他为满足流动性动机的使用中释放出来。除此之外，由于货币价值的下降，库存的货币相对于社会的所有财富来说，就会占据较大的比例。

我们不可能同纯粹理论性的依据进行争论，其依据就是这种反应有能力允许货币的利息率具有较大程度的下降。然而我们有很多理由可以说明在我们已经习惯的经济类型中，货币的利息率很可能难于作出适度的下降，所有这些理由结合在一起就构成了一种强大的驱动力。

首先，我们不得不允许货币单位的下降，这会带来以货币所衡量的其他资产的边际效率的反应。因为这些与我们所关心的货币利息率是不同的，如果货币工资下降的影响是产生了一种期望，这种期望就是货币工资会继续上升，这个结果是完全可能发生的。相反，如果货币工资下降的影响是产生了货币工资会进一步下降的期望，那么资本的边际效率的反应就会抵消利息率的下降[1]。

其次，事实上，货币工资是具有黏性的，货币工资比真实的工资要更加稳定。所以货币工资会给以货币形式所衡量的工资的下降设定一个限度。假如不是这样，那么情况可能会更糟，而不是更好。如果货币工资很容易下降，这可能会产生对未来的进一步下降的预期，从而对资本的边际效率产生不利的影响。更进一步说，如果以其他种类的商品所衡量的工资保持不变：例如，用小麦衡量的工资，那么工资就不可能是具有黏性的。因为货币还具有其他特征，尤其是它的流动性。如果工资用货币来衡量，那么工资就是具

[1] 这个问题我们在下面的第19章还要进行仔细的分析。

摩根坐在参议院办公大楼的会议室，在场的还有银行和货币委员会听证会上的证人和参议员。照片拍摄于1933年5月26日。同年6月16日，格拉斯-斯蒂格尔法案由罗斯福签字生效。此后，银行或者从事存贷款业务，或者从事证券买卖，但不能同时从事这两项业务。1935年8月，摩根的主要合伙人在缅因州的一个小岛农场里召开一次秘密会议，决定继续保持存款银行不变，但分离出一部分成立一家完全独立的投资银行，这就是摩根士丹利

有黏性的[1]。

再次，我们现在讨论的是这部分内容中最基本的。也就是，满足流动性偏好的货币的特征。因为在某些经常发生的情况中，货币的这个特点对利息率的变动是不敏感的，尤其是当利息率低于某个数字的时候，即使货币数量

[1]　如果以小麦所衡量的工资是具有黏性的，那么小麦就可能获得某些货币的流动性溢价——我们将在下面的第4部分讨论这个问题。

相对于以其他形式所衡量的财富增加时，货币对利息率也是不敏感的。换句话说，在一定的水平上，来自流动性的货币收益不会由于货币数量相对于其他种类资产的数量的增加而降低，而其他种类资产的收益会随着这种资产数量的增加而降低。

在这个联系中，货币较低的（或者说可以忽略的）持有成本起到了根本性的作用。因为假如货币的持有成本是真实的，就会抵消货币的预期效果。也就是未来某个日期货币的预期价值。人们乐意增加他们的持有货币是因为货币具有流动性的优势，所以面对相对较小的刺激时，人们会选择持有货币，而不存在随着时间的流逝需要付出巨大的持有成本的坏处。而除了货币之外的其他商品，对该商品的适当程度的持有可以为使用者提供一些方便。但是即使较大数量的持有可以代表财富的价值，其持有的有利之处也会被储藏这些商品的过程中所耗费的持有成本和损耗等所抵消。所以在达到一定数量之后，持有数量较大的库存商品必然会导致损失。

然而，在货币的例子中，正如我们所看到的那样，上述的结论是不适用的。由于很多不同的理由，其中最主要的是货币在人们的估计中已经构成了“流动性”的东西。所以那些试图为货币创造出人为的持有成本的改革家，也许是处在正确的轨道上面，但是其所提建议的实际价值却值得人们深思。其方法就是通过要求货币当局每隔一定的周期必须在货币上盖上印迹或类似的标志，以使得货币继续保持其属性，而人们为此需要支付一笔费用。

货币利息率的重要性是通过各种特征的组合而产生的。由于存在流动性动机，货币的利息率在货币数量相对于以货币所衡量的其他形式的财富发生一定比例变化时，也不会对此做出反应，货币的生产弹性和替代弹性都等于0。第一个条件意味着人们对资产的需求可能主要归结为对货币的需求；第二个条件意味着当上述情况发生时，劳动力也不能被用来生产更多的货币；第三个条件意味着即使其他要素非常便宜，但是这些要素也不能均等地代替货币的职能，根本就不存在这样的替代。唯一的补救方法就是除了资本的边际效率发生变化之外，来自货币数量的增加（只要对流动性的偏好没有发生改变），或者还有一件与之相同的事情——提高货币的价值，这会使相同数量的货币提供更多的货币方面的服务。

所以，利息率的提高阻碍了一切有生产弹性的商品的产量，也不会刺激货币的产量（通过假设我们可以知道，货币的生产缺乏弹性）。货币的利息率给以其他商品所衡量的利息率设定了标准，从而抑制了对生产其他商品的投资，但是这同样不会刺激对生产货币的投资。通过上面的假设，我们可以知道，货币是不能被生产的。而且由于以债券所衡量的流动性现金需求弹性的存在，决定了这种需求条件发生微小的变化也不会在很大程度上改变货币的利息率。然而，由于货币生产不具有弹性，所以利用自然的驱动力通过影响供给从而降低货币的利息率的做法也不具有现实可行性。在普通商品的例子中，对这种普通商品的流动库存的需求是没有弹性的，这可能会使需求方面受到一些小的变化从而使以该商品所衡量的利息率过快地下降或上升，而该商品供给弹性可能会阻碍现期价格相对于期货价格的溢价。因此，如果让其他商品放任自流，那么“自然的驱动力”，即市场的力量，会降低以这种商品所衡量的利息率，直到充分就业状态的出现使得商品的供给没有了弹性。此特征与我们所假定的货币的普遍特征是一样的。所以在没有货币和没有任何其他的商品具有我们所假定的货币特征的情况下——当然我们必须强调，这只是一种假设——只有在充分就业的状态下，利息率才能达到均衡。

更确切地说，之所以会存在失业问题，是因为人们都想要月亮——当人们想要的东西是不能被生产出来的，同时对这种东西的需求又不能被压制的时候，人们是不会被雇用的。此时没有任何的补救方法，只能劝说人们相信新鲜的奶酪实际上同月亮是一样的，然后建立一个在国家控制之下的奶酪加工厂（中央银行）。

一个有趣的现象值得注意，那就是传统观念认为黄金尤其适合作为价值标准，是因为黄金的供给是不具有弹性的，正是黄金的这种特征才使我们陷入困难的境地。

我们的结论可以用最普通的形式表述如下：假设在消费倾向不变的情形下，如果所有可用的资产以其自身的利息率来衡量的最大利息率与这些可用资产的最大边际效率相等时，就不可能再增加投资量。

在充分就业的状态下，上述条件必然会得到满足。如果存在某种资产，其生产弹性和替代弹性为0，那么当产量增加时，此资产的利息率下降的速度要比以该资产所衡量的资本设备的边际效率下降的速度慢很多。在未达到充分就业的状态之前，上述条件也是可以得到满足的。

四

上文已经说明，一种商品作为价值的衡量标准不是以该商品衡量的利息率是否为最重要的利息率的充分条件。然而对已知货币的特征在多大程度上使得货币的利息率是最重要的利息率，以及在多大程度上以货币的价值作为计算标准的债权和工资的关系，都是需要讨论的问题。我们从两方面进行讨论。

一方面，合约是固定的，工资通常也是比较稳定的。这对吸引货币具有比较高的流动性溢价发挥重要的作用。持有货币便利性是很明显的，因为货币可以直接用来支付未来的债务，而且未来的生产成本用货币来衡量也是相对稳定的。同时，假如价值标准是一种具有很高生产弹性的商品，那么对未来产出的货币成本相对比较稳定的预期就不会有很大的信心。同时我们知道，在决定货币利息率是唯一重要的利息率的作用要素中，货币较低的持有成本与货币的流动性溢价所起的作用都一样，即起主要作用的是流动性溢价与持有成本之间的差额。在很多商品的例子中，除黄金、白银和钞票之外，那些商品的持有成本与流动性溢价是一样高的，而流动性溢价通常是依附于订立的合约和工资所取决的标准，所以即使流动性溢价转移其所依附的标准，例如，从依附于英镑转移到依附于小麦，那么以小麦所衡量的利息率也不可能上升到大于0的水平。据此可知，尽管以货币作为价值标准来衡量的合约和工资在很大程度上提高了货币利息率的重要性，但是这种情况还不能够充分地产生我们所看到的货币利息率的特征。

我们要讨论的另一方面更加微妙。人们通常的看法是如果用货币来衡量产品的价值可能比用其他商品作为衡量手段更加稳定，这当然不取决于工资是用货币规定的，而是取决于用货币规定的工资更加具有黏性。如果工资用一些商品来衡量会比用货币来衡量更加具有黏性，那么情况会如何呢？对这个解释不仅需要用工资单位衡量的商品成本必须相对稳定，不管产量如何，也不论生产周期长短，而且任何超过当前需求的剩余量按照成本价格出售时，能够作为库存而不需要花费任何成本。也就是说，流动性溢价必须超过产品的持有成本（否则，由于不可能从更高的价格中获取利润，库存商品的持有必然会包含损失）。如果可以找到一种商品满足这些条件，那么该商品的确可以称为货币的对手。从逻辑上说，这不是不可能的，可能存在一种商品，以该商品所衡量的产品价值预期比以货币所衡量的产出价值更加稳定。但是在现实中，这样的商品似乎是不可能存在的。

综上所述，如果期望以某种商品所衡量的工资具有黏性，那么该商品的生产弹性必须是最小的，同时该商品的持有成本超过流动性溢价的部分也是最小的。换言之，人们之所以认为以货币所衡量的工资具有相对的黏性，是因为以货币衡量的流动性溢价超过持有成本的部分要比其他的资产都大。

据此可知，这些特征联合在一起使得货币的利息率更加具有重大的意义，同时这些特征之间又互相作用加强各自的影响力。货币具有较低的生产弹性、替代弹性和持有成本，这样的事实提高了人们对货币工资具有相对稳定性的期望。而这一期望又加强了货币的流动性溢价，并阻止货币的利息率与其他可能的资产的边际效率之间形成异常的比例关系。如果货币的利息率与其他可能的资产的边际效率存在这种异常的比例关系，那么货币的利息率就会失去作用。

庇古教授（还有其他人）已经习惯了这样假设，即存在一种推测，真实工资比货币工资要更加稳定。但是该推测只有在假设就业量也比较稳定时才能成立，并且还存在一个困难，即货币产品具有较高的持有成本。的确，如果人们尝试通过用工资产品来固定工资并以此来稳定真实工资，那么实际的效果只会引起货币价格出现剧烈的波动。这是因为消费倾向的任何波动，以及投资诱导的任何波动都能够引起货币价格在0和无穷大之间剧烈波动。货币工资比真实工资稳定是经济系统具有内在稳定性的一个条件。

总之，认为实际工资相对比较稳定，不仅与事实和经验不符，而且从逻辑上来说，也是一种错误。这是因为如果我们假设经济系统是稳定的，那就表示消费倾向和投资诱导的微小变化不会对价格产生剧烈的影响。

五

作为对上面内容的补充，值得强调的是，上面所论述的“流动性”和“持有成本”都是相对大小的问题，只不过是由于流动性相对来说高于持有成本，我们才说这是组成“货币”特殊性的一个方面。

《1819—1820年的怪物》，1819年英国画家乔治·汉弗莱绘制的插画，嘲讽了当时的时尚潮流和有闲阶级

例如，在一个经济系统内，没有任何资产的系统内流动性溢价总是超过持有成本。这就是对“没有货币”的经济制度最好的定义。也就是说，在该经济系统内，除了特殊的消费品和特殊的资本设备之外，不存在任何其他东西。虽然这里所说的资本设备在或长或短的时间内根据它们所生产的或者辅助进行生产的消费品特征的不同而具有或多或少的差别，但是这些资本设备和消费品，不像现金，如果要把它们保存作为库存，它们必然会贬值或者包含的支出肯定大于依附于它们自身的流动性溢价。

在这样的经济系统中，资本设备之间是互不相同的。有如下区别，一是它们有能力生产的消费品的种类不同；二是其产品价值的稳定性不同（也就是说，面包的价值总是比时尚的新奇玩意的价值要稳定）；三是体现在资本设备中的财富变成“流动性”的速度不同（也就是说，资本设备所生产出来的产品的收益能够被重新体现在不同形式的物品之中）。

财富的所有者将会权衡上面所定义的不同资本设备的“流动性”的缺失与扣除风险之后持有财富所预估的能够产生的预期收益之间的大小。我们将会观察到，流动性溢价与风险溢价非常相似，但是两者又有不同之处——根据我们对可行性所进行的最佳估计和我们做出这些估计时的信心的不同而不同[1]。当我们在前面的章节对预期收益进行估计时，我们没有详细讨论估计的方法，为了避免复杂的讨论，我们也没有对来自不同风险的流动性之间的差别进行区分。然而，在计算每种商品以自身所衡量的利息率时，我们必须对两者都加以考虑。

很明显，这里没有所谓“流动性”的绝对标准，而只有流动性的程度不同罢了。在估计持有不同形式财富之间相对吸引力的时候，除了要比较它们的使用能产生的收益和持有成本之外，还要考虑其不同的溢价。什么构成了“流动性”这样的概念，其含义是比较模糊的，会随着时间的变化而变化，并取决于社会习惯和社会制度。然而在任何给定的时间内，在财富所有者大脑中对流动性的偏好次序都是固定的，这一点对我们分析经济系统的行为就

[1]　参阅第12章第2部分的脚注。

足够了。

在一定的历史环境中，对土地的所有权可能在很多财富所有者的脑海中是具有高流动性溢价特征的。因为土地和货币相似，它们的生产弹性和替代弹性都非常低[1]。在历史上，可想而知也有这样偶然的历史时期，人们对土地的持有欲望也像由于利息率高而持有货币一样。

想把这种影响数量化是很困难的，因为没有以土地自身所衡量的期货价格，这种期货价格可以与货币的债权所获得利息率进行对比。然而我们也能找到与之非常类似的东西，即土地进行抵押时的高利息率[2]。土地抵押时的高额利息率经常会超过种植土地可能获得的净收益，这是很多农业经济体的共同特征。禁止高利贷法主要是反对这种借款，而且这是正确的。因为在较早的社会组织中，现代意义上的长期债权是不存在的，对土地抵押的高利息率的竞争所产生的效果，就如同当前对新生产出来的资本设备的投资会阻碍财富增长所产生的效果是相同的，这就像现代的很多时期，把长期债权的利息率定得很高是一个道理。

人类经历了几千年稳定的连续不断的储蓄，如同对资本设备的积累一样，还是非常少，这需要对此作出解释。在我看来，这既不是因为人类的浪费倾向，也不是由于战争的破坏，而是由于过去依附于土地所有权上的流动性溢价比较高，而现在却是依附于货币上的流动性溢价比较高。在这一点上，我不同意马歇尔在《经济学原理》中以不同寻常的教条式的方式表述的观点：

“每个人都知道，财富的积累之所以受到抑制，利息率之所以能够维持，是因为大部分的人具有某种偏好，即愿意满足现在的欲望而不是留待未

[1] “流动性”的属性与当前这两个特点绝不是孤立的。因为资产的供给可以很容易地增加，而对资产的需求也可以通过改变相对价格轻易转移，这是不可能存在于财富所有者的脑海中的，此处是指财富所有者对“流动性”的特征的看法。如果货币的未来供给预期发生剧烈变化，那么货币就会迅速失去“流动性”的特征。

[2] 土地抵押时的借款和利息都是以货币为衡量标准的。但是事实上，抵押者可以抵押土地，清偿债务——如果某人不能用货币偿还债务，那么他会用土地进行抵押——这就使得抵押系统与土地的合约非常相似，是用现在交付的土地购买未来交付的土地。如果把土地卖给承租人，这事实上就更加符合交换特征了。

来满足欲望。也就是说，人们不愿意选择‘等待’。”

六

我在《货币论》中把所谓的唯一的利息率定义为自然利息率，也就是使储蓄量等于投资量的利息率。这是对维克塞尔“自然利息率”的发展和说明。根据维克塞尔的定义，“自然利息率”是指能够使物价水平保持稳定的利息率，而其并没有说清楚到底是哪种利息率。

然而，我忽略了一个事实：根据上述定义，在任何给定的社会中，每个假定不同的就业水平都有不同的自然利息率与之对应。同理，对每种利息率，都有与之相对应的不同的就业水平。也就是说，在这个利息率和就业水平下，经济系统会处于均衡状态。所以说不论就业水平如何，自然利息率或者从上面的定义中所得知的利息率都只能产生唯一的利息率，是一种错误观点。在那个时候我还没有理解，在某种条件下，经济系统在没有达到充分就业时也可以达到均衡。

现在，我不再为提出“自然”利息率的概念而盲目乐观，更不再认为“自然”利息率对我们的分析具有重要的作用。自然利息率只是一个维持现状的利息率。一般来说，我们对维持现状本身并没有什么兴趣。

如果有任何唯一的、具有重要意义的利息率，那么其必定是我们所定义的中立利息率[1]。也就是，上面所定义的中立利息率是在经济系统的其他参数都给定的情况下，与充分就业相适应的利息率，将这种利息率称之为最佳利息率也许较为恰当。

从更严格的意义上说，自然利息率可以被定义是产量和就业量达到均衡时的利息率，在均衡状态下，总就业弹性为0。

上面的论述再一次为我们解答了：想要使古典学派的利息理论具有意

[1]　这里所下的定义不同于当代的经济学家对中立货币的各种不同的定义。然而这个概念可能与这些经济学家脑海中所考虑的对象具有某种联系。

义，还应该具备什么样的假设。古典学派要么假设实际的利息率总是等于我们上面所定义的中立利息率，要么假设实际利息率等于能够把就业量维持在一个不变水平的利息率。如果古典理论是这样解释的，那么我们就不需要把这些理论的实际结论作为特例。古典理论假定货币当局或者自然的驱动力能够导致市场的利息率满足上面的条件之一。它要调查在这个假设下支配社会生产性资源的使用和回报的原则是什么。在这个假设条件的限制下，产量取决于已经假定为不变的就业水平和当前的资本以及技术的交点。现在，我们可以安全放心地进入李嘉图的世界了。

第18章　重述就业的一般理论

一

现在，我们能够把我们的论点综合起来。首先，我们必须搞清楚在经济系统中什么要素是我们认为已经给定的，哪些要素是自变量，哪些要素是因变量。

我们可以视为不变的要素有：可用劳动力的技术水平和数量、现存可用设备的质量和数量、现有的技术、竞争的程度、消费者的偏好与习惯、不同劳动力强度的负效用以及监督和组织的活动，还包括决定国民收入分配的驱动力在内的社会结构。但是这并不意味着我们认为这些要素都是常数，而仅仅意味着在本书的这部分论述中，我们不再考虑这些因素的变化所造成的效果和影响。

首先，我们的自变量是消费者倾向、资本边际效率曲线和利息率，正如我们已经看到的那样，可以对这些变量进行深入的分析。

我们的因变量是就业量和以工资单位衡量的国民收入。

我们认为不变的这些因素影响着我们的自变量，但是并不是完全决定着我们的自变量。例如，资本边际效率曲线部分地取决于现有资本设备的数量，我们认为此要素不变，但是资本边际效率曲线还部分地取决于长期预期的状态，此要素无法根据我们认为不变的那些因素推导得到。然而有些变量是由我们认为不变的因素完全决定的，那么我们也把这些变量看作给定的。例如，给定的这些要素能够允许我们做出如下推测：即以工资单位所衡量的国民收入水平与给定水平的就业量是适应的，所以在我们给定的经济框架内，国民收入取决于就业量。也就是说，取决于当前投入生产中的劳动力数量，即国民收入与就业量之间存在着唯一的关系[1]。此外，这些要素还允许我们推测总供应函数的形状，这些不同产品种类的总供应函数体现了供应的物质条件。也就是说，投入于生产的就业量与以工资单位衡量的有效需求水平是相适应的。最后，这些不变要素给我们提供了劳动力的供应函数。所以这些要素可以告诉我们到了哪一点之后，劳动力的就业函数[2]将变得不再具有弹性。

然而，资本边际效率曲线部分取决于给定的要素，部分取决于不同种类资本设备的预期收益；而利息率部分取决于流动性偏好的状态（如流动函数），部分取决于用工资单位衡量的货币数量。所以我们有时认为我们最终的自变量包括：①三个基本的心理要素，即消费的心理倾向、对流动性的心理态度以及对资本设备未来收益的心理预期；②由雇用者和被雇用者协商所决定的工资单位；③中央银行决定的货币数量。所以如果我们认为上面所说的这些要素都是给定的，那么此三个要素就决定了国民收入（或国民所得）和就业量。然而我们对此三个要素还可以进行深入地分析，它们并不是各自独立的因素。

当然，从任何绝对的观点来看，把经济系统的决定因素分为两组（一组是给定的要素，一组是自变量）显得很武断。对这些要素的区分完全取决于经验，所以一方面把变化比较缓慢或者比较小，从而对短期的影响相对来说可以忽略的要素作为一组不变要素；另一方面把那些对我们所研究的问题实际上具有决定性影响的要素作为一组自变要素。我们当前的目标是发现在任何时间内决定给定的经济系统中的国民收入的要素和决定就业量的要素是什么（几乎是同样的要素所决定的）。这意味着经济学研究是比较复杂的事情，不能奢望能够做出完全准确的结论，而只期待找出那些对我们所研究的问题起主要作用的因素。我们的最终目标是找出现实的经济系统中哪些因素能够被中央政府加以控制或管理。

[1] 在当前我们忽略了一些复杂的情况，即不同产品的就业函数的曲度在与之具有关联的就业量范围内具有不同的值。参阅第20章的论述。

[2] 参阅第20章的定义。

二

现在，我们尝试对前面章节的论证做一下总结，我们按照与当时相反的顺序进行介绍。

市场上存在着一种诱导力的驱动，能够使新的投资量达到一点，这个点能够使得各种资本设备的供给价格达到一个水平，该水平上的资本设备与其预期收益在一起，通常能够使资本边际效率大致等于利息率。也就是说，资本品行业供给的物质条件、对未来收益的信心状态、对流动性和货币数量（以工资单位所衡量的）的心理态度，这几个要素之间的互相作用决定了新的投资量。

然而，消费量的增减直接受到投资量的增减的影响。这主要是由于人们的行为具有如下特点，即只有当公众的收入增加（或减少）时，他们才愿意增大（或缩小）收入与消费之间的缺口。也就是说，一般情况下，消费量的变化与收入的变化大体上是一致的（尽管消费量的变化比收入的变化要小）。消费量的增加与伴随消费量增加的储蓄增加之间的关系是由消费的边际倾向决定的。投资量的增加和相应的总收入的增加都是用工资单位来衡量的，它们之间的比率由投资乘数所决定。

最后，如果假定就业乘数（作为第一个近似值）等于投资乘数，那么我们用投资乘数乘以我们上面首先描述的各种要素所决定的投资增量，就能够推测出就业增量。

可是，增加（或者减少）就业量很容易提高（或降低）流动性偏好曲线。就业量的增加通过三种方式引起货币需求的增加：一是即使工资单位和价格（以工资单位所衡量的）没有发生变化，当就业量增加时，产品的总价值就会上升；二是由于就业量的增加，工资单位本身也趋向于提高；三是产品的增加也会伴随着短期内由于成本的增加而引起的价格的上升（以工资单位所衡量的）。

因此，均衡的位置将受到这些反应和其他反应的影响。此外上面所列举的要素可以在没有任何警告的情况下随时改变，而且有时其改变的程度还很大。由此可见，事情发生的实际过程是非常复杂的。即使如此，把一些要素

美国高工资的诱惑，1855年漫画。画面中约翰牛（英国的人格化）抓住一个女性移民，试图阻止其登上前往美国的蒸汽船

隔离开来的做法看起来似乎仍是有用的、方便的。如果我们沿着以上分析问题的思路来考虑这个实际的问题，就会发现问题非常容易处理。否则我们只凭直觉办事（用直觉来处理问题，与用一般的原则处理问题比起来，要更为复杂和具体），往往会对材料无从下手。

三

以上就是我们对就业一般理论的总结。但是经济系统的实际现象也被消费倾向、资本边际效率曲线和利息率的某些特征蒙上了色彩，对于这三个特征，我们可以从实际的经验中得出概括性的结论，但是并没有逻辑上的必然性。

特别是我们当前的经济系统有一个显著特征，那就是在产量和就业量具有较大程度的波动时，经济系统并不是非常不稳定的。在一段相当长的时期内，经济系统可以停留在正常状态以下的经济活动水平，既不会倾向于复苏，也不会完全崩溃。而且，有证据表明，充分就业或者接近于充分就业的状态通常是很少的，即使存在，其发生的时间也是很短的。波动刚开始时是比较大的，但是在这些波动到达高峰之前，这些波动自身似乎已经筋疲力尽，我们平常所处的情况就是既不会对经济情况感到绝对失望，也不会对经济情况感到满意。正是由于波动在到达高峰之前趋向于筋疲力尽，直到最后往相反的方向发展这样的事实，商业周期理论才会被发现。同样的事情也适用于价格，在经过一段波动之后，价格似乎可以发现一个水平，在该水平上，它会保持稳定。

现在，由于这些经验得来的事实并不具有逻辑上的必然性，我们必须假定现代世界的环境和心理倾向具有一个特征，而且这个特征能够产生这些结果。所以，考虑这些假定的心理倾向如何把经济系统引导到稳定的状态是非常有用的。然后根据人类所具有的一般知识，再考虑这些倾向是否存在于我们所生活的世界中。

根据上面的分析，想要解释我们所观察到的现实世界的结果，需要下面四个稳定条件。

（1）当由于更多（或者更少）的劳动力应用到资本设备中造成给定社会的产量增加（或者减少）时，边际消费倾向应该处于这样一种状态，即乘数应该大于单位1，但是其数值并不是很大。

（2）当资本的预期收益或者利息率发生变化时，资本边际效率曲线应该处于这样一种状态，即新投资的变化不会与预期收益或者利息率的变化过于不成比例。也就是说，资本预期收益或者利息率的适当变化不会与投资量的巨大变化联系在一起。

（3）当就业量发生变化时，货币工资和就业量趋向于同方向变化，但是不会成很大比例的变化。也就是说，就业量的适当改变不会与货币工资的巨大改变联系在一起。这是价格保持稳定的一个条件，而不是就业量保持稳定的条件。

（4）我们可以增加第四个条件，这个条件不是为经济系统的稳定提供条件，而是为波动趋向于一个方向变动到适当程度后自行转换方向提供条件。也就是说，投资量比前期的结果要大，如果这种情况持续一段时间（以年为单位衡量的时期），那么这种情况就会对资本的边际效率产生不利的影响。反之，则相反。

我们的第一个稳定条件，即乘数的值既比1单位要大，又不会太大；对于人类自然心理的特征而言，这具有非常高的可信度。随着实际收入的增加，对当前需求的压力就会减少，已经建立起来的生活标准就会提高；随着实际收入的减少，会发生相反的情况。因此这是自然的经济现象。对整个社会的平均水平而言，当就业量增加时，当前的消费就会增加，但是消费增加的程度比实际收入增加的程度要小；当就业量减少时，消费也会减少，但是比实际收入减少的程度要小。上述是一个真实的社会经济现象，不仅适用于普通的个人，还适用于政府，尤其适用于当前失业人口的不断增加迫使政府不得不通过借款提供救济的情况。

但是，不论这条心理法则能否使读者认为其像先验法则一样可信，如果这条法则不成立，那么经验事实就会与我们所说的完全不同。因为在这种情况下，不论投资量的增加如何微小，它都能使有效需求积累增加直到达到充分就业的状态；而投资量的减少将使有效需求积累减少直到没有一个人被雇用。然而经验告诉我们，我们处于一种中间的位置。这不是说不可能存在这样一个范围，在该范围内，不稳定性实际上起着支配作用。即使存在这个范围，也是一个非常小的范围，在该范围之上或者之下，我们的心理法则必定正确无疑地发生作用。更进一步说，还有一点很明显，那就是乘数尽管是大于一个单位的，但是在正常的环境下，乘数不是非常大。因为如果乘数非常大，那么给定投资量的改变将会引起消费量的巨大变化（变化限度为充分就业或完全失业）。

第一个条件告诉我们投资量的适当改变不会引起消费品需求无限度的巨大变化。第二个条件告诉我们资本设备预期收益或者利息率的适当改变不会引起投资量无限度的巨大变化。这些情况的发生，是因为从现存的设备去大量扩充产量，会造成生产成本的增加。如果我们的确从具有非常多的剩余资源为资本设备的生产所使用的位置开始安排生产，那么在一定限度之内，可能存在相当程度的不稳定性。但是只要这些剩余的资源被全部利用完，这个情况就不会存在了。而且这个条件为资本设备的预期收益的迅速变化而造成的不稳定设定了限度，资本设备的迅速变化是由于商业心理或有利于时代的新发明的巨大推动力而引起的；但是限制更多的是向上的方向，而不是向下的方向。

第三个条件符合人类本质的经验。因为我们上面指出的对货币工资的争取本质上是对维持较高的相对工资的争取，所以随着就业量的增加，这个争取在每个独立的情况下都会被加强；除了因为劳动者的议价能力有所提高之外，还因为其工资边际效用的减少和已经改善的经济状况使得劳动者比以前更愿意承担风险。同理，这些动机也具有一定的限制，当就业量提高时，劳动者不会寻求更高或非常高的货币工资，也不会为了不承受失业而允许货币工资有较大程度的减少。

但是在这里我们将再次面对类似的情况，即不论这个结论是否像先验结论一样可信，经验事实都告诉我们，此心理法则在实际中是起作用的。因为如果失业工人之间的竞争总是能够引起货币工资的大幅度减少，那么价格水平就是非常不稳定的。而且除了与充分就业相一致的条件之外，也不会存在稳定的均衡位置。由于工资单位可能无限制地下降，直到它达到一点，在该点上，以工资单位所衡量的大量货币对利息率的作用效果非常明显，以致可以达到充分就业的水平。除此之外，在任何其他的点上，稳定不变的情况都不可能会出现[1]。

第四个条件不是关于稳定的，而是关于衰退和复苏的持续出现的时间。这只是建立在如下假设基础上，即资本设备具有不同的寿命，它们会随着时间逐渐损耗，所以资本设备不会被永久使用。因此如果投资量下降到一定的

---

[1]　对于工资单位的改变所造成的影响，我们将在第19章做详细的探讨。

19世纪英国购物中心的入口，完好地保存到现在，我们可以看到上面有漂亮的浮雕铭文“通道”

最小水平之下，那么资本边际效率的充分提高能够使投资恢复到这个最小水平之上只是时间问题。同理，如果投资量增加到比以前更高的一个水平，那么资本边际效率的充分降低使经济衰退也只是时间问题，除非其他要素的变化能够补偿资本边际效率的降低。

即使在我们的稳定条件的限度内，复苏和衰退还是会发生。如果复苏和衰退持续了相当长的时间，并且不受其他要素的变化影响，但是由于上面所说的原因，它们会自行向相反方向变化，直到同样的力量再次逆转运动的方向为止。

因此，上述四个条件结合起来足以充分解释实际经验的显著特征。也就是，我们根据这些条件，可以避免就业量和价格在两个极端方向的波动，而是让其围绕中间位置波动。这个中间位置低于充分的就业量水平，高于最低的就业量水平；最低的就业量水平是指低于该就业量水平，此时人们的生活就会受到威胁。

可是，我们不能就此下结论说这种中间位置是由“自然”趋向决定的。“自然”趋向是指如果没有明确地设计出政策措施来改正它们，就会继续维持下去的一种状态。因此必须建立必然性的规则。上面所述的条件是没有任何障碍的规则，这些规则只是观察世界的结果，而不是一个不能改变的必然性原理。

第五卷

货币工资和价格

第19章　货币工资的变化

一

前面的章节中没有对货币工资的变动效应做出讨论，因为古典学派一直认为在假定货币工资具有伸缩性的条件下，经济系统具有自我调整的特征。货币工资一旦具有刚性，他们就会把不能自行调节的责任推到工资刚性的身上。

从某种角度来说，不进行讨论是正确的，在我们自己的理论没有建立之前，还不能对这个问题进行充分论述。这是因为货币工资的变动带来的后果是很复杂的。货币工资的减少在某些特定的环境下能够对提高产量起到刺激作用，这是古典学派的假设。我的观点不同于古典学派，主要分歧在于分析的不同。所以只有读者对我的方法熟悉之后，才能把这种分歧阐述清楚。

在我看来，通常被人们所接受的解释是非常简单的。并不是像我们将在下面要讨论的那样曲折、复杂。这个结论简单来说就是：货币工资的减少将通过降低已经生产出来的产品的价格来刺激需求，从而能够增加产量和就业量到一个点，在该点上，劳动力同意接受的货币工资的减少额正好被产量增加所造成的劳动边际效率的减少额相抵消。

这种理论其实是基于这样的假设，即货币工资不会影响需求。可能仍然有一些经济学家维持下列观点，即没有理由能够解释为什么需求应该受到影响，并认为总需求取决于货币量乘以货币收入流通速度，并且没有明显的理由能说明为什么货币工资的减少会减少货币量，或者减少货币收入流通速度。这些经济学家认为：利润必然会上升，因为工资已经降低了。然而在我看来，人们会非常正常地接受如下观点，即货币工资的减少是通过降低一些工人的购买力从而能够对总需求施加影响，但是货币收入没有减少的其他人的真实需求将会由于价格的下降而被刺激，工人们的总需求将由于就业量的增加而增加，除非劳动量对于货币工资的需求弹性小于1。所以在新的均衡状态下，将会有更多的就业量，除非有一些非常不正常的限制情况，这些限制情况在实际中是罕见的极端事例。

在我看来，上述分析或者说看起来隐藏在上面所观察到的现象背后的分析，与我的分析具有本质上的不同。或许上面的论述能够相当准确地代表很多经济学家的口头或者书面的表述，但是其详尽的分析细节却很少被阐述出来。

可是，他们的思考方法最有可能是按照下面的方式推导出来的。即在任何给定的行业中，都存在一条对产品的需求曲线，这条曲线表示出销售量与销售价格之间的关系；并且也存在一系列的供给曲线，这些供给曲线表示出根据不同成本计算出的价格与相应的销售量之间的关系。如果其他成本不变（除了产量的改变而造成的成本改变），那么我们根据这些曲线还可以进一步得出一条曲线，这条曲线提供了某个行业的劳动力需求曲线，它是关于不同工资水平下的就业量的曲线，该曲线上的任何一点都表示对劳动力的需求弹性。这个概念没有经过任何重大的修改就被转移运用到所有行业。同理，也存在一条关于所有行业劳动力的需求曲线，它也表示不同工资水平下的就业量。古典学派的经济学家坚持认为，不论这个论证以货币工资衡量，还是以真实工资衡量，都没有本质的区别。如果用货币工资来衡量，那么我们就必须根据货币价值的改变进行相应的改正，但是这不会改变这个论证的一般趋向，因为价格不会与货币工资的改变发生相同比例的改变。

如果上面的分析就是这些经济学家论证的根据（如果这不是他们的论据，那我也不知道他们的根据是什么），那这肯定是错误的。因为任何一个具体行业的需求曲线都是建立在一些其他条件不变的假设基础上的，如其他行业的需求和供给曲线是不变的，总有效需求数量是不变的。因此把其论证转移运用到所有行业中的做法是错误的，除非我们把自己关于总有效需求不变的假设也转移运用过去。但是上述假设把那些经济学家的论证推向了诡辩论，因为尽管没有人想要拒绝这样的假设条件，即总有效需求不变的情况下，减少货币工资会增加就业量。然而争论的主要问题应该是：减少货币工资能否伴随着以货币所衡量的总有效需求的不变；或者至少应该是：货币工资的减少是否会伴随着没有按照货币工资相同比例减少的总有效需求的减少。但是如果古典学派没有被允许运用类比的推演方法把其结论从个别行业推广到所有行业，那么他们就没有办法回答减少货币工资将会给就业量带来什么影响。因为如果不允许古典学派这样做，就没有解决这个问题的分析方法了。在我看来，庇古教授的《论失业问题》已经发挥了古典学派的最大能力，当把这个理论应用于什么要素决定了作为整体的就业量这个问题时，这本书仍然不能提供什么分析[1]。

二

现在让我们应用自己的分析方法来回答这个问题。该问题可以分为两部分来讨论：一是假定在其他条件不变的情况下，减少货币工资是否具有直接增加就业量的趋向？这里所说的其他条件不变，是指消费倾向、资本边际效率曲线和利息率对整个社会来说是不变的；二是减少货币工资是否会通过对以上三个要素的必然的或可能的影响，在某个特定的方向上具有影响就业量的某种必然的或可能的趋势。

我已经在前面的章节对第一个问题做了否定的回答。我的观点是就业量与以工资单位衡量的有效需求量之间具有唯一的关系，而有效需求是预期消费和预期投资的总和，所以，如果消费倾向、资本边际效率曲线和利息率都不变，那么有效需求也不变。如果在这些要素都不变的情形下，企业主还决定增加总就业量，那么其总收益必然会小于其总供给价格。

假如按照上面的假设思路，我们假设企业主刚开始就预期到减少货币工资会带来这种影响，那么这就有助于驳斥如下拙劣的结论：“减少货币工

[1] 本章的附录将对庇古教授的《论失业问题》进行详细的评论。

资就减少了生产成本”也就是减少货币工资会增加就业量。对个别企业主而言，看到自己的成本有所下降，他们很可能会忽略其他产品对其生产产品所产生的影响，而在如此假设基础之下，他认为自己有能力以与之前相同利润的价格把自己更多的产品卖出去。因此假如企业主只是一般地建立在这种期望上，那么他们实际上真的可以成功增加利润吗？答案是否定的。只有在社会边际消费倾向等于1时，收入的增加与消费的增加之间才不会产生缺口；此时，答案才是肯定的。因此除非边际消费倾向等于1或者只有资本边际效率相对于利息率有所增加的情况下，才会发生与收入的增加和消费的增加之间的缺口相对应的投资的增加。否则若想从增加的产量中获取收益将会令企业主失望，而且就业量又将会降低到之前的水平。假如企业主能够按照预期的价格销售产品，那么就会提供一定范围的就业量；而在该就业量上，企业主就能为社会公众获得收入，社会公众就会把收入中的一部分用于储蓄，这部分储蓄要比当前的投资量大，此时企业主就注定要承受损失，其损失的额度正好等于储蓄与当前的投资量之间的差额。不论货币工资水平如何，其结果都是如此。如果企业主自身扩大营业资本来填补这种差额，那也只是把其失望的日期推后而已。

由此可见，减少货币工资并不会对就业产生持续增长的趋势，除非它能对社会整体的消费倾向、利息率和资本边际效率曲线产生影响。我们要想了解减少货币工资对就业量的影响，需要继续分析它对这三个要素可能产生的作用，除此之外没有其他方法。

事实上，减少货币工资对三要素产生的最重要的影响，可能有如下七个方面。

（1）减少货币工资会或多或少地降低价格，因此它在一定限度内能够引起实际收入的再分配。一是从货币工资的所有者转移到其他要素中，这些要素进入主要的边际成本中，并且这些要素的报酬没有减少；二是从企业主转移到租金收入者手中，这些租金收入者的货币收入具有合约保障是不变的。

那么，这种重新分配对社会整体的消费者倾向具有什么影响呢？收入从货币工资的所有者向其他要素转移可能会降低消费倾向。至于收入从企业主

1908年，纽约一家拥挤的制衣工厂。图中是辛苦工作赚取血汗钱的工人

向租金收入者转移所产生的影响，还有待我们探讨。但是假如租金收入者总体上代表社会的较富裕阶层，生活比较稳定，那么此种收入的转移也是对其不利的。经过各种均衡考虑，对于此种影响的最终结果是什么，我们只能猜测。或者说它对消费倾向的影响是降低而不是提高。

（2）如果我们研究的是一个开放的经济体系，国内货币工资的减少又是相对于国外的货币工资的减少。当然这两种工资都是用相同的单位来衡量，那么很明显，这时减少货币工资就是有利于投资的，因为它能够增加贸易的顺差。然而其前提条件是，这样所带来的好处没有被关税、进出口限额等的变化所抵消。认为减少货币工资是一种增加就业量的工具的传统观点所具有的说服力，在英国比在美国要大，其原因大概是因为与英国相比，美国的经济具有较强的封闭性。

（3）在开放的经济体系的例子中，尽管减少货币工资能够增加贸易顺差，但是也可能恶化贸易条件。所以除了雇用新人之外，人们的实际收入也会降低，这会趋向于增加消费者倾向。

（4）如果目前减少货币工资相对于未来的货币工资也是减少的，那么这种变化就是有利于投资的。因为我们在上面已经看到，它会增加资本的边际效率；由于同样的原因，它也有利于消费。另一方面，如果货币工资的减少能够导致对货币工资更进一步减少的预期，那么此时减少货币工资就具有反作用。因为它会降低资本边际效率，导致投资和消费推迟。

（5）工资的减少也会同时伴随价格和工资收入的减少，一般来说会降低为收入和商业的目的所需要的现金，从而会降低社会整体的流动性偏好曲线，这也会减少利息率，从而有利于投资。然而在这种情况下，对未来预期所产生的作用将会与（4）中所考虑的未来预期的作用具有相反的趋势。因为，假如预期工资和价格在未来再次上升，那么有利的反应就是不持有长期贷款而倾向于短期贷款。此外如果工资的减少引起公众的不满，从而扰乱了人们的政治信心，那么由此所引起的流动性偏好的增加可能会抵消积极的货币发行所引起的现金的释放。

（6）由于货币工资的特殊减少总是有利于单个企业主或者个别行业的，所以一般性地减少货币工资（尽管它的实际效果不同）可能会在企业主的思想中产生积极影响，从而可能打破由于对资本边际效率的消费估计所产生的恶性循环，使事物建立在较为正常的预期基础上运行。另一方面，假如工人们对一般性地减少工资所产生的效果犯与其雇主相同的错误，那么劳动纠纷就可能会抵消这种有利的要素；除此之外，作为一个规律，不存在任何方法能够使所有行业同时且相等地减少货币工资，在每个特殊的行业中，所有的劳动者都会抵制减少货币工资。实际上，雇主设法压低货币工资与因为物价上涨所造成的实际工资的自动降低都会遭到劳动者的抵制，而前者要强烈得多。

（7）另一方面，较重的债务负担对企业主施加的影响可能部分地抵消了货币工资的减少给企业主带来的积极反应。实际上，如果工资和物价下降的程度都比较大，那么那些具有较重负债的企业主也许很快会陷入濒临破产的境地——这对投资产生非常严重的不利影响。而且较低的价格水平可能加重国债的实际负担和税收，从而对工商业主的信心产生不利的影响。

上面的论述并不是对现实世界中减少工资的所有可能性进行完整地分类，但是上面的分析包含了其中最重要的影响。

因此，如果我们把自己的论证严格限制在封闭的经济体系中，并认为实际收入的重新分配对社会消费倾向不会产生任何具有期望的影响，那么必须把减少货币工资对就业产生的有利结果主要集中于改善投资上，而改善投资是由于我们上面所说的（4）中资本边际效率的增加，或者（5）中利息率的降低引起的。下面我们将对这两种可能性进行深入分析。

人们相信，当货币工资处于最低时的这种偶然性是有利于资本边际效率增加的，所以货币工资再有变化，肯定只会增加资本边际效率。最不利的偶然情况就是货币工资正处于逐渐减少的时候，它的每一次减少都会降低人们对预期的维持工资水平的信心。当我们进入有效需求逐渐降低的周期时，突然大幅减少货币工资到某个较低的水平时，由于该水平非常低，以致没有人相信它还会无限制地继续降低，此时最有利于有效需求的增加。但是这只有靠政府的法令才能做到，在一个对工资进行自由议价的经济体系中，这几乎不具有实际可行性。另一方面，严格地固定工资并让人们相信工资不会发生较大的变动比萧条时期逐渐地降低货币工资的趋向要好，因为对货币工资即使是轻微的下降也会让人们感觉失业率在继续上升（如1%）。例如，人们预期明年的工资要下降2%，其影响大致于在相同的时期应该支付的利息率要提高2%。上面所做的观察和分析也适用于经济繁荣时期。

综上所述，在现代世界的现实和制度中，采用严格的货币工资政策要比易变的政策更加恰当，这些易变的政策随着失业率的变化容易产生变化或波动。换言之，现实世界的政策应该根据资本边际效率而定。但是当我们把分析转向利息率的时候，这种结论就令我们失望了。

那些相信经济系统具有自我调节能力的人一定会把其论证的重点放在降低工资和价格水平对货币的需求所产生的影响上。尽管我没有意识到，但是他们已经这么做了。如果货币数量是工资水平和价格水平的函数，那么在这个方向上，就不会存在什么取得成果的希望。然而，假如货币数量几乎是固定的，那么很明显，以工资单位来衡量的货币数量毫无疑问会随着货币工资的充分减少而无限制地增加；而且货币数量与收入之间的比例一般来说会大大增加，增加的限度取决于工资成本与边际直接成本之间的比例，也取决于边际直接成本的其他要素对货币单位下降的反应。

因此，从理论上来说，我们至少有两种方式能够对利息率产生相同的影响：一是保持货币数量不变而降低货币工资；二是保持工资水平不变而增加货币数量。所以减少工资作为一种保证充分就业的手段和增加货币数量的手段一样，都受相同的限制。上面的分析已经说明了为什么货币数量的增加不能作为使投资增加到最优水平的手段，同理，经过修改这也可以对减少工资的情况做出说明和解释。如同适度增加货币数量可能对长期利息率影响不明显一样，但是过度增加货币数量可能会通过影响人们的信心从而抵消其增加所带来的好处。所以适度减少货币工资对利息率影响也不明显，而过度减少货币工资则会粉碎人们的信心，即使这种政策具有实际的可行性。

所以，没有充分的理由可以让人们相信，具有弹性的工资政策能够维持持续的充分就业状态——正如没有充分的理由可以让人相信，只靠开放市场的货币政策就能够达到这个目标。这些途径均不能赋予经济系统自我调节的能力。

当没有达到充分就业的状态时，劳动者就会总是处于采取行动的状态，在该状态上他们会通过减少对货币的需求，使所需要的货币相对于工资单位来说足够丰富，这样，利息率就可以降低到与充分就业状态相适应的水平；所以实际上，我们应该拥有以充分就业为目的的工会来承担货币管理职能，而不是由银行系统来承担货币管理职能。

然而，伸缩性的工资政策和伸缩性的货币政策，就改变以工资单位所衡量的货币数量而言，是一对可以互相替代的手段；但是在其他方面，两者还是有着很大的区别。让我们简单地提醒读者注意四个最突出的区别。

（1）除非实行集权制的社会，其中的工资政策是由法令决定的，否则没有办法使各阶层的工资削减保持一致。想要得到这样的结果，只有通过一系列渐变的、不规则的变动才能实现，而且这样的结果是没有社会的正义或经济权益作为标准来进行判断的。另外，这样的结果可能只有经过浪费的、灾难性的挣扎才能实现。另一方面，货币数量的改变通过公开市场的政策或者相似的措施这样多数政府所具有的权利也是可以实现的。考虑到人类的本性和直觉，我们知道只有傻瓜才会选择伸缩性的工资政策而不是选择伸缩性的货币政策，除非他能够指出使用伸缩性的工资政策具有使用伸缩性的货币政策所不具有的好处。而且，如果其他条件都相同，那么相对容易进行应用的方法应该比具有实际应用困难的方法要更加受到欢迎。

（2）如果货币工资没有伸缩性，那么价格所发生的改变（除去边际成本之外，由其他的因素所决定的垄断价格或“支配”价格）将主要与现有设备的边际生产率的降低相适应，而设备的边际生产率的降低是由于这些设备所生产出来的产量增加所致。所以，在劳动者和其他由固定货币所衡量的固定收入的人中，特别是收取租金者和从公司、机构或国家机关的永久运行中获取固定工资的人之间，可以维持一个在现实上最公道的收入分配体制。如果任何情况下，社会的重要阶层都具有固定的以货币衡量的收入或报酬，那么社会公平和社会权益在所有要素的报酬都以固定的货币所表示的时候才能够最好地实现。考虑到大部分的社会阶层的收入以货币来衡量并不具有相对的伸缩性，那么只有没有正义感的人才会选择伸缩性的工资政策，而不选择伸缩性的货币政策，除非其能够指出使用伸缩性的工资政策比使用伸缩性的货币政策更具有优势。

（3）增加以工资单位所衡量的货币数量的方法就是减少与债务负担同比例增加的工资单位。能够产生相同结果的方法就是增加货币数量，而保持工资单位不变，这将产生相反的效用。考虑到很多种类的债务都具有较重的负担，所以只有没有实际经验的人才会选择前面的方法。

（4）假如利息率的不断下降只有通过工资水平的不断下降才能实现，那么由于上面所给出的理由，资本边际效率将会受到双重的影响，而投资和经济复苏的推迟也就有了双重的理由。

三

综上所述，当逐渐降低就业量时，劳动者会逐渐降低货币工资来提供服务，那么这种做法不仅不会减小实际工资，反而可能增加实际工资，这是通过这种政策对就业量的反作用而实现的。这种政策的主要后果是引起价格的极不稳定，这种价格的突然变化所造成的影响是很大的，可能会使对经济社会中的企业核算变得徒劳无益，而这种企业核算是我们所生活的社会正常运行的方式之一。把伸缩性的工资政策看作经济系统应有的、合适的附属品，此看法与事实相反。只有在高度集权的社会，法令才会发生突然的、大幅度的和普遍的变化，而此时，伸缩性的工资政策才会起到作用。人们可以想象这种政策在意大利、德国或者法国就可以获得成功，但是在英国或美国，这种政策就是行不通的。

如同在澳大利亚的情况一样，如果尝试通过立法来固定实际工资，那么与之相对应的就有一定的就业水平；在一个封闭的经济体系中，就业率的实际水平会在该就业水平与没有就业量之间剧烈波动，这种波动根据投资量是在与该就业水平相适应的利息率之上还是之下；当投资量恰好与该就业水平的利息率相适应时，价格就处于不稳定的均衡状态；当投资量小于该就业水平的利息率时，价格会下降为 0；当投资量大于该就业水平的利息率时，价格就会趋向于无穷大。我们必须从控制货币数量的要素中找到稳定的要素。货币数量是这样决定的，即总是存在货币工资的某个水平，在该水平上，货币的数量能够建立利息率和资本边际效率之间的关系，而这能够使得投资量保持在一个关键的水平上。在这种情况下，就业量是稳定不变的（与一定的实际工资成比例），货币工资和价格就处于剧烈的波动

1920年10月刊载于《纽约时报》的一幅政治漫画，名为《天空现在是她的极限》，描绘了妇女从奴隶和家务杂役到总统职位的进步历程

之中，这种波动也是必要的。因为这可以保持利息率处于合适的水平。在澳大利亚实际的情况中，我们发现了例外的情况，这种情况部分是由于立法在达到它的目标时具有不可避免的一定程度失效性，部分是由于澳大利亚不是一个封闭的经济环境，所以货币工资的水平本身就是一个对外投资的决定因素，从而也是整个投资的决定因素，而贸易对实际工资具有非常重要的影响。

现在，基于上述考虑，我的观点是：维持一个稳定的一般货币工资水平，对于封闭的经济体系来说，是最具有可取性的政策。而同样的结论也适用于开放的经济体系，如果该开放经济体能够通过变动汇率的方法与其他国家保持均衡。对个别行业来说，工资具有一定程度的伸缩性是具有优势的，因为可以促进劳动力从相对来说正在下降的行业转移到正在进行扩展的行业。但是整体的货币工资水平还是越稳定越好，至少在短期内应该如此。

这种政策将使得价格水平具有一定的稳定性——与伸缩性的工资政策相比，至少具有很大的稳定性。除了垄断性或“支配”价格之外，价格水平只有在短期内才会发生改变，这种改变是相对就业量的改变对边际直接成本的影响程度而言的。而在长期内，价格水平只有在生产成本发生改变时，才会相应发生改变，而生产成本的改变是由于新技术或增加的设备所引起的。

尽管如此，如果就业量波动很大，物价水平就会发生很大的波动。当时正如我前面所讲的，物价水平的这种波动比采用伸缩性工资政策时所引起的波动要小得多。

因此，实行刚性的工资政策，短期内物价的稳定将与避免就业量的波动联系在一起。一方面在长期内，我们仍然面对两种选择，一种是随着技术和设备的进步允许价格缓慢下降，从而使工资保持稳定；另一种是允许工资缓慢上升，从而保持物价稳定。总之，我倾向于第二种。第一个理由是因为预期未来的工资较高要比预期未来的工资较低更加容易把实际的就业量维持在充分就业的范围内。第二个理由是逐渐降低债务负担有利于社会和谐，把工业从衰落行业调整到兴旺行业比较容易，并且货币工资的适度增加有利于鼓舞民心。但是这并不存在基本的原则差别，我们对这两方面进行详尽的探讨是在当前的分析范畴之外的。

附　录　庇古教授的《论失业与就业》

庇古教授在其著作《论失业与就业》中指出，就业量取决于两个基本的要素：①劳动者所要求的实际工资率；②劳动者实际需求函数的形状。而其中心部分主要集中于讨论劳动者实际需求函数的形状。但是也没有忽略劳动者实际所要求的“并不是实际工资率，而是货币工资率”这一事实。但是该书假定工资的实际货币率除以工资品的价格可以被用来测算所要求的实际工资率。

在《论失业与就业》第90页，庇古教授给出了方程式，并认为这个方程式“构成了研究的起点”，这里是指对劳动的实际需求函数的研究。由于决定他的分析方法应用的假设条件在其论述开始之初就犯了错，所以我要总结他对待这个关键点的方法。

庇古教授把工业划分为两大类：“从事在国内制造工资品以及通过出口创造对国外工资的要求权”的工业和“其他的”工业。为了方便起见，我们可以把这两种工业分别称为工资品工业和非工资品工业。他假设工资品工业中雇用了x人，非工资品工业中雇用了y人。工资品工业中的x人所创造的产出价值为$F(x)$，一般的工资率为$F'(x)$。虽然庇古教授没有提到这一点，但是这就相当于一种假设，即边际工资成本等于边际直接成本[1]。另外还假设$x+y=\phi(x)$，即工资品行业中的雇用人数是总就业量的函数。然后得出总就业量中对劳动力的实际需求弹性（这个弹性可以给我们提供我们所需求的形状，即劳动的实际需求函数）可以表示如下：

$$E_r=\frac{\phi'(x)}{\phi'(x)}\times\frac{F'(x)}{F''(x)}$$

就表达方式而论，他的表达方式与我的表达方式并没有较大的区别。如果我们把庇古教授的工资品看成是我所表示的消费品，把他的“其他物品”看作我所表示的投资品，那么其所表示的$\frac{F(x)}{F'(x)}$，代表的是以工资单位所衡量的工资品工业的产出价值，与我的C_ω所表示的含义是相同的。更进一步讲，他的函数ϕ（受到消费品与工资品之间的约束）是我上面所说的就业乘数k'的函数，因为，

$$\Delta(x+y)=k'\Delta y$$

所以，$\phi'(x)=\frac{k'}{k'-1}\approx 1+\frac{1}{k'}$

由此可见，庇古教授的“总需求中对劳动力真实需求的弹性”是一个复合的概念，其中与我们的某些概念具有相似之处，这个概念部分取决于工业中的物质条件和技术条件（已经用他的函数F给定），部分取决于工资品的消费倾向（已经用他的函数ϕ给定）；我们只把上面的分析限定于特殊的情况，即边际劳动力成本等于边际直接成本。

为了决定就业量，庇古教授把他“对劳动力的真实需求”与劳动力的供给函数结合起来。他假定对劳动力的供应函数是实际工资的函数，而不是其他的要素的函数。但是他同样假定实际工资是工资品行业中雇用的劳动力人

[1] 把边际工资成本等于边际直接成本等同起来的错误实践的源泉，也许是由于对边际工资成本的含义不清楚造成的。我们可以把边际工资成本理解为在没有发生其他成本的前提下，每增加一单位产量的成本；我们也可以这样理解，即在现存的设备和其他雇佣要素的帮助下，用最经济的方法来增加每一单位的产量所包括的增加的工资成本。在前一个理解中，我们把增加的企业家精神、运营资本或者其他不是劳动力但是能够增加成本的要素排除在增加的劳动力之外，我们甚至也把由于增加劳动力所造成的比之前较少的劳动力时所造成的较快的设备损耗也排除在外。由于在前一个例子中，我们禁止除了劳动力成本之外的其他成本要素进入到边际直接成本中，那么此时，边际工资成本与边际直接成本显然是相等的。但是根据这个前提所得出的结果几乎没有任何应用价值，因为这个前提假设在实际中是很少能够实现的。因为我们在实际中不至于愚蠢到拒绝与增加的劳动力相联系的其他要素的适度增加，如果我们假设除了劳动力之外的其他所有要素都已经被利用到极点，这个前提才有效，这个假设也才能成立。

数x的函数，这实际上就等于假定自现有的实际工资水平上，对劳动力的总供给是x的函数，而不是其他要素的函数。也就是说，$n=\chi(x)$，在这里，n代表在实际工资$F'(x)$水平上可用的劳动力的供应量。

这样，在清除了所有复杂的因素之后，庇古教授的分析试图从下面的公式中找到实际的就业量：

$$x+y=\phi(x)$$

$$n=\chi(x)$$

但是，在这两个方程中有三个未知数。不过，看起来他通过设定$n=x+y$解决了这个问题。当然这就等于假定在严格意义上来说，不存在非自愿性的失业。也就是说，在现有的实际工资水平下，所有可用的劳动力实际上都已经被雇用。在此情况下，x的值可以通过下列的方程式求得：

$$\phi(x)=\chi(x)$$

新政乌托邦社区，服装厂的经营者在泽西岛的“生存家园”工作，旨在将工业从拥挤的城市分散开来，并为工人提供就业机会。照片拍摄于1936年11月

而且，当我们发现x的值等于n_1时，y必然等于$\chi(n_1)-n_1$，总就业量n等于$\chi(n_1)$。

有必要在这里停留一下，考虑这个方程式的含义究竟是什么。它意味着，如果劳动力的供给函数改变了，那么在给定的实际工资水平上就有更多的可用劳动力（所以n_1+dn_1代表满足公式$\phi(x)=\chi(x)$的x的值），对非工资品行业的产出的需求能够达到这样的程度，即这些行业的就业量必定会增加到一定的数量，在该数量上，$\phi(n_1+dn_1)$与$\chi(n_1+dn_1)$两者相等。可能使总就业量改变的唯一方法就是通过改变购买工资品和非工资品的倾向，随着工资品和非工资品购买倾向的改变，就会发生伴随着x的大幅下降同时y的较少增加。

当然，$n=x+y$的假设意味着劳动力总是处于可以决定自己真实工资的地位。而劳动力可以决定自己的真实工资的假定就意味着非工资品行业的产出遵循的规律。换句话说，这实际上就假定了利息率总是可以以一定的方式调整自己，使自己与资本的边际效率曲线相适应，从而保持充分就业的状态。假若没有这个假设，庇古教授的分析就会崩溃，也不会提供任何决定就业量的方法。庇古教授可以在不涉及投资量改变（或者非工资品行业中就业量的改变）的情况下完成他的失业论，这是很奇怪的事情，这里所指的投资量的改变不是由于劳动力的供给函数引起的，而是由于利息率或者信心状态的改变引起的。

因此，其书名《论失业问题》多少有点名不符实。他的著作内容没有真实地关注这个题目。他所讨论的是在劳动力的供给函数给定的情况下，当充分就业的条件满足时，此时的就业量为多少的问题。给出总需求中对劳动力的真实需求的弹性概念的目的是表明在劳动力的供应函数发生给定的变化时，与这个变化相适应的充分就业将会下降或增加多少。作为一种选择，我们最好将这本书看作一种非因果性的调查，而调查的内容只是实际工资水平与给定的就业水平之间的函数关系。但是这个理论并没有告诉我们是什么决定了就业量真实水平，而且也没有关于非自愿性失业问题的直接回答。

如果庇古教授想要拒绝我上面所说的非自愿性失业存在的可能性，那么想要看到其分析如何应用仍然是困难的。因为他没有讨论是什么决定了x与y

之间的关系，也就是工资品行业与非工资品行业的就业量之间的关系，这是其理论的致命弱点。

而且，庇古教授还认为在某种限度之内，劳动者实际经常要求的不是给定的实际工资，而是货币工资。但是在此情况下，劳动力的供给函数就不仅仅是$F'(x)$的函数，同时也是工资品的货币价格的函数——这样造成的结果就是他前面的分析随即崩溃，另外一个要素就不得不被介绍进来，但是他却没有为这个增加的未知要素提供一个增加的函数等式。一种虚假的数学方法的危害在于它除了能够使每个事物都成为一个单独变量的函数，并假定这个函数的所有偏导数等于0之外，不会取得任何进步，也不能很好地被说明。事后再承认事实上有其他的变量，并继续按照原来的假设进行研究，是没有用的。如果劳动力要求的是货币工资，那么即使我们假定$n=x+y$，仍然没有充足的数据，除非我们知道决定工资品的货币价格是什么。因为工资品的货币价格将取决于总就业量。因此，我们无法说总就业量是什么，直到我们知道工资品的货币价格。可是我们也不能知道工资品的货币价格，直到我们知道总就业量。正如上面所说的，我们缺少一个方程。具有建设性的一个假设就是货币工资具有刚性，而不是实际工资具有刚性，这种假设可能是把我们的理论带领到最接近事实的假设。例如，在1924年到1934年的十年间，英国的经济处于动荡和价格波动比较大的时期，这个时期内的货币工资在6%上下的范围内，而实际工资的波动达到20%多。一个理论要想被称为是一般性的理论，它不仅可以适用于货币工资固定的情况（或者货币工资在某个限度内固定），也应该适用于其他情况。政治家认为货币工资应该有比较高的弹性，但是理论家必须具备处理各种不同情况的能力，一个科学的理论不能要求事实与其假定相符合。

当庇古教授埋头处理减少货币工资所带来的影响时，再次引入较少的数据来提供较为明确的答案。他以拒绝这样的论证开始，即如果边际直接成本等于边际工资成本，那么当货币工资减少时，非工资收入者的收入也会被改变，这种改变与工资收入者收入改变的比例是一样的，这种论证只有在一个条件下才是有效的，这个条件就是就业量要保持不变——这也是正在讨论的焦点。但是他继续在下面的章节中犯了同样的错误，这种错误就是他做了这样的假定，即“最开始，非工资收入者的货币收入不会发生任何变化”，此假定只有在一定条件下也才是有效的，这个一定条件就是就业量并不是保持不变的——这也是正在讨论的焦点。事实上，除非其他要素包括在我们的数据中，否则没有任何的答案是可能的。

实际上劳动者所要求的是给定的货币工资而不是实际工资（假定实际工资不会降低到某个最低水平之下）。承认这个事实会影响到分析，因为承认这个事实就相当于假定除非有更高的实际工资，否则更多的劳动力就是不可用的，这是很多论证的基础，但是承认这样的事实就等于这些论证即时崩溃了。例如，庇古教授拒绝乘数理论，因为他假定实际工资率是给定的，因为在存在充分就业的情况下，再低的实际工资也不能增加劳动量。受制于这样的假设，这个论证当然是正确的。但是在有关的段落中，庇古教授批评了一个关系到实际政策的建议。在某个时期，当英国统计的失业人数超过了2 000 000时（也就是说，在当时现有的货币工资水平下，有2 000 000人愿意工作），任何生活成本的上升，不论其上升相对于货币工资来说强度是大还是小，都会引起与这2 000 000人相同数量的劳动力从劳动市场中撤离，这个假设远远脱离了实际。

要着重强调的是，庇古教授著作中的全部理论都是建立在如下假设基础上，即生活成本的任何上升，不论这种上升相对于货币工资来说强度是大是小，都会导致比现在已经存在的失业人数更多数量的工人从劳动力市场撤离。

此外，他也没有注意到，在这段中，他提出反对由公众工作所引起的“次要的”就业量是建立在同样的假设条件基础上，这与相同的政策所导致的“主要的”就业量的增加是同等地具有致命错误的。因为如果统治工资品行业的实际工资率是给定的，那么就不会发生就业量的增加——除非非工资收入者能够减少他们的工资品的消费。那些新的加入主要就业量的人应该会增加他们的工资品的消费，这将会减少实际工资，并且导致之前已经在其他地方就业的劳动者退出劳动力市场。而庇古教授显然已经接受了主要就业量的增加这种可能性。主要就业与第二就业之间的分界线似乎成了一种主要的心理点，在该心理点上，庇古教授良好的普通直觉和常识性的见解似乎就抵不过其拙劣的理论了。

不同的假设条件加上不同的分析方法，自然会得出不同的结论。这可以在庇古教授总结其观点时写的重要段落来说明：“由于工人之间存在充分的自由竞争，劳动力也存在充分的流动，那么二者（人们所要的实际工资率和劳动的需求函数）之间的关系是非常简单的。必定存在一种强烈的趋向，使工资率和需求情况相联系，以达到人人就业的局面。因此，在稳定的条件下，每个人实际上都会被雇用。也就是说，每个人都会有工作。弦外之音是假如任何时期存在失业问题都是由于需求条件不断地发生改变，而摩擦性阻力会阻止工资进行相应调整以适应需求条件变化。”

由于广泛使用拖拉机耕作而被迫离开土地的失业德州佃农。20世纪30年代的拖拉机生产提高了劳动效率，减少了农业对人力的需求

庇古教授总结道：失业主要是由于工资政策不能进行充分的自我调整以适应对劳动力实际需求函数的改变。

由此可见，庇古教授相信，从长远来看，失业问题可以通过工资的修改得到解决[1]。但是我却坚持认为实际工资（仅仅受制于就业的边际负效用所设定的最低限度）并不主要取决于“工资的调整”（尽管这些调整对实际工资也有影响），还取决于经济系统的其他驱动力（庇古教授没有纳入其正式分析框架中的其他要素，尤其是资本边际效率曲线与利息率之间的关系）。

最后，当庇古教授讨论“失业的原因”时，他认为是由需求状态的波动引起的。我也认为如此。但是他用对劳动力的实际需求函数来表示需求的状态，而忘记他对劳动力实际需求函数的定义是很狭窄的。因为劳动力的实际需求函数仅取决于对两个要素的定义：一是在任何给定的环境中，总就业人数与在工资品行业中所雇用的就业人数之间的关系，而工资品行业能够给人们提供可供消费的商品；二是工资品行业中边际生产率的状态。但是，在《论失业问题》的第5部分，“劳动力实际需求”的波动被赋予很重要的地位。“劳动力实际需求”被看作一种在短期内容易发生较大幅度波动的要素，并且认为“劳动力实际需求”的波动与工资政策的失败一样，不能对这种变化迅速地做出反应，它们应该对贸易循环起到主要作用。对读者而言，这些分析首先看起来是合理的、熟悉的。因为除非追溯定义，否则“劳动力实际需求的波动”想要传达的建议，很容易与我的“总需求状态的波动”所传达的建议相混淆。但是如果我们追溯对“劳动力实际需求”的定义，所有这些都失去了它的可信性、合理性。因为此时我们会发现除了劳动力实际需求这个要素，世界上不存在任何的要素容易在短期内波动。

庇古教授的“劳动力实际需求”取决于代表工资品行业中生产的物质条件的$F(x)$和代表工资品行业中的就业量与总就业量之间的函数关系的$\phi(x)$。除了长期中的逐渐变化之外，很难找到理由解释为什么这两个函数会发生变化。当然，似乎没有理由能够假定在一个贸易周期中它们会发生波动。因为

[1] 这里没有任何的启示或者建议说这个结果来自对利息率的反应。

$F(x)$只能缓慢地发生变化，而且在一个技术不断提高的社会中，它是往前进的方向变动的；而$\phi(x)$是比较平稳的，除非我们假定工人阶级突然倾向于节俭，或者突然改变消费倾向。因此可以预期，在贸易循环中，对劳动力的实际需求应该是一个常数。有必要再次重申，庇古教授在其分析中忽略了不稳定的要素，即投资量的波动，而这一要素往往是就业量波动的最基本原因。

总之，在此已经详细地批评了庇古教授的“失业论”，并不因为他比其他的古典学派经济学家更值得批评，而是因为他是我所熟悉的古典经济学家中，唯一准确地以文字形式表达“失业论”的经济学家。所以我负有对这种完备的、最难对付的理论提出反对意见的责任。

第20章　就业函数[1]

在第3章中，我定义了总供给函数$Z=\phi(N)$，该函数把就业量N同与之相对应的产量的总供给价格联系起来。就业函数与总供给函数的区别在于，两者是互为反函数，而且就业函数是用货币单位衡量的；就业函数的目标是把以工资单位所衡量的有效需求的数量与给定的公司、行业或者整个行业的就业量联系起来，从而使得产量的供给价格与有效需求的数量相适应。因此如果以工资单位衡量的有效需求量为$D_{\omega r}$，该有效需求在某个公司、行业所引发的就业量为N_r，那么就业函数就表示为$N_r=F_r(D_{\omega r})$。或者更一般地表述，如果假定$D_{\omega r}$是总有效需求D_ω的唯一函数，那么就业函数就可以表示为$N_r=F_r(D_\omega)$。也就是说，当有效需求为D_ω时，行业r所雇用的劳动力数量为N_r。

本章将探讨就业函数的某些特征。除了对这些特征本身的兴趣之外，我们还有两个理由说明为什么用就业函数来代替普通的供给曲线与本书所采用的方法和目的是一致的。一是就业函数可以把我们的理论限制在一定范围内，并且不需要引入其他不准确的计量单位就可以表述我们的研究内容；二是与普通的供给曲线相比，就业函数更容易处理总体行业和产量问题，这种处理方式与给定的环境中单个行业或者个别公司的问题是有区别的，原因有以下几点。

特殊商品的普通需求曲线是在某些假设的基础上绘制的，该假设就是社会公众的收入。如果社会公众的收入发生变化，那么这些曲线需要重新绘

[1] 不喜欢代数的人可以将本章第1节略去，其所带来的损失也不是很大。

制。同理，某种特殊商品的供给曲线也是在某些假设的基础上绘制的，这个假设就是某行业的总产量，而如果该行业的总产量发生变化，那么这个曲线也是很容易改变的。因此，当我们检查单个行业对总就业量的变化反应时，我们不仅要注意到每个行业的单个需求曲线与单个供给曲线的交点，还要关注与总就业量的不同假设所对应的一组曲线。在就业函数的例子中，要获得一个反映总就业量变动的全体行业的函数，是比较容易达到的，也是比较切合实际的。

如同在第18章所做的，首先让我们假定消费倾向和其他要素一样是不变的，并且假定所研究的是与投资量的变化相适应的就业量的变化。受制于这样的假设，对于每一个以工资单位所衡量的有效需求水平，都会有相对应的总就业量水平，而且这个有效需求将按一定的比例在消费和投资之间进行分配。另外，有效需求的每个水平都有与之相适应的特定的收入分配方式。因此我们有理由进一步假定：在不同行业之中，有与给定水平的总有效需求相对应的唯一的分布。

这使得我们能够决定每个行业与给定的总就业量水平相适应的就业量是多少。也就是说，就业函数能够使我们知道每个特殊的行业中，以工资单位所衡量的与总有效需求水平相适应的就业量是多少。所以上面所定义的总体行业的第二个就业函数能够使这些条件得到满足，该函数就是$N_r=F_r(D_\omega)$。因此我们具有如下优势，即从整个行业的就业函数的意义上来说，在这些条件基础上，个体的就业函数是可以相加汇总的。可以相加的意义就是，与给定的有效需求水平相适应，每个单独行业的就业函数之和就等于整个行业的就业函数，可以表示为：

$$\mathrm{F}(D_\omega)=N=\sum N_r=\sum F_r(D_\omega)$$

接下来定义就业弹性。对某个行业来说，其就业弹性为：

$$e_{er}=\frac{\mathrm{d}N_r}{\mathrm{d}D_{\omega r}}\frac{D_{\omega r}}{N_r}$$

由于这个式子测量的是某个行业所雇用的劳动力单位数量对工资单位数量的改变所做的反应，而工资单位的改变是预期被用于购买产品的。所以总

加利福尼亚长滩道格拉斯飞机公司的电线技术员。照片拍摄于1942年10月，第二次世界大战期间

体行业的就业弹性就可以表示为：

$$e_e=\frac{\mathrm{d}N}{\mathrm{d}D_\omega}\frac{D_\omega}{N}$$

假如我们能够找到测量产量需求变动足够令人满意的方法，那么定义产量弹性或者生产弹性也是非常有用的，它测量了任何行业中，当以工资单位所衡量的有效需求增加时，产量增加的比率，也就是：

$$e_{or}=\frac{\mathrm{d}O_r}{\mathrm{d}D_{\omega r}}\frac{D_{\omega r}}{O_r}$$

我们假定价格等于边际直接成本，那么可以得到：

$$\Delta D_{\omega r}=\frac{1}{1-e_{or}}\Delta P_r$$

其中P_r为预期利润[1]。从公式中，我们可以推算，如果$e_{or}=0$，也就是说如果一个行业的产量完全没有弹性，那么以工资单位所衡量的有效需求的总增

[1] 如果$P_{\omega r}$代表以工资单位所衡量的单位产品的预期价格，那么

$\Delta D_{\omega r}=\Delta(p_{\omega r}O_r)=p_{\omega r}\Delta O_r+O_r\Delta p_{\omega r}$

$\quad=\frac{D_{\omega r}}{O_r}\times\Delta O_r+O_r\Delta p_{\omega r}$

所以$O_r\Delta p_{\omega r}=\Delta D_{\omega r}(1-e_{or})$

或者$\Delta D_{\omega r}=\frac{O_r\Delta P_{\omega r}}{1-e_{or}}$

但是$O_r\Delta p_{\omega r}=\Delta D_{\omega r}-p_{\omega r}\Delta O_r$

$\quad=\Delta D_{\omega r}-$(边际直接成本)$\Delta O_r=\Delta p$

因此$\Delta D_{\omega r}=\frac{1}{1-e_{or}}\Delta P_r$

量就全部成为企业家的利润。也就是，$\Delta D_{\omega r}=\Delta P_r$；反之，如果$e_{or}=1$，也就是说如果产量弹性等于1，那么增加的总有效需求的任何部分都不会变成企业家的利润，有效需求的全部增量会被进入边际直接成本的要素所吸收。

而且，如果一个行业的产量是其所雇用的劳动力的函数$\phi(N_r)$，那么我们就有[1]：

$$\frac{1-e_{or}}{e_{or}}=-\frac{N_r\phi''(N_r)}{p_{\omega r}\{\phi'(N_r)\}^2}$$

其中，$P_{\omega r}$为以工资单位衡量的单位产品的预期价格。所以$e_{or}=1$的条件意味着$\phi''(N_r)=0$，也就是说，随着就业量的增加，所带来的收入保持不变。

古典学派假定实际工资总是等于劳动力的边际负效用，而且劳动力的边际负效用随着就业量的增加而增加，所以如果实际工资降低时，劳动力供给会下降，这实际上就是假定在现实中，以工资单位所衡量的支出是不可能增加的。如果真是如此，那么就业弹性的概念就没有任何可以应用的地方了。而且在这种情况下，通过增加以货币衡量的开支来增加就业量也是不可能的，因为货币工资与货币支出二者将成比例地增加，所以就不会存在以工资单位衡量的支出的增加，也不会有就业量的增加。但是如果古典学派的观点是不对的，那么通过增加以货币所衡量的开支来扩大就业量就是可能的，这种开支的增加直到实际工资降低到与劳动力的边际负效用相等的程度，根据此定义，在这一点上就是充分就业的状态。

当然，e_{or}的值通常在0和1之间变动。所以当货币支出增加时，以工资单位所衡量的价格上涨的幅度，也就是实际工资下降的幅度，取决于生产弹性相对于以工资单位所衡量的支出的反应。

用$P_{\omega r}$表示预期价格，它对有效需求的变动做出的反应，即预期价格的弹性用e'_{pr}表示，也就是：$\frac{\mathrm{d}p_{\omega r}}{\mathrm{d}D_{\omega r}}\frac{D_{\omega r}}{p_{\omega r}}$。

由于$O_r\times P_{\omega r}=D_{\omega r}$，那么有

$$\frac{\mathrm{d}O_r}{\mathrm{d}D_{\omega r}}\frac{D_{\omega r}}{O_r}+\frac{\mathrm{d}p_{\omega r}}{\mathrm{d}D_{\omega r}}\frac{D_{\omega r}}{P_{\omega r}}=1$$

---

[1] 因为$D_{\omega r}=p_{\omega r}O_r$，所以，

$$1=p_{\omega r}\frac{\mathrm{d}O_r}{\mathrm{d}D_{\omega r}}+O_r\frac{\mathrm{d}p_{\omega r}}{\mathrm{d}D_{\omega r}}$$

或者$e'_{pr}+e_{or}=1$。也就是说，以工资单位所衡量的有效需求变动时，价格弹性和产量弹性之和等于1。根据这样的规则，有效需求的变动，一部分影响着产量，一部分影响着价格。

如果我们处理的是全体行业，并假定全体工业的产量可以用单位来衡量，那么用同样的论证方法，我们有$e'_p+e_o=1$，在此由于我们所研究的是整个行业，所以没有下标r。

现在让我们用货币来衡量价值，而不是用工资单位，并把我们对整个行业所得到的研究结论推广到用货币衡量的情况。

如果用W代表一单位劳动力的货币工资，p代表以货币所衡量的一单位总产量的预期价格，那么$e_p\left(=\frac{Ddp}{pdD}\right)$，用这个公式代表当用货币所衡量的有效需求变动时，货币价格弹性，用$e_\omega\left(=\frac{DdW}{WdD}\right)$来表示货币工资弹性，其也是面对以货币所衡量的有效需求的改变。那么不难证明：

$$e_p=1-e_o(1-e_\omega)$$ [1]

在下面的章节中，我们将会看到此公式是得出广义货币数量论的第一步。假如$e_o=0$或者$e_\omega=1$，那么产量就不会有变化，价格上升的比例同以货币单位衡量的有效需求上升的比例一样。如果假设不成立，那么价格上升的比例将会小于有效需求上升的比例。

二

现在回到就业函数上来。我们在前面已经假定：对于每个水平相适应的总有效需求而言，它在每一个个别行业的产品有效需求中都有唯一的分配方法。随着总支出的改变，与其相对应的个别行业的产品支出通常不会发生相同比例的改变。原因一部分是由于尽管人们收入提高，但是人们购买每个行

[1] 因为$p=p_\omega\times W$，$D=D_\omega\times W$，所以$\Delta p=W\Delta p_\omega+\frac{p}{W}\Delta W$

$=W\times e'_p\frac{p_\omega}{D_\omega}\Delta D_\omega+\frac{p}{W}\Delta W=e'_p\frac{p}{D}\left(\Delta D-\frac{D}{W}\Delta W\right)+\frac{p}{W}\Delta W=\Delta D+\Delta W\frac{p}{W}(1-e'_p)$

所以$e_p=\frac{D\Delta p}{p\Delta D}=e'_p+\frac{D}{p\Delta D}\times\frac{\Delta W\times p}{W}(1-e'_p)=e'_p+e_\omega(1-e'_p)=1-e_o(1-e_\omega)$

业的产品数量却不会按照收入提高的比例而同比例增加；另外的原因是不同产品的价格面对开支的增加会做出不同的反应。

于是，如果我们承认增加收入还能以不同的方式进行开支，那么我们所做的假设，即就业量的改变只取决于以工资单位衡量的总有效需求的改变，实际上就是非常近似的估计。因为我们所假定的总需求的增加在不同商品之间进行分配的方法可能会很大程度地影响就业量。例如，对于就业量总增长幅度而言，当增加的需求主要趋向于就业弹性高的产品时，就业量总增长幅度通常大于当增加的需求主要趋向于就业弹性低的产品时的就业量总增长幅度。

同理，假如有效需求的改变趋向于就业弹性较低的产品时，那么在总需求不变的情况下，就会降低就业量。

如果我们关心的是短期现象，也就是需求的改变所趋向的方向和数量是不能被提前预料的，那么这些考虑就是非常重要的。一些产品需要耗费时间才能生产出来，所以迅速地增加这些产品的供应是不可能的。所以如果在没有任何注意的情况下指向额外的需求，那么这些短期内不能生产出来的产品所在的行业就会表现出较低的就业弹性。然而，如果事先给予了充足提示，那么这些产品所在的行业的就业弹性就会趋近于1。

正是在这样的关系中，我发现了生产周期概念的主要意义。我倾向于如下表述[1]：如果在达到该产品所在行业的最大就业弹性时，对该产品需求的改变所需要提前通知的时间单位为n，那么我们就说该产品的生产周期为n。很显然从此意义上说，作为整体的消费品具有最长的生产周期，因为它们是生产过程的最后阶段才被生产出来的。如果有效需求的增加所带来的冲击来自消费的增加，那么与有效需求的增加所带来的冲击来自投资相比，来自消费的初始就业弹性要低于最终的均衡水平。而且假如增加的需求被引向具有相对较低的就业弹性的产品中，那么需求的大部分将会增大企业主的收入，小部分会增大工资收入者的收入以及其他的直接成本要素，它所带来的可能结果就是不支持开支的增加所带来的作用，因为企业主把其增加的收入用于储

[1]　这与普通的定义是不同的，可是在我看来这体现了这个概念的真正意义。

蓄的可能性比工资收入者要大。但是这两种情况直接的区别不能被过分地夸大，因为两种情况所带来的反应的大部分都是相同的[1]。

不管需求的预期改变所需要提前通知企业主的时间有多长，在面对给定的投资增长做出的反应时，把初始的就业弹性看成和其最终的均衡价值一样大都是不可能的，除非在生产的每个阶段都有剩余的库存和生产能力。另一方面，剩余库存量的损耗对投资量的增加也具有抵消的作用。如果我们假定在每一点上都具有初始的一些剩余，那么初始的就业弹性可能近似等于1，然后随着库存的耗费吸收，就业弹性将会下降，不过这种下降发生在生产的初级阶段，此时增加的供给还不能以较快的速度大量出现。之后，随着新的均衡位置的到来，就业弹性就会又上升到等于1。然而该命题或者结论在某些限定条件下需要进行一些修改，这些限定条件是随着就业量的增加，或者随着利息率的增加，会存在能够吸收更多支出的租金要素。由于这些原因，价格就不可能稳定，因为经济受到变化的制约——除非的确存在某种特殊的机制，这种机制能够保证消费倾向的暂时波动正好处于合适的程度。可是这种情况出现的价格不稳定不能引导易于使现有的过剩产能发挥作用的利润刺激。因为意外的收益将会全部归属于那些正好拥有相对来说处于较高生产阶段的产品的企业主，而那些不拥有这种特殊资源的企业主将会一无所有。因此由于改变所引起的不可避免的价格不稳定不能影响企业主的行动，而仅仅只能把意外的财富赋予运气好的人（如果假设的变动是往其他的方向发展，那么该原理略加修改仍可使用）。我认为，在对目标是稳定价格的实际政策进行讨论时，我们忽略了如下事实：我们身处一个容易发生变化的社会，那种稳定价格的政策是不可能完全取得成功的。然而也不能据此就说，每一次对物价稳定的暂时偏离都必然会建立积累性的失衡。

[1] 关于上面的话题的更深入的探讨出现在我的《货币论》一书的第4部分。

三

我们已经表明，当有效需求不足时，会引起劳动者的就业量不足。所谓劳动者的就业量不足是指有人愿意接受比现有的实际工资水平较低的工资而工作，但是却仍然没有被雇用，处于失业的状态。因此，随着有效需求的增加，就业量也会增加，尽管此时所得到的实际工资等于或者小于现有的工资水平，就业量将会增加到一个点，在该点上，现有的工资水平之下不会存在任何可用的劳动力剩余。也就是说，除非货币工资比物价上升得快，否则不会有任何可用的劳动力。下面的问题就是考虑当就业量达到该点时，支出仍

1932年10月31日，2万名失业者在芝加哥格兰特公园抗议

然会继续增加的情况下，将会发生什么样的情况。

在达到这个点之前，把更多的劳动力运用到给定的资本设备中去所带来的收入的减少被劳动力默认接受减小的实际工资所抵消。可是到达这个点之后，增加一单位的劳动力需要得到更多数量的产品，而使用增加一单位劳动力所得到的收入却仍然相当于减少的产品数量。因此，严格的均衡条件需要工资、价格以及利润都和总支出以相同的比例增长，此外还需要产量和就业量等其他方面的“实际”位置保持不变。也就是说，我们到达某个位置，在该位置上，粗略的货币数量论完全可以适用（把“流通速度”解释为“收入流通速度”）：因为在这个均衡位置，产量保持不变，而价格却和*MV*以相同的比例增长。

然而，当我们把这个结论应用到实际例子时，还必须要考虑实际的限制条件。

（1）至少在一段时间内，物价上涨可能迷惑企业主，使其增加就业量到一定水平，在该水平上，他能够最大化以产品衡量的个人利润。因为企业主已经习惯把以货币衡量的销售收入的增加作为进行生产扩张的信号，以致当这种政策实际上已经发生变化且变得对其不是最有利时，他们仍然会继续扩大生产。例如，在新的价格环境中，他们可能低估其边际使用者成本。

（2）由于企业主不得不把部分利润让渡给出租者，让渡的部分是用货币衡量的而且是固定的。所以即使产量没有任何改变，物价上涨也会在企业主的优势和出租者的劣势之间进行收入的重新分配，这可能会影响消费倾向。然而这种情况并不是只有达到充分就业的时候才开始发生的，它是随着支出的增加一直在稳定地进行着。如果出租者的开支比企业主少，那么实际收入从出租者的逐渐抽离就意味着充分就业状态将在货币数量的较小增加以及利息率的较小减少的状态中实现。此处所说的较小货币数量的增加和较小利息率的减少，都是针对相反情况而言；充分就业状态达到之后，如果第一种假设继续起作用，那么物价的进一步上涨就意味着利息率将会上升到阻止价格继续无限上涨的程度。这也表明货币数量的增加比例将小于支出的增加。然而如果第二种假设是正确的，那么情况正好与之相反。随着出租者实际收入的减少，将会达到一个点，在该点上，出租者会变得相对贫穷，上面的第一种假设就会转变成第二种假设，而这个点在达到充分就业状态之前或者之后都可能会出现。

四

令人困惑不解的也许是通货紧缩和通货膨胀之间存在的明显的不对称。因为当有效需求紧缩到充分就业所需要的水平之下时，会降低就业量和价格，而当有效需求增长到充分就业所需要的水平之上时，则仅仅会影响价格。然而，这种不对称仅仅是对事实的反应：劳动力总是处于拒绝在实际工资小于所雇用的劳动力的边际负效用水平上工作的位置，但是当实际工资大于所雇用的劳动力的边际负效用时，劳动者却并不处于能够持续提供就业的位置。

第21章　价格理论

一

每当谈到所谓的价格理论，经济学家们就习惯性地认为价格是由供给和需求的条件决定的，特别是边际成本的改变和短期供给弹性的改变对价格起着突出的作用。然而当他们进入到第2卷时，对于货币和价格理论来说，我们听到的不再是日常浅显的概念，而是难以捉摸的概念。这是一个全新的世界，在这里，价格是由货币数量、收入流通速度、相对于交易量的流通速度、货币储蓄、强迫储蓄、通货膨胀和通货紧缩等因素决定。然而几乎没有人尝试把这些语意不明的短语和我们之前关于供给和需求弹性的概念联系起来。如果我们反思被教过的知识，并试着用简单的讨论把这些知识合理化，那么看起来似乎供给弹性必须变成0，而需求要与货币量成一定的比例。但是在更为复杂的讨论中混淆得也就更厉害了，什么事情都不是清楚的，而且所有事情都是可能发生的。我们一会儿在月亮的一面，一会儿又跑到了月亮的另一面，而不知道如何将这两个方面联系起来。很明显，这些与我们的思路清醒与否也是有联系的。

前面几章的目的之一就是要从这种双重的生活状态中逃离出来，并把整个价格理论重新与价值理论联系起来。我认为，把经济学划分为价值和分配理论以及货币理论是一种错误做法。正确的划分方法应是如下方法：一是关于单个行业或厂商的理论，即研究给定的资源在不同的用途之间进行分配和报酬的理论；二是关于总体就业量和产量的理论。只要我们把研究范围限定在对个别行业或厂商，那么就可以建立这样的假设，即所雇用资源的总量是常数，而且其他行业或者厂商的条件也是不变的，那么此时就可以不考虑货币的重要特性。但是只要我们把问题转到决定总产量和就业的问题上来，此时就需要完整的关于货币经济的理论了。

我们也可以将均衡理论划分为静态均衡理论和动态均衡理论。而动态均衡理论是关于经济系统的理论，在此系统中对未来的看法的改变有能力影响现在的情况。因为货币重要性的本质就在于它可以把未来和现在联系起来。考虑这样的情况，即我们对未来的各种情况和考虑都是固定的、可靠的，在这样正常经济动机影响下，资源在不同用途之间将如何进行分配才能达到均衡。或许我们可以做进一步划分：一种是不变的经济，一种是容易变化的经济。但是在这种变化的经济中，所有的事情从开始就都是可预期的。或者我们可以从这个简化的理论转移到对真实世界问题的探讨，在真实世界中，我们之前的预期都是令人失望的，而对未来的预期又影响着我们现在的所作所为。当我们进行这种转变的时候，联系当前和未来的纽带的货币的特殊性质就必须被计算了。但是尽管动态均衡理论必须是以货币经济为基础的，它仍然只是关于价值和分配的理论，并不是独立的“货币理论”。总之，货币最重要的属性在于它联系着现在和未来，除非利用货币，否则我们甚至不能开始进行讨论当前活动的预期改变所带来的影响。即使取消了黄金、白银和法定的货币工具，我们仍然摆脱不

漫画“适者生存”，绘制于1816年。庆祝金本位制战胜提倡通货膨胀的民粹主义银本位制的漫画

了货币。只要存在着耐用的资产，这种资产就具有货币的属性，因而就会产生货币经济所特有的很多问题。

二

在某个单一行业中，特定的价格水平部分取决于进入边际成本中的生产要素的价格，部分则取决于产量。当我们把研究的目光转移到整个行业中时，也没有理由修改整个结论。一般的价格水平部分取决于进入边际成本中的生产要素的价格，部分取决于总产量，即（在采用的设备和技术给定的情况下）就业量。当我们把产量作为总产量时，任何行业的生产成本都部分取决于其他行业的产量。但是我们需要考虑的具有更重要意义的变化，是需求变动对成本和产量的影响。当我们把需求作为一个整体且不把对单个产品的需求看作孤立的时候，从需求的角度来说，我们就不得不介绍新的观点，即假定总需求是不变的。

三

如果我们把假设简单化，即假设进入到边际成本中的不同的生产要素的报酬都以相同的比例发生变化。也就是说，都随着工资单位的变动发生相同比例的变化，那么我们就可以得出一般的价格水平（假定资本和技术都是给定的）既取决于工资单位，又取决于就业量。因此货币数量的改变对价格水平的影响可以被认为是由工资单位的影响和就业量的影响组成的。

为了说明这个概念，让我们对这个假设进一步进行简化，并假定：一是所有未被使用的资源都是同质的，在生产人们所需的物品时可以互相替代；二是只要还有剩余的生产要素没有被使用，那么进入到边际成本中的生产要素对相同的货币工资就是满意的。在这种情况下，只要存在任何的失业，货币数量的增加就不会对价格产生影响，就业量会按照与有效需求相同的比例增长，有效需求的增长是由于货币量的增加而引起的。只要达到充分就业的状态，工资单位和价格就会按照与有效需求相同的比例增加。因此只要存在失业状态，就存在完全的供给弹性；只要达到充分就业的状态，就会存在没有弹性的供给。假如有效需求和货币数量保持同比例变化，那么货币数量论就可以准确地表述如下："只要存在失业，就业量就会与货币数量发生同比例变化；当达到充分就业状态时，价格就会与货币数量同比例变化。"

尽管通过介绍充足数量的简化的假设能够让我们满足于创立货币数量理论，但是现在必须考虑事实上影响事件的可能因素。

（1）有效需求没有与货币数量发生同比例变化。

（2）由于资源是不同质的，随着就业量逐渐增加，收入将会呈现递减变化，而不是保持不变。

（3）由于资源不具有可替换性，一些产品将会达到没有供给弹性的状态，而另一些产品仍然没有被使用。

（4）达到充分就业的状态之前，工资单位就趋向于上升。

（5）进入到边际成本中的要素报酬并不按相同的比例发生变化。

因此，我们必须首先考虑货币数量的改变对有效需求的影响。一般来说，有效需求的增加将部分导致就业量的增加，部分导致价格水平的提高。所以与存在失业时价格的不变不同，与充分就业时价格与货币数量同比例增加也有所不同。实际上，价格是随着就业量的逐渐增加而增加的。也就是说，价格理论是分析货币量的变化与价格水平的变化之间的关系，其目标是决定价格相对于货币数量的变化的弹性。因此，价格理论必须研究上面所提到的五个复杂的要素。

我们将按照顺序逐个对这五个要素进行分析。但是严格来说，这个过程并不是引导我们假定这五个要素之间是独立关系。例如，有效需求的增加对产量的增加与价格的提高的作用之间的比例关系，也许会影响与有效需求的数量具有联系的货币数量。或者各种不同要素的报酬比例之间的不同，可能会影响货币数量和有效需求量之间的关系。我们分析的目的不是提供一种机械的或盲目的计算方法，使我们得到一个准确无误的答案，而是提供给我们一种有组织的、有序的和针对特殊问题的思考方法。通过对这些复杂的要素逐个分析，我们就能得到暂时性的结论，之后我们还要回过头来尽量顾及各因素之间可能存在的关系。这就是经济学思维的本质。任何应用刻板的思考原则的方法（当然没有这些方法，我们将会迷路）都会引导我们走向错误。正如在本章第6部分所说，把经济分析的体系用虚假的数学方法加以公式化和形式化，并假设各因素之间是严格独立的。但是如果这种假设是不成立的，这些要素就会失去它的说服力和权威性。然而在日常的论述中，我们并不是盲目地计算，而是一直知道我们在做什么、这些词意味着什么，我们能够把必要的保留、限制和随后我们不得不进行的调整保留在“我们的内心之中”。但是我们不能按照同样的方式把复杂的偏微分储存在几页代数的推理之“后”，而这几页数学推导已经假设为“这些偏微分的导数都等于0”。在近代的“数理”经济学中，太多的比例都是拼凑的，其不精确的程度正如他们所依靠的初始假设一样，这些假设允许作者在看似炫目、实际上并无帮助的数学符号中，失去了辨别现实世界的复杂性和相关性的眼光。

四

（1）货币数量的变化对有效需求的主要影响是通过对利息率的影响而产生。假如这是唯一的反应，那么其影响的数量可以从下面三个要素中推导出来：第一，流动性偏好曲线，它告诉我们为了使得新增加的货币量能够被人们所吸收，利息率应该下降多少。第二，资本边际效率曲线，它告诉我们给定的利息率下降到何种程度才能增加投资。第三，投资乘数，它告诉我们投资增加一定的量时，会导致总有效需求的增加。

但是，尽管这个分析从引入顺序和方法的角度来说对我们的研究是具有价值的，可是假如我们忘记这三个要素本身也取决于我们上面没有考虑过的复杂要素（2）（3）（4）和（5），这种分析也代表一种具有欺骗性的简化。因为流动性偏好曲线取决于有多少新的货币被吸收到收入和企业的流通之中，而收入和企业的流通又取决于有效需求增加的程度以及有效需求的增加在价格的上升、工资的上升和产量与就业量之间的分配。更进一步讲，资本边际效率曲线部分取决于货币数量的增加对未来货币市场情况的预期。最后，投资乘数受到有效需求的增加导致收入增加在不同的消费者之间分配的比例的影响。当然上面所说的各种可能情况并不是全部内容。然而，假如全部事实摆在我们面前，我们就可以组成联立方程式，从而得出最后的结果。在考虑了所有因素之后，有效需求增加的数量就会有一个确定的值，该值与货币量的增加是对应的，也是均衡的。而且只有在非常特殊的情况下，货币数量的增加才会与有效需求数量的减少联系在一起。

有效需求的数量与货币数量之比与我们通常所谓的“货币收入的流通速度”是紧密相对应的，二者的不同之处是有效需求相当于预期收入，也就是对有效需求的预期能够使生产继续进行，而不是实际实现的净收入，即它是毛收入。但是“货币收入的流通速度”仅仅是个名字，它没有解释任何东西。没有理由能够期望“货币收入的流通速度”是个常数。因为正如前面的讨论已经展示过的，它取决于很多复杂多变的要素，所以它只会使因果关系的真实特征更加模糊，除了引起混乱的情况除外，它毫无益处。

（2）正如我们在上面所展示的，报酬递减和报酬不变的区分部分取决于工人所得的报酬是否与其效率成严格的比例。如果成严格的比例，当就业量增加时我们就有不变的劳动力成本（以工资单位衡量）。但是如果抛开个人的工作效率不谈，某种特定等级的工人的工资都是相同的，那么不论设备的效率如何，劳动力成本都是上升的。而且假如设备不是同质的，其中某个部分生产单位的产量需要较大的直接成本，那么由于劳动力成本的增加，就多了一个使边际直接成本增加的因素。

因此，一般来说，供给价格会随着一定的资本设备产量的增加而增加。所以产量的增加和价格的提高就联系在一起，而不管工资单位是否发生改变。

（3）在上面的（2）中，我们已经考虑过供给缺乏弹性的可能性。如果在这些失业的没有被使用的资源数量之间保持完美的均衡，那么对所有的资源而言，它们都能同时达到充分利用的水平。然而一般来说，对某些服务和商品的需求将会达到一个供给没有弹性的水平，而在其他方向上，还有大量的剩余资源没有被使用。所以随着产量增加，一系列的“瓶颈状态”将会相继出现，此时某种商品的供给就不再具有弹性，其价格就会上升到必然能够把需求转移到其他方面的程度。

只要还有充足的未被使用的各类资源，价格的一般水平就不会随着产量的增加而上涨得太多。但是随着产量增加到逐渐接近“瓶颈”的状态，此时就容易出现某种商品的价格的大幅上涨。

在上面（3）和（2）的条件下，供给弹性部分取决于时间过程的长短。如果我们假定设备数量的改变所花费的时间足够长，那么供给弹性必定会逐渐增加。因此当有效需求的适度改变发生在失业扩大的情形下，该有效需求将被主要作用于提高就业，而很少用于提高价格。由于很多未知的大改变能够引起暂时性的“瓶颈状态”，那么此时有效需求的主要作用就是提高价格，而不是提高就业量，它在开始时的程度要大于后面出现的程度。

（4）在达到充分就业的状态之前，工资单位可能趋向于上升。这不需要评论或解释。由于每种团体的工人都会由于自己工资的提高而受益，那么所有的团体自然而然就会在相同的方向上施加压力，当这些工人能够做得更好时，企业主是乐意满足团体的这种需求的。由于这样的原因，有效需求增加的一部分都可能被满足于工资单位的上涨趋势所消化、吸收。

由此可见，在达到最终充分就业状态的关键点时，货币工资对于以货币衡量的有效需求增加的反应就是增加，而且增加的比例与工资品的价格增加的比例相同。在达到这个关键点之前，我们还有一系列的早期的半关键点，在这些点上，增加的有效需求倾向于提高货币工资，但是提高的比例并不是与工资单位提高的比例完全相同，在有效需求降低的例子中也是与之类似的。在实际经验中，以货币衡量的工资单位对于有效需求的每一个微小变化所做出的反应并不是连续变化，而是不连续变化。这些不连续的点是由工人的心理、雇主的政策和工会的政策决定的。在一个开放的经济系统中，这些工资的变动也意味着其他地方的工资成本发生相应的改变，在一个商业循环

1920年，工人们在华盛顿特区公司的装配线上工作

周期中，甚至在一个封闭的经济系统中，这意味着相对于未来的预期工资成本的变化，所以它们具有相当大的现实意义。在这些点上，以货币衡量的有效需求的进一步增加将易于引起工资单位的不连续上升，从某种观点来看，这些点可以被认为是处于半通货膨胀的位置，与绝对的通货膨胀具有某种类似（尽管相似程度不是很明显），绝对的通货膨胀是在充分就业的环境下有效需求的增加所出现的状态。而且这些点具有非常大的历史意义，但是想要对比进行理论上的概括和推广并不容易。

（5）第一个简化包括：假定各种进入边际成本的要素的报酬以同比例变化。然而事实上，以货币衡量的不同要素的报酬率表现出不同的刚性程度，也可能还具有不同的供给弹性，这些供给弹性是相对于所提供的货币报酬的改变所做出的反应。如果事实不是这样，那么我们就可以说，价格水平是由工资单位和就业量两种要素组成的。

边际成本中的最重要的要素可能会与工资单位发生不同比例的变化，也许其波动范围更广，它就是边际使用者成本。因为当设备必须更新时，增加有效需求能够普遍带来预期的迅速改变，当就业量逐渐改善时，边际要素成本可能会迅速增加。

尽管对很多研究的目的而言，非常有用的初步接近现实的方法就是假定进入到边际直接成本的所有要素的报酬与工资单位发生同比例变化；也许更好的方法是把要素报酬的加权平均进入到边际直接成本，称之为成本单位；或者受到上面的近似限制的工资单位，可以被看作价值的基本标准；在技术和设备给定的情况下，价格水平部分取决于成本单位，部分取决于产出量。当产量增加时，价格水平所增加的比例大于成本单位的增加，这与短期内收益递减的规则是一致的。当产量上升到某个水平时，也就是生产要素所代表的单位边际收益降低到最小水平，在该水平上要素的数量能够维持生产这种可用的产量，此时就达到充分就业的状态。

五

当有效需求的数量进一步增加不能对产量产生进一步深入的影响，而仅仅是成本单位和有效需求同比例增加时，我们就达到这样一个状态，该状态可以被适当地认为是真正的通货膨胀。在到达这个点之前，货币扩张的影响仅仅是程度的问题，我们不能在之前的某个点上画出确定的线，并宣称通货膨胀的条件就是在这里找到的。货币数量的每一次增加，就增加有效需求而言，其作用可能一部分在于提高成本单位，一部分在于增加产量。

因此，看起来似乎我们在通货膨胀发生的关键水平的两边存在情形的不对称。当有效需求缩减到这个关键的水平之下时，将会减少以成本单位衡量的有效需求；当有效需求的扩张增加到这个水平之上时，一般来说，此时就不会有增加以成本单位衡量的有效需求的效果。这个结果是由我们的假设条件推出来的，即各种要素，尤其是生产工人，会拒绝其货币工资的减少，但是没有相应的动机使其拒绝货币工资的增加。然而这样的假设很容易在如下事实中被发现：由于环境的变化不是全局的变化，对特殊的要素而言，当它上升时，对特殊要素是有益的；反之，当它下降时，对特殊要素是有害的。

反之，如果当出现趋向小于充分就业的状态时，货币工资就会无限制地下降，那么上面的不对称就的确会消失了。但是在这种情况下，只有当利息率降到不能再降或者工资为0时，才会出现低于充分就业状态的情况。然而，事实上我们必须要有一些要素，这些要素的价值是以货币衡量的，而且是不固定的，不过它们至少具有相当的黏性，且能够给我们提供货币系统中的稳定价值。

认为货币数量的任何增长都是具有通货膨胀性的观点（除非我们所说的通货膨胀指的仅仅是物价的上涨）是与古典学派的假设紧密相连的，这种假设总是让我们处于某种条件之下，即当生产要素的真实报酬减少时，将会导致这些生产要素供给的缩减。

六

借助于我们在第20章引入的符号的帮助，我们可以用符号形式把上面的论述表述出来。

我们假定$MV=D$，M代表的是货币数量，V代表货币收入流通速度（这个定义与通常的定义略有不同，上面已经说过），D代表有效需求。那么，如果V是常数，在$e_p\left(=\frac{Ddp}{pdD}\right)$等于1的条件下，价格就会和货币数量保持同比例变化。如果$e_o=0$或者$e_\omega=1$，这个条件就可以得到满足。$e_\omega=1$的条件意味着以货币单位衡量的工资单位与有效需求会保持同比例的增长，因为$e_\omega=\frac{DdW}{WdD}$；而$e_o=0$的条件意味着产量相对于有效需求的进一步增加不会再做出任何反应，因为$e_o=\frac{DdO}{OdD}$。在任何一种情况下，产量都不会改变。

下面我们处理的是在货币收入流通速度不变的情况，通过进一步介绍弹性，引入一个新的弹性概念，即有效需求对货币数量的改变所做出的反应。

$$e_d = \frac{M\mathrm{d}D}{D\mathrm{d}M}$$

这样，我们可以得出：

$$\frac{M\mathrm{d}p}{p\mathrm{d}M} = e_p \times e_d;\ 当 e_p = 1 - e_e \times e_o(1 - e_w);$$

从而得出：$e = e_d - (1 - e_w)e_d \times e_e \times e_o$

$$= e_d(1 - e_e \times e_o + e_e \times e_o \times e_w)$$

式中没有下标的e代表这个金字塔的顶端，$e\left(=\frac{M\mathrm{d}p}{p\mathrm{d}M}\right)$，衡量的是货币价格相对于货币数量的改变所做出的反应。

最后的公式给出了由货币数量的改变所引起的价格变动的比例，所以这个公式可以被看作货币数量理论的一般推论。我本人对这种类型的计算推导并不十分看重并且持怀疑态度，愿意再次重复前面已经提过的警告，那就是这些推导包含类似变量都被看作独立的这样的假设（整个推导过程中忽略了偏微分），与普通的方式包含的假设是相似的。也许把这些推导写下来的最好原因就是当我们用正式的方式把这些推导表达出来的时候，能够展现价格和货币数量之间关系的复杂性。然而还有必要指出：货币数量的改变对价格造成的影响取决于这四个单位，即e_d、e_ω、e_e和e_o，其中e_d代表每种情况中决定货币需求的流动性要素，e_ω代表随着就业量的增加，决定货币工资增加程度的劳动力要素（更严格地说，是进入到直接成本中的要素），e_e和e_o表示随着更多的劳动力被雇用到现有的设备中，决定收入递减速度的物质要素。

如果公众以固定的比例用现金持有其收入，那么$e_d=1$；如果货币工资是固定的，那么$e_\omega=0$；如果整个过程中的收入是固定的，边际收入等于平均收入，那么$e_e \times e_o=1$；如果劳动力达到充分就业状态，或者设备已经被充分利用，那么$e_e \times e_o=0$。

假如$e_d=1$，$e_\omega=1$；或者 $e_d=1$，$e_\omega=0$，$e_e \times e_o=1$；或者$e_d=1$，$e_o=0$；那么就有$e=1$。而且很显然，还有一些类型的特殊情况能够使$e=1$。可是一般来说，e是不等于1的；并且我们可以安全地在关于现实世界合理的假设条件下得出一般性结论，并排除掉“逃避通货”的情况，因为此时e_d和e_ω是非常大的，那么除了此情况外，作为一般规则，e的值一般都小于1。

七

迄今为止，我们所讨论的主要集中于短期内货币数量的改变会以何种方式影响价格。但是在长期内是否会存在较为简单的关系呢？

这是一个要由历史来做判断的问题，而不是一个纯粹的理论问题。如果在长期中具有某种趋势能够测量流通性偏好状态的长期一致性，那么就悲观时期与乐观时期的平均值而言，国民收入与满足流动性偏好的货币数量之间就可能会存在某种关系。例如，在利息率超过人们的心理最低限时，人们可能会把超过一定比例的国民收入以闲置货币的形式保存起来。所以，如果除了流通活动所需要的货币数量之外，货币的数量超过了国民收入的一定比例，那么就有下列一种趋势，即利息率迟早会降低到与人们的心理底线相当的利息率。降低的利息率就会增加有效需求，有效需求的增加将会达到某个或几个关键点上，在这些点上，工资单位将趋向于出现非连续性的上涨，对价格也会产生相应影响。如果剩余的货币数量在国民收入中所占的比例非常低，那么就会发生相反的情况。因此，一段时期内的波动所产生的净效果是能够产生一个均值，这个均值就是国民收入与货币数量之间保持稳定的比例关系，同时人们对货币数量变化所持的心理状态迟早会发生逆转。

这种趋势在向上方向起作用要比在向下方向起作用所遇到的阻力小。如果在相当长一段时间内，货币数量仍然保持缺乏，那么有效的治理办法通常是改变货币标准或者货币体系，从而增加货币数量；而不是降低工资单位，进而加重债务负担。因为当货币相对充足时，工资单位会提高；当货币处于相对匮乏之时，公众就会找到一些方法来增加货币的有效数量。

在19世纪，人口的增长和发明、新土地的开发和每段时期内战争出现的频率次数看起来都是很充分的，它们与消费倾向一起，建立了资本边际效率曲线。在这条曲线上，存在能够合理得到满足的、与被财富所有者心理上所

平民保护队种树，照片拍摄于1935年大萧条时期。1933年初罗斯福当选美国总统并开始实行新政，兴办公共工程，解决失业问题。从照片中我们也可以看到有些人戴着旧帽子，穿着西装，表明他们之前从事过不同的工作

接受的足够高的利息率相适应的平均就业水平。有证据表明，在最近150年中，主要金融中心长期典型的利息率是5%，优质债券的利息率为3%到3.5%。这些利息率水平适度，足够鼓励投资量与平均就业水平相一致，同时能够使得该就业水平不至于太低。有时工资单位会进行调整来保证以工资单位衡量的货币数量足够充分以满足在一定利息率水平上的普通流动性偏好，这个利息率水平很少低于上面所说的标准的利息率。但是通常进行调整的是货币单位或者货币体系（尤其是通过银行货币的使用来进行调整）。一般发生的情况是，作为总体的工资单位稳定地趋于上升，但是劳动力的效率也是会增加的。所以驱动力的均衡能够允许价格保持稳定——索贝克价格指数在1820年到1914年之间的最高值仅比最低值高出50%。这并不是偶然的，这应该归功于在该段时期之内各种驱动力之间的力量均衡，由于各个雇主集团的力量非常强大，以致可以阻止工资单位继续上涨，从而无法超过生产率的提高速度；与此同时，货币系统具有充分的流动性，能够连续地提供以工资单位衡量的货币的供应，这就使最低的利息率能够被受流动性偏好影响的财富的所有者接受。当然，此时就业量平均水平是低于充分就业状态的，但是这并不是不可接受的，也不会引发革命。

现在以及在可预测的未来，资本边际效率曲线由于种种原因要比19世纪低得多。我们当代问题的尖锐性和特殊性可能是由于这样的一种可能性，即

在佛罗里达州温特黑文的葡萄柚罐头工厂工作的妇女。罗斯福新政时期推出的农业调整法案宣布对食品加工者征税，再结合财政部资金对降低产出的农民提供补助。1937年阿瑟·罗斯坦拍摄

能够促进合理的就业水平出现的平均利息率不能被财富所有者接受，因此不能仅仅依靠控制货币量来建立。只要在10年、20年或者30年之内仅仅通过确保以工资单位衡量的货币的总供应量保持充足，就能使就业量维持在可以承受的水平，那么我们在19世纪就可以找到类似的方法。如果这是我们所面对的唯一问题，并且通过适度贬值可以解决一些问题，那么今天我们就可以找到这个方法。

但是，在我们当代甚至在未来的经济中，最不稳定、最容易变动的要素，是被广大的财富所有者所接受的最低的利息率[1]。如果要达到可以让人容

[1] 巴杰特（Bagehot）在19世纪说过的谚语：“约翰牛（英国）可以忍受很多东西，但是他不能忍受2%的利息率”。

忍的就业水平利息率需要低于19世纪的平均利息率水平，那么仅仅通过控制货币数量就能够达到这个利息率是很让人怀疑的。资本边际效率曲线允许借款者能够得到期望的收益，但是这必须减去：①把借贷双方联系到一起的成本；②所得税和附加税；③出借者需要对其所承受的风险和不确定性进行补偿，然后这些才是我们通过吸引财富所有者牺牲其流动性而获得的可用的净收益。在可忍受的平均就业水平的条件下，如果净收益变得非常低，那么老一套的办法就变得没有用了。

回到刚刚讨论的主题，国民收入和货币数量之间的长期关系取决于流动性偏好。长期内价格的稳定或不稳定取决于工资单位的上升速度（更确切地说，是成本单位的上升速度）与生产系统中效率的增加速度之间的对比关系。

第六卷

一般理论所引发的若干短论

第22章 略论经济周期

由于我们在前面的章节所讨论的是任意时间决定就业量大小的因素，所以假如上述讨论是正确的，那么我们的理论就具有解释经济周期现象的能力。

如果我们对实际经济周期的细节仔细考察，就会发现经济周期是非常复杂的。我们所分析的每个要素都要求对经济周期进行完整的解释，尤其是我们发现消费者倾向的波动、流动性偏好的状态和资本边际效率都发挥各自的作用。但是我认为经济周期的基本特征主要是由于资本边际效率的波动引起的，而之所以称之为周期，是因为其发生的时间顺序和持续时间都具有规律性。因此我认为，经济周期最好被看作资本边际效率变化的周期性变化引发的，尽管经济系统中的其他重要的短期变量的改变也会使经济周期变得复杂和严重。为了拓展这样的论点，需要占据一本书那么多，而不是一章，并且需要对事实进行紧密地检查。然而下面的简短论述还是能足以表明我的研究思路的。

一

所谓周期性变动是指随着经济系统向上发展，推动其上升的各种驱动力集聚到一起，彼此之间互相影响，产生积累性的效果直到达到顶峰；但是它们又逐渐失去控制力量，直到达到某一点，在该点上，它们趋向于被相反的驱动力所代替；这些作用相反的驱动力在一段时间之内又集聚到一起，相互推导直到它们也达到最高峰；然后它们又会衰退，直到让位给予它们相反的驱动力。然而我们所谓的周期性运动并不仅仅是指上升或下降的趋势，这种周期性的运动一旦开始，就不会在相同的方向上持续下去，而最终它们的运动方向就会发生反转。我们的表述同样意味着向上变动或向下变动的时间顺序和持续周期都具有一定的规律性。

然而，如果想要对经济周期进行充分的解释，就不能忽略另一个特征，那就是危机现象。事实上，向上运动的趋势变为向下运动的趋势通常是突发性的，而向下的趋势变成向上的趋势通常不存在如此剧烈的突然变化。

假如投资的波动不能被消费倾向的相应改变所抵消，就会引起就业量的波动。所以投资量受到高度复杂影响要素的制约，不论是投资量的波动，还是资本边际效率的波动都具有周期性的特点。一个特殊的例子就是，农业的波动所引起的周期性特征，我们将在本章后面的部分单独对它进行分析。然而我认为，19世纪典型的工业经济周期之所以会发生，是因为具有特定的原因，而资本边际效率的波动应该是具有周期性的特征。其中的原因，不论是对它们本身而言，还是对于经济周期的解释而言，我们都不可能感到陌生。这里唯一目的就是把它们与前面章节联系起来。

二

我最好选择从经济繁荣的后期阶段和“危机”的开始阶段展开论述。

我们在前面已经知道，资本边际效率[1]不仅取决于资本品的丰富程度或稀缺性以及资本品当前的生产成本，还取决于对资本品未来收益的当前预期。对于耐用的资本品而言，对未来的期望应该起到决定性的作用，这个作用主要体现在决定新投资的规模上，这是非常自然的、合理的。可是正如我们所看到的，这种预期的基础是靠不住的。由于建立在可变的、不可靠的证据基础上，这些预期很容易发生突然的、剧烈的改变。

我们已经习惯于用利息率的上升趋势来解释“危机”，贸易和投机性目

[1]　我们用“资本边际效率”来代替“资本边际效率曲线”既可以避免误会，使用起来也方便。

的的货币需求的增加影响利息率的上升。很多时候，利息率会起加剧的、初始的作用，有时也许是偶然性的作用。但是我认为对危机更典型、通常是具有统治地位的解释并不是主要集中于利息率的上升，而是资本边际效率的突然崩溃。

繁荣阶段后期的主要特征是人们对资本品的未来保持乐观的预期。这种期望的力量非常强烈，以致可以抵消资本品逐渐增长的生产成本，甚至可以抵消利息率的上升。有组织的投资市场，其本质就是受到两方面力量的影响：一方面是购买者通常都不知自己所购买的是什么东西；另一方面是投机者所关心的不是对资本品的未来收益做出合理估计，而是推测近期市场情绪会有什么变动，当这些过分的乐观和过度购买的市场所造成的情绪突然爆发时，市场价格就会突然下降，甚至形成灾难性的力量[1]。而且对未来看法的黯淡和不确定，伴随着资本边际效率的突然崩溃，会导致流动性偏好的急剧增加，这也会进一步引起利息率涨高。所以资本边际效率的崩溃趋向于和利息率涨高相联系，这会加重投资量的下降。但是这种情况的本质是资本边际效率的崩溃，尤其那种对新的大型投资具有突出作用的资本类型的崩溃。而流动性偏好，除了那些与增加的贸易和投机相联系的流动性偏好之外，只有在资本边际效率崩溃之后才会增加。

正是上述原因，才导致经济萧条是难以治愈的。随后利息率的降低对于经济恢复起到很大的帮助，而且可能是经济恢复的一个必要条件。然而资本边际效率的崩溃可能会达到某种程度，且在该程度上，利息率的任何实际的减少都是不够的。如果利息率的减少是一种有助于补救的有效方法，那么在不考虑适当的时间间隔流失的情况下，直接在货币当局的控制之下就有可能达到经济的治愈。但是实际上，通常并不是如此。要想恢复资本边际效率并不是那么容易的，因为资本边际效率是由不可控制的、无法管理的商业心理决定的。一般来讲，信心的恢复是很难控制个人主义的资本主义经济的。这是银行家和商人一直在强调的萧条方面，但是经济学家都已经把他们的信念

---

[1] 在上文中已经提到（第12章），虽然私人投资者很少为新投资负责任，但是作为直接负责人的企业主，他们会发现自己尽管在投资方面具有优势，但是也不可避免地要迎合市场的需要。

建立在“纯粹货币”的补救措施上，这就低估了货币的意义。

据此引出我的观点，对经济周期中时间要素的解释，它相当于如下事实，即在复苏开始之前，通常要经历一段特殊的时间间隔。对这种事实的解释可以通过解决影响资本边际效率因素来得到解决。有两个原因可以解释上述事实：一是某个时代，耐用品的寿命长短与正常增长率之间的关系；二是剩余库存的持有成本。这些都可以解释为什么经济活动下降阶段所表现的时间长短并不具有偶然性，而是具有明确的规律性。换句话说，为什么它们的周期不是一次1年或者下个周期变为10年，而是固定为每隔3年或5年就出现一次。

让我们回忆一下经济危机时都发生了什么。只要经济繁荣还在继续，当前的很多新投资的收益总是很令人满意的。破灭的到来是因为关于预期收益可靠性的怀疑突然发生，或者是因为随着新生产出来的耐用品库存的稳步增加，当前的收益表现出下降的信号。如果当前的生产成本被认为比随后的生产成本要高，那么这就是资本边际效率下降的深层次原因。一旦怀疑产生，其传播速度便非常惊人。所以在衰退的最初阶段可能存在很多的资本，这些资本的边际效率已经变得很小，可以忽略，甚至是负值。但是经过一段时间之后，由于使用、腐蚀和老化等原因，会造成资本的短缺，这样就使资本具有足够明显的稀缺性，从而增加资本边际效率。这或许是给定的周期内，资本平均存续期的稳定函数。如果此时间的特征发生了改变，那么时间间隔的标准就要发生改变。例如，假如我们经历了人口数量从增长到下降的周期，那么该周期的特征就会被延长。然而我们上面已经说出很多充足的理由来解释为什么萧条的持续期与耐用品的寿命，以及给定时期内人口正常的增长速度之间保持明确的关系。

第二个稳定的时间要素是由剩余库存的持有成本所引发的，这种持有成本的存在能够促使在一定时期内把剩余库存吸收完毕，这个一定时期既不是很长，也不是很短。危机之后新投资的突然出现可能会引起对未完工的产品的剩余库存的积累。这些库存物品的持有成本很少在10%之下，所以其价格的下降需要足以限制对它们的生产，这给它们提供了充分的消化库存的时间，即3年或者5年之内。现在，吸收库存商品的过程代表着负的投资，这又进一

纽约证券交易所的股票交易者，照片拍摄于1936年。当时美国仍处于大萧条中，普通美国人的生活非常艰难，但是1936年美国股市上涨32.8%，显示经济已经慢慢有了复苏的迹象

步阻碍了就业，当这个过程结束之后，才会经历显著的缓解。

此外，运营资本的减少也代表一个更深入的负投资要素。而运营资本的减少是在经济的下降阶段随着产量的下降必然会出现的，这个因素可能是很大的。一旦衰退开始，就能在下降的方向表现出强烈的积累效应。在一个典型衰退的早期阶段，可能会存在增加库存的投资，这抵消了运营资本的负投资；在下一个阶段，可能会出现短期的库存品和运营资本的负投资；在经过最低点之后，可能会出现库存品的更深入的负投资，这会部分抵消运营资本的负投资；最后，经济的复苏开始重新步入正轨，所有的要素都会同时有助于投资。正是在这样的背景下，我们必须考虑耐用品的投资波动所产生的效果具有怎样的附加作用。当这种投资的类型下降时，它就建立了周期性的波动，那么此时只有在经济周期完成了其应该具有的运动过程之后，投资才有可能恢复[1]。

遗憾的是，资本边际效率的突然下降也会反向影响消费倾向。因为它会引发证券市场上证券价格的猛烈下降。现在，对那些热衷于证券投资活动的人来说（尤其是如果他们所运用的是借来的资金），这种证券价格的下降自然会对他们造成重大的消极影响。这些人或许更多的是受到他们面对投资的

[1] 我的《货币论》第4篇所讨论的内容，部分与此有关。

价值上升和下跌所乐意接受的程度的影响，而不是受到他们本身收入状态的影响。由于大众都具有“证券投资的想法”，就像当今的美国，股票市场价格的提高几乎是消费倾向得到满足的必要条件。这种情况经常被人所忽略，它显然会使由于资本边际效率下降所带来的令人沮丧的影响而进一步加剧。

当经济开始复苏时，它的进程和积累的方式也是很明显的。然而在经济下降阶段，当固定资本和库存原材料在一定时间内过剩，经营资本减少时，资本边际效率曲线可能会下降得很低，以致利息率的任何实际的减少都不能使新投资获得满足。因此随着市场组织起来并开始发挥作用，对资本边际效率的市场就可能承受巨大的波动，它的这种波动还不能被相应的利息率的波动所抵消。而且正如我们所看到的那样，股票市场中相应的运动能够压低消费倾向。由此可见，在自由放任的经济中，如果预期投资市场的心理没有理由发生意义深远的改变，那么避免就业的大波动就是不可能发生的。于是我得出结论：对当前的投资量进行排序的责任不能放在个人手里。

三

上面的分析似乎与原本持有这样观点的人是一致的。所谓持有这样观点是指，认为过度投资是繁荣时期的特征，避免这种过度投资的唯一可能的办法实际上就是治疗经济衰退的办法，而且由于上面给出的原因，经济衰退不能被较低的利息率所阻止，但是经济繁荣可以通过较高的利息率来防止。那么的确，我们可以得出这样的论点，即较高的利息率对经济繁荣所起的作用要比较低的利息率对经济衰退所起的作用有效。

然而，从上面的分析中推断出结论可能误解了我的分析。根据我的思考方式，其中可能还有严重的错误。因为过度投资是一个模棱两可的词，概念非常含糊，它可能指的是一种状态，即预期收益无法实现的投资，存在严重失业时无法实现的投资；也可以指另外一种状态，即每个种类的资本品都非常丰富，所以就不会发生预期的新投资，即使在充分就业的条件下，任何新投资在其生命周期过程中取得的收入也不会超过其重置成本。只有后一种情况才是符合过度投资含义。严格来说，过度投资是指任何新投资进一步增加都会引起资源的浪费[1]。而且即使过度投资在某种意义上来说是经济繁荣时期的正常特征，那么提高利息率也不是经济的补救措施。因为利息率可能阻碍一些有用的投资量，也可能进一步降低消费倾向。那么只有通过采取激烈的方式才能解决问题，即通过收入或者其他的重新分配来刺激消费倾向。

然而，根据我的分析，只有在前面那种情况意义上说，投资过度才是经济繁荣的特征。这是一种典型的情况，并不是资本很充足以致整个社会没有任何合理的方法来使用资本，而是在情形不稳定和不能持续的情况下才发生的投资，因为投资是由预期驱动的，而预期通常最后都是令人失望的。

当然，最有可能的、真实的情况是这样的：对经济繁荣的假象可能引起资本设备的某些特殊类型在生产时产生过量剩余，不论按照何种标准，这些过量的剩余都是对资源的浪费；我们可以进一步说明，即使不在经济繁荣的时候，这种情况也可能会发生。也就是说，这会误导投资。但是不论如何，这始终就是经济繁荣的一个基本特征：在充分就业状态下，投资本来只能产生2%的收益，但是人们预期能够产生6%的收益。当幻想破灭时，这种乐观预期就被相反的“消极错误”所代替。这样造成的结果就是，在充分就业状态下，投资本来可以产生2%的收益，但是人们觉得此时的投资不会产生任何的收益。那么由此造成新投资的崩溃就会引发失业，此时本来在充分就业状态下能够产生2%的收益的投资就不会产生收益。此时就出现一种矛盾：例如，一边是闹房荒，一边是空房价格昂贵得没人住得起。

因此，经济繁荣补救的措施不是实行较高的利息率，而是实行较低的利息率[2]。因为较低的利息率可以使繁荣持续下去。经济周期最好的补救措施不是要取消经济繁荣，从而使我们永远保持半衰退的状态；而是要消除衰退的

[1] 然而，按照某些对消费倾向随时间分布的假设，在某种意义上说，那些产生负收益的投资对于整个社会而言都是有利的，并且能使社会满足实现最大化。

[2] 在第22章第6节中列出了支持相反方面的论点。如果我们受到当前方法大改变的影响，那么我认为，在经济繁荣时期，提高利息率在某些特定环境中或许可以减轻危害。

状态，从而使我们永远保持半繁荣的状态。

最终导致并被衰退所代替的繁荣是各种因素综合作用的结果，即在正确的预期中对充分就业状态来说，较高的利息率和防止利息率在实际上受到阻止的错误预期的相互作用。过度乐观战胜了利息率就是经济繁荣；反之，就是衰退。然而冷静分析一下，那种过度乐观战胜利息率的情形可能会产生多余的库存。

除了战争期间，我怀疑我们不具有离现在的时代比较近的、引发充分就业状态出现繁荣的经验，那么按照一般标准来说，1928—1929年间的美国的就业状态是非常令人满意的。但是我没有看到任何劳动力短缺的证据，除具有比较高的专业性特殊工种群体之外。尽管一些“瓶颈”状态出现了，但是总产量仍然有能力进行更深入的扩张。此时也不会存在过度投资的情况。也就是说，如果住宅的标准和设备都非常高，以致在充分就业状态下，每个人都以一定水平获得了自己想要的住宅，那么房屋在其生命周期内所产生的收益只能补偿其重置成本，而不能产生利润支付利息；交通、公共服务和农业上的改进已经达到一点，在该点上，进一步增加投资所产生的合理预期收益不能补偿其重置成本。所以，认为1929年的美国在严格意义上说出现了过度投资是荒谬的。实际情况恰好相反，在之前的5年中，新投资的量实际上是非常大的，这造成进一步增加投资所获得的预期收益快速下降。对未来的正确预期能够使资本边际效率下降到令人难以接受的程度。所以经济的“繁荣”就不能在健全的基础上继续运行，除非有非常低的利息率或者能够避免把投资误导到特定方向。因为在这个特定方向上有过度开发的风险。然而事实上，在利息率非常高的时候已经阻碍了新的投资，除非在某些特定受到投机性刺激因素影响的投资方向上不会受到这个高利息率的影响，但是这些特定的投资方向具有过度开发的风险。如果利息率足够高，以致能够克服投机性的冲动，那么与此同时，就会对每种合理的新投资进行检查。如此一来，提高利息率作为对长期大量新投资所引发的问题进行补救措施，其实质无异于通过杀死病人来治疗疾病。

在英国或美国这样比较富裕的国家，如果想要在现有消费倾向基础上，利用新的投资使得一段时期内充分就业状态持续时间非常长，那么需要的新投资量一定是非常大的，最终将会导致充分就业状态的出现。在这个意义上，按照合理的计算，增加任何种类的耐用品都不能使其总收益超过重置成本。而且这种情况可能在相对较快的时间内就能实现，例如，或许在25年内或者更少的时间内。不要因为我宣称充分投资的状态在某种意义上说从未出现过或者昙花一现都没有过，就认为我会否认出现这种情况。

更确切地说，即使我们假设现代的经济繁荣通常倾向于和充分投资的货币条件或者从严格意义上来说的过度投资是联系到一起的，那么，把提高利息率作为适当的补救措施仍然是非常荒谬的。因为在此情况下，那些把病因归咎于消费不足的人就能够理直气壮了。真正的补救措施在于设计各种方法能够通过收入或者其他充分分配从而可以增加消费倾向。所以在给定的就业水平上，就可能需要较小的当前投资量来支持它。

四

此时，我们可以评论一些重要学说的想法。从各种不同的观点来看，这些学说都认为当代社会长期存在的就业不足的趋势归因于消费不足。也就是说，对社会实践和财富的分配来说，它们造成了过低的消费倾向。

在现有条件下或者至少在迄今为止的条件下，投资量是没有计划的、不可控制的。因为它受到资本边际效率的奇特性制约，而资本边际效率是由公众的无知或投机性的个人判断决定的，而长期利息率很少或者说根本就没有下降到低于常规水平。此时把这些学说的观点作为实际政策的向导，毫无疑问是正确的。因为在这样的条件下，没有任何方法能够把平均就业水平提高到令人很满意的程度。实际上如果增加投资是不切实际的，那么显然没有任何方法能够得到较高水平的就业量，除非增加消费。

实际上，我与这些学说的观点的不同之处只在于：当从投资的增加中仍然能够获得更多的好处时，这些学说认为此时应该把重点放在增加消费上。然而从理论上来说，这些学说应该受到批评，因为他们忽略了有两种方法可以扩大产量的事实。即使我们做出决定，认为最好的方法是缓慢地增加投资，而把更多的注意力集中到增加消费上，我们也必须放宽眼光，在经过对各种可供选择的方法进行仔细斟酌之后，再做出决定。我深信增加资本的库存能够给社会带来很大的好处，所以应该一直增加资本直到不再具有稀缺性为止。但是这是针对现实的一个判断，而不是在理论上得出的必然结论。

除此之外，我认为最聪明的办法就是双管齐下：一方面通过社会政策来调控投资量从而使得资本边际效率快速下降；同时我还支持采取所有增加消费者倾向的政策，在现有的消费倾向下，不论我们对投资做什么事情，都不

一个内布拉斯加州的农民拜访农场安全管理债务调整委员会，以赎回他被抵押的农场。1936年5月阿瑟·罗斯坦拍摄

可能维持充分就业的状态。对两种政策来说，仍然有空间既可以促进投资，又可以促进消费，使得消费在现有的消费倾向水平与增加的投资相适应，而且还要处于相对更高一些的位置。

假如为了阐述的目的，我们只用整数作例子。现在的产量的平均水平比持续的充分就业状态下的产量水平要低15%，如果产量的10%代表净投资，90%代表消费——更进一步说，如果在现有的消费倾向水平上想要达到充分就业的状态，净投资就不得不增加50%，所以充分就业下的产量将从100增加到115，消费从90增加到100，净投资从10到15。那么我们也许可以修改充分就业状态下的消费倾向，从90上升到103，净投资从10增加到12。

五

还有一个学派发现，解决经济周期的办法不在于增加消费或者投资，而是减少寻求工作的劳动力的供给。例如，通过在不增加就业量或者产量的条件下，充分分配现有的就业量。

在我看来，此方法还不是一种成熟的政策。与增加消费的计划相比，这种做法比较清晰。当每个人都衡量增加休闲的优点与增加收入的优点之间的利弊时，这个方法的时机才来到。所以我认为，在现有的条件下，我们掌握的证据是非常充分的，这些证据表明大部分人都喜欢增加收入，而不是增加休闲。我也没有看到有充分的理由来迫使那些喜欢更多收入的人转而喜欢更多休闲。

六

奇怪的是，居然会有学派认为解决经济周期的办法是在经济繁荣较早的阶段实施较高的利息率。为这个政策进行辩护的理论是由D.H.罗伯特先生提出的。实际上，他假设充分就业状态是一个不切实际的理想状态，我们所希望的只是就业量能够保持在一定的稳定的水平上，并且这种稳定的水平比现在和平均就业量要更加稳定，而且稍微要高。

如果我们抛开投资控制和消费倾向政策方面的变化不提，并假定现在的状态会一直持续下去，那么用利息定得比较高的银行政策来阻止那些对经济前景比较乐观的人，此时这种政策是否能够产生更为有利的平均期望状态，还有待论证。作为衰退特征之一的预期失望可能会引起更多的损失和浪费，以致有用投资的平均水平可能会比较高。在该学派的假设条件下，上述情况正确与否，我们很难判断，这是一个要用事实来判断的问题，而我们的事实需要更多的令人信服的证据。或许这个观点忽略了这样的事实：增加的消费还是对社会有利的，即使这些投资方向被证明是错误的，还是会增加消费，所以有这种投资总比没有好。然而当面对美国1929年的经济繁荣时，即使采用最明智的货币政策来控制也会发现调控经济是很困难的，而且此时的货币政策除了拥有当时的联邦储备系统之外，就没有其他工具了。无论如何，这种忽略在我看来都是非常危险的，而且注定是要失败的。它的缺点在于默认或者至少假定了现有的经济框架中的弊端。

有一种严酷的观点，认为只要提高利息率就可以控制任何就业水平上升高于平均就业水平的这种趋势。然而支持这种观点的论述大多证据不足，只能造成混乱的局面。某些情况下，人们相信在经济繁荣时期，投资往往超过储蓄，比较高的利息率可以通过控制投资和刺激储蓄使其达到均衡状态。这就意味着投资和储蓄可以不相等，因此只有在一些特殊情况下，在我们对这两个词进行了特别的定义之后，这一说法才有意义。或者很多时候，有人建议，与增加投资相伴的增加储蓄是人们不想要的，也是不公平的，因为作为一般规则，其与上升的价格是有联系的。但是如果情况果真如此，那么现有产量水平和就业水平的任何上升都应该受到指责，因为价格上涨基本上不是由于投资的增加引起的，而是由于这样的事实：短期内，随着产量增加，供给价格通常是增加的，其原因或许是由于收益递减这样的物质上的事实，或许是由于产量增加时，以货币所衡量的成本单位具有上升的趋势。如果这些条件是在供给价格稳定不变的情况下发生，那么此时当然不会有价格的上涨；但是与此同时，增加的储蓄也会伴随着增加的投资。正是增加的产量产生了增加的储蓄，价格的上升也仅仅是产量增加的副产品；如果没有储蓄的增加，而是以消费倾向的增加取而代之，那么价格的上升也同样会发生。没有任何人具有合法的权利可以有能力在产量低时以较低的价格买到产品。

如果增加的投资是由于利息率的下降和货币数量的增加这两方面共同引起的，那么其中便蕴含着灾难。但是此时，先前的利息率没有任何特殊的优点，新的货币也不受任何人的“驱动”。新的货币之所以被创造出来，是因为要满足增加的流动性偏好，这种流动性偏好与较低的利息率或交易量的增加是相适应的，这些流动性偏好掌握在那些愿意持有货币而不愿意以较低的利息率把货币出借的人的手里。或者再一次我们发现，经济繁荣的特征是“资本消费”，这意味着负的净投资。例如，通过增加消费倾向而获得这种负的净投资。除非把经济周期的现象与二战时期欧洲的货币崩溃这种通货现象混为一谈，否则证据就是相反的。而且即使情况如此，利息率的减少与较低投资条件下的利息率的提高相比，也是一种更为合理的补救措施。对于这些学派的观点，我没有认同之处，除非运用一个策略性的假设，即总产量是不能改变的。但是假定产量是常数的经济理论显然不能解释经济周期。

七

在经济周期的早期研究中，尤其是杰文斯的研究中，把经济周期解释为由于季节因素导致农业上的波动引起的，而不是一种工业现象。根据上面这些理论，这看起来是解决经济周期问题的一个较为可信的方式。因为即使在今天，农产品库存一年与另一年之间的波动也是引起短期投资量改变的最重要原因之一。当杰文斯写作时，尤其是他的大部分统计数据能够应用的那段时期，此要素所起的作用一定远远大于其他要素。

杰文斯的理论：经济周期主要是由于收获量的波动引起的。其理论可以转述如下：当某一个特大丰收季节到来时，可以作为对未来消费数量的重要补充。这些补充所产生的收益被农民增加到当前收入中，然而这些增加的收入并不会对社会其他阶层的收支产生影响，而是会受到储蓄的支持。也就是说，当前增加的收入等于当前的投资。即使价格发生急剧下降，这个结论也不会失效。类似地，当某一个歉收季节到来时，当前的收入减少作用于当前的消费，于是消费者的收支不会给农民创造任何的当前收入。也就是说，当前的收入减少也会造成当前的投资减少。因此，如果其他方向的投资被当作常数，那么丰收的年份的总投资与歉收的年份的总投资之间的差额还是比较大的。而在一个农业占据主导地位的国家，与任何其他原因所引起的波动相比，前者的波动往往都是巨大的。很自然地，我们可以在丰收的年份找到向上的转折点，也可以在歉收的年份找到向下的转折点。更进一步的关于何种原因决定丰收和歉收有规律的循环，不仅是另外一回事，也不是我们在这里要讨论的内容。

最近，这个理论被提高了，认为对经济周期有利的是歉收，而不是丰收。这或许是因为歉收能够使人们乐于接受较低的实际报酬而工作，或者是因为对购买力进行再分配的结果是有利于消费的。无须多言，我在上面所描述的、把丰收的现象作为经济周期解释的理论和这些理论是不一致的。

然而，在现代社会中，用农业方面的波动来解释经济周期的重要性不是很大，其中有两个原因：一是对于总产量而言，农业产量所占的比例很小；二是世界市场的发展使得对大多数农产品的需求来自全球范围，这使得各国的丰收和歉收可以互相补偿，所以世界范围内的收获情况的波动远远小于一个国家范围内的收获情况的波动。但是在过去，一个国家主要是依靠自己国家的收获状况，除战争之外，很难看到任何能够引起投资波动的可能原因，而相对来说农产品的储存量的变化是引起投资量波动的最大原因。

即使在今天，我们也要密切关注原材料库存的改变在决定短期投资量时所起的作用，原材料库存的改变既包括农业的，也包括矿业的。在转折点到来之后，我应该把衰退时期的较低的恢复速度归因于过多的库存减小到正常水平时所产生的紧缩作用。在经济繁荣破灭之后，首先会发生库存的积累，这降低了经济崩溃的速度。但是我们之后不得不为这种对经济崩溃的缓解付出代价。有时直到减少库存的过程全部完成之后，才会出现经济复苏的迹象。因为当库存没有形成短期负投资时，其他方向的投资足够产生一次向上

西奥多·罗斯福在站在车上挥舞着帽子

的运动，然而只要负投资存在，这种投资的向上增长就不是确定的。

我认为，我们已经看到一个很好的例子，那就是美国的“新经济政策”的早期阶段。当罗斯福总统开始大幅举债进行开支时，所有产品种类的库存尤其是农产品仍然处于一个较高的水平上。把这些库存减少到正常的水平是个必要的过程，此过程是必须经历的阶段。只要这个过程持续大概两年的时间，它就能对其他方面的举债支出形成足够的补充和抵消。只有当这个过程完成的时候，经济复苏的道路才开始。

最近美国的经历又给我们提供了很好的例子，那就是产成品和半成品的库存波动所起的作用。我们习惯称之为“库存”。这些作用引起了经济周期主流波动中的次要波动。制造商根据几个月之后预期的消费量来安排他们的工业生产，这样他们就容易犯计算错误，通常使他们的生产决策走在事实的前面。当他们发现自己错误时，不得不在短期内缩减产量到一个低于当前的消费水平，以使得消费能够吸收过度的库存。超前生产和滞后生产之间的步伐差别已经证明有充足的力量影响当前的产量，美国现在可用的完整的统计数据已经非常清楚地显示了这种背景。

第23章　关于重商主义、禁止高利贷法、加印货币的短论和消费不足论

一

200多年来，经济理论家和从事实践的人都不会怀疑贸易顺差对于一个国家具有特殊的益处，逆差则具有严重的危害，尤其是逆差会导致贵金属外流，危害性更大。但是在过去的100年，出现了非常明显的意见分歧。大多数国家的政治家和实践家仍然信奉古老的教条，甚至在相反意见发源地的英国，也有一半的政治家和实践家信奉这一古老的教条。然而几乎所有的经济学家都认为，对这些事情的焦虑和担心都是绝对没有理由的，除非在短期内。因为对外贸易具有自我调整的机制，任何想要干涉它的尝试不仅是徒劳的，而且这些干涉的人还会由于干涉而变得更糟，因为干涉对外贸易就会失去国际劳动力分工的优势。为了和传统的理论保持一致，我们把这种比较老的意见称为重商主义，而把新的学说称为自由贸易，这是一种方便的处理方法。由于这两个词语都具有各自的广义和狭义之分，所以它们的含义都要根据上下文来解释。

一般来说，现代经济学家不仅认为从国际劳动力分工中所得到的收益远远大于重商主义的实施所带来的优势，而且他们还认为重商主义的结论自始至终都是建立在知识混乱的基础上的。

比如马歇尔[1]，尽管在提到重商主义时并不认可其核心理论，甚至都没

[1]　参见马歇尔《工业与贸易》的附录D；《货币、信用和商业》第130页及《经济学原则》的附录Ⅰ。

有提及我们将要在后面讨论[1]的论点中的真理要素。同样，赞成自由贸易的经济学家已经为当代的争论做好了准备。例如，关于兴建未成熟的工业或者改善贸易的条件等，虽然这些造成自由贸易的经济学家已经做出某种程度的让步，但是这些让步并未涉及重商主义的真实本质。在20世纪最初的25年有关财政政策的争论中，我不记得有经济学家做出任何的让步，这种让步是指坚持认为贸易保护可能会增加国内的就业。利用自己所写的东西作为例证或许是最公道不过的了。早在1923年，我当时还是古典学派的忠实信徒，当时没有怀疑古典学派所教的东西，并对这个问题毫无保留地写道："如果存在一件事情是保护主义不能做的，那就是失业……有很多关于保护主义的争论，都是建立在它可获得的利益方面，但是其优势到底如何，可能就没有简单明确的答案。但是宣称保护主义可以医治失业可能是保护主义学者犯的最大、最原始的错误。"对于早期的重商主义而言，没有可用的明白易懂的解释。我们从小是在这样的培养中长大的，而这些只不过是空白的。但是从中可以看出古典学派的统治地位是相当强大的。

二

现在来阐述我眼中重商主义的科学要素是什么。我们将把这些科学要素与重商主义的实际论证进行比较。由此我们可以很容易地理解，实行重商主义的好处仅仅是有利于国内，而不可能有利于整个世界。

在自由放任的条件下，当某一个国家的财富增长很快时，这个令人愉快的状态很可能会由于对新投资的诱导不足而被打断。在社会、政治环境和决定消费者倾向的国民特征给定的情形下，由于我们上面已经提到的原因，

[1] 马歇尔在其《经济学原则》第1版第51页部分的脚注，总结道："很多研究是根据英国和德国的情况给出的，这些研究指的是研究货币和国民收入之间的关系。总的来说，这些研究被认为是混乱的，它们的错误不是在于其所故意作的错误的假设（错误的假设是指一个国家净财富的增加只受到这个国家总贵金属的库存增加的影响），而是没有对货币的功能进行清楚的理解。"

国家是否进步主要取决于这种投资诱导是否充分。投资诱导既可来自国内投资，也可以来自国外投资（包括前面所说的贵金属的积累），两者构成了总投资。在总投资量由单独的利润动机决定的条件下，从长期来看，对国内投资的机会主要就是由国内的利息率来管理的。然而国外的投资则必然取决于贸易顺差的规模。所以在一个没有政府管理下的直接投资的社会中，政府理所当然要关注的经济目标就是国内的利息率和对外贸易的顺差。

现在，如果工资单位是稳定的，并且不会突然发生较大幅度的变动，假如流动性偏好的状态就短期的平均波动而言是稳定的，并且银行的各种规章制度也比较稳定，那么在上述条件下，利息率将趋向于由工资单位衡量的贵金属的数量所决定，这些贵金属很容易满足人们对流动性偏好的要求。同时在大量的国外借款和对国外财富的所有权很难获得的情况下，贵金属数量的增加和减少就主要取决于对外贸易的顺差或逆差。

因此，正如上面所讲的，政府当局关心对外贸易顺差是为了两个目的，更进一步讲，这也是促进这个目的实现的唯一可用方法。在政府当局对国内的利息率和国内的投资诱导没有直接控制的年代，增加贸易顺差就成为政府增加国外投资的唯一直接方法。同时，贸易顺差所引起的贵金属的内流只是它们减少利息率和增加国内投资的间接方法。

然而，这种政策能否成功执行要受到两种因素的限制。如果国内的利息率下降得非常低，以致投资量的增长充分到能够刺激就业量提高到一个水平上，那么在该水平上的就业量突破了一些关键点。在这些关键点上，只要工资单位提高，国内成本的增加就会对对外贸易产生不利的影响，因此如果增加外贸顺差的政策执行得过度，反而不利于自己；再者，如果国内的利息率下降到相对于其他国家的利息率较低的程度，那么会刺激国外贷款的增加。这与贸易顺差是不成比例的，这可能会导致贵金属的外流，从而使之前获得的优势化为乌有。如果一个国家比较大，并具有比较重要的国际地位，那么这些风险对其影响就变得更为迫切。这是由于如下事实的缘故，即在一国的矿产中贵金属的当前产量相对较少的条件下，货币流入一个国家就意味着从另外的国家流出，所以国内上升的成本和下降的利息率之间的反作用可能会被国外下降的成本和上升的利息率之间的作用所强化（假如一国过分推行重商主义政策）。

西班牙在15世纪末和16世纪的经济史为我们提供了一个例证，即一个国家的对外贸易会被过量丰富的贵金属所造成的工资单位的提高所破坏。英国在20世纪战前的历史也为我们提供了例证，即对国外贷款的依赖和对国外资产的频繁购买往往成为阻碍国内利息率下降的障碍，而国内较低的利息率是充分就业状态的必然要求。印度的历史向我们表明这样的例证，即在一个贫穷的流动性偏好非常强烈的国家，即使发生贵金属较大规模流入的情况，也不能使利息率充分下降到同实际财富的增长相适应的水平。

然而，如果我们认真考虑这样一个社会，即这个社会具有稳定的工资单位，具有决定消费者倾向和流动性偏好的国民特征，具有严格的联系货币数量和贵金属库存量的货币系统，那么对政策权威来说，维持繁荣状态的必要条件就是把注意力放在贸易差额方面。因为如果贸易顺差不是很大，那么它会极大地起到刺激作用；贸易逆差则可能会产生令人失望的持久性的经济衰退。

但是，也不能据此得出对进口的最大限度地限制将促进贸易的顺差的结论。早期的重商主义者对此非常重视，并且我们会经常发现他们反对贸易限制，因为从长期的观点来看，贸易限制对贸易顺差是不利的。的确，在英国19世纪特殊的环境中，完全的自由贸易是否有利于贸易顺差的政策值得讨论。战后欧洲对贸易限制的现代经验已经证明，旨在增加贸易顺差的对自由贸易的限制实际上会引起相反的结果。

由于上述或者其他原因，读者不能提前下结论说我们的论证话题转向现实的政策。除非这些贸易限制可以由特殊的假设为之辩解，否则会有很多反对贸易限制的具有一般性特征的强有力的假设前提。虽然古典学派过分夸大了国际分工的优势，但是其优势的真实性和客观性却不容忽视。一个国家从贸易顺差中所得到的好处往往包括其他国家所承受的相等劣势或损失。对于这一点，重商主义者有着充分的认识，此举措不仅意味着比较大的节制政策是必要的，因为这种政策不仅能够使这个国家所拥有的贵金属库存的比例不

1920年，芝加哥期货交易所的小麦交易员。最初的期货交易是从现货远期交易发展而来，最初的现货远期交易是双方口头承诺在某一时间交收一定数量的商品，后来随着交易范围的扩大，口头承诺逐渐被买卖契约所代替。这种契约行为日益复杂化，需要有中间人担保，以便监督买卖双方按期交货和付款，于是便出现了1571年伦敦开设的世界第一家商品远期合同交易所——皇家交易所。为了适应商品经济的不断发展，1848年，82位商人发起组织了芝加哥期货交易所（CBOT）

会大于公平的、合理的比例；而且还意味着过度的政策可能会导致没有意义的追求贸易顺差的竞争，这将使所有国家都遭受同样的损失[1]。最后，实行贸易限制的政策，即使对显而易见能够达到的目标而言，也是一种靠不住的政策工具。因为私人利益、管理部门的无能和贸易限制政策本身内在的困难等

[1] 调整弹性工资单位，即用减低工资的方法来应对经济衰退的政策是以损害别国的利益来使我们自己获利。

都可能使得实行这项政策的目的偏离其想要产生的直接结果，从而转向相反的结果。也就是说，实行贸易限制的政策所造成的结果可能是事与愿违的。

所以，我批评的重点是这些年自己所接受的和教授别人的自由放任学说的理论依据不充分。我也反对把利息率和投资量看作可以自我调整到最优水平，因此过分关注贸易顺差简直就是浪费时间。对经济学家来说，我们犯了一个想当然的错误，我们把几个世纪以来实际管理国家的主要目标看成了幼稚的盲目信念。

在这种错误理论的影响下，伦敦市设计出一种可以想到的并且是危险的维持平衡的方法。此方法就是让银行的利息率与外汇严格平价结合起来。之所以说它是危险的，是因为这种方法意味着排除了保持国内利息率的目标与充分就业之间的保持一致的可能性。在现实中，是不可能忽略国际收支平衡的，对这种国际收支平衡的控制方法没有保护国内的利息率，听任利息率受盲目的市场驱动力的影响。最近以来，伦敦一些经验丰富的银行家已经学到很多，我们希望英国银行利率的技术不会再被用来保护对外贸易差额，因为这种方法的运用很可能会引起国内失业率的上升。

古典学派的理论被理解为是关于单个厂商和在一定的资源量的前提下，劳动力所生产的产品分配的理论，它对经济学界做出了贡献，这是不可否认的。如果不把这种理论作为我们思想工具的一部分，就不可能对这个理论的命题思考清楚。千万不要认为我指出了古典学派忽视了前人学说中有价值的部分而认为我否认古典学派对经济思想的贡献。然而对于治理国家的贡献来说，人们所关心的是整个经济系统以及全部资源的最优雇用量，16世纪和17世纪的经济思想的先驱者们所采用的方法或许是部分具有实用价值的智慧，而李嘉图的不切实际的抽象思想首先是忘记了先驱的这些具有实用价值的智慧，然后又抹杀了这些先驱的思想。先驱们通过出台禁止高利贷的法律（我们将在这个章节后面的部分讨论这个问题）维持国内的货币数量，以及通过防范工资单位上涨等方法来使利息率保持较低的水平，他们对较低的利息率的强烈关注是充满智慧的。同样，如果由于不可避免的现金外流、工资单位的上涨[1]或其他原因而造成国内通货流通量的明显短缺，那么他们会通过货币贬值的方式使货币数量恢复到平衡水平，这种方法作为其最后的诉求，也有其明智之处。

三

经济思想的先驱们可能不具有很多可以依靠的理论依据，他们只是偶然获得其所具有的实用价值。因此让我们来简要地考察一下他们所给出的以及所推荐的理由和建议。我们只要参考一下赫克歇尔教授的《重商主义》就能够很容易达到这个目的，在其著作中，两个世纪以来经济思想的基本特征第一次被呈现给普通的经济学读者。下面所引用的各段主要来自他的著作[2]。

（1）重商主义的思想从来不认为利息率具有自我调整到合适的水平的趋势。相反，他们认为过高的利息率是财富增长的主要障碍，他们甚至意识到了利息率依赖于流动性偏好和货币数量。他们既关心流动性偏好的减少，也关心货币数量的增加，其中一些重商主义者清醒地认为他们对货币数量增加的关注是由于他们想要减少利息率。赫克歇尔教授把他们这方面的理论总结如下：

具有较多洞察力的重商主义者在这方面所处的立场，与其他方面一样，在某种限度范畴内都是非常明确的。对他们而言，货币——用今天的术语来表示——就是生产要素的一种，与土地具有同等的地位。有时他们把货币作为是“人工的”财富，这种财富与“自然的”财富是有区别的。资本的利息是对租用货币的支付，这与租用土地是类似的。重商主义者们探寻了决定利息率的客观原因——在这个时期，他们做了很多关于这方面的探讨——他们

[1] 如果我们有统计数字，就会发现可能在很多世纪之前，梭伦时代的经验就向我们表明，人类本性可能引导我们希望在长期中工资单位的上涨具有稳定的趋势，只有当经济社会衰退或解体时，工资单位才会减少。因此，除了社会进步和人口增加，货币数量的逐渐增加是必然的。

[2] 这本书非常合我的心意，因为赫克歇尔教授自己就是一个坚定的古典学派，对重商主义的倾向比我弱。因此，选择引用他的学说不会与我想要阐述重商主义的想法产生分歧，也不会有风险。

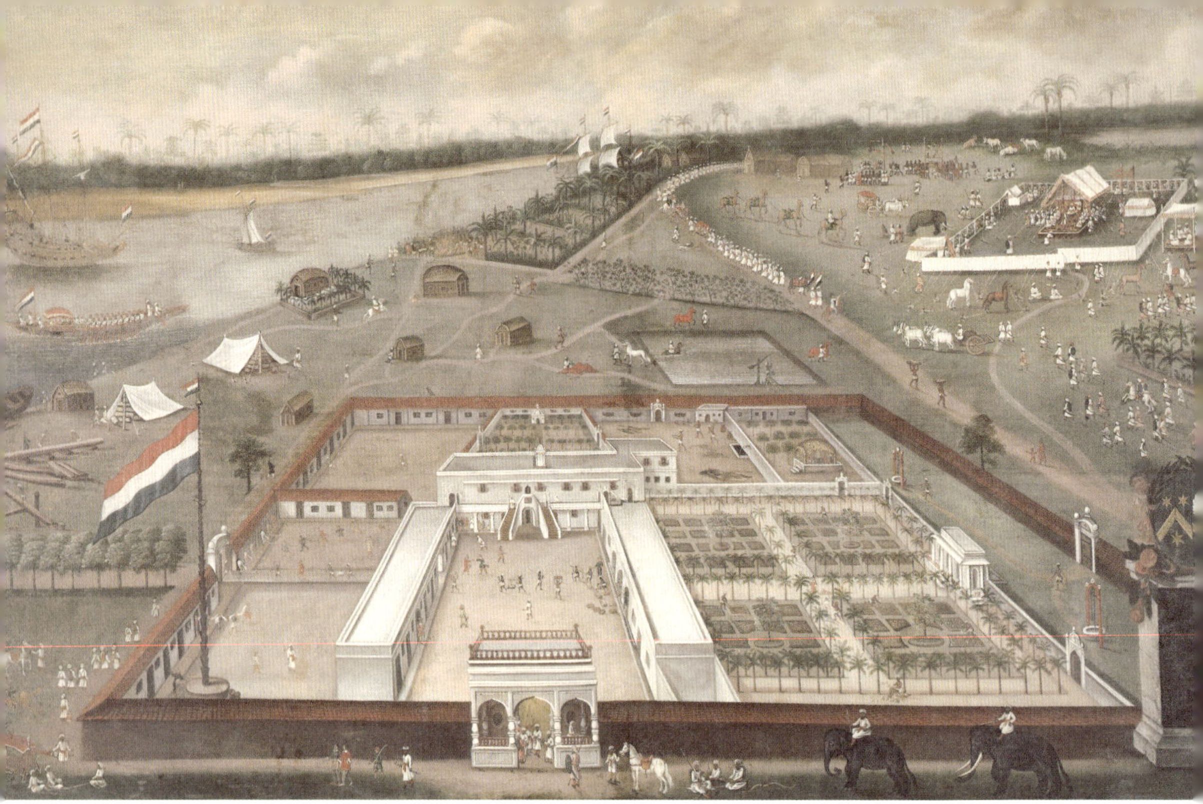

1665年的荷兰东印度公司

从总的货币数量中找到一些原因。从大量可用的丰富材料中，我们选取最具有典型性意义的例子，来首先表明这个观念是何等源远流长、何等根深蒂固以及具有何等实际的独立性。

主要领导人物对货币政策的争论以及17世纪20年代关于英国的东印度公司的贸易的争论在这一点上都具有完全的一致性。杰拉德·马林斯在给出他的主张的诸多理由后，认为："货币充足可以减少价格或利息率"（《维持贸易自由和商业法》，1622年）。他的对手爱德华·米塞尔登认为："对高利贷的治疗手段就是充足的货币"（《自由贸易或保持贸易繁荣的方法》，1622年）。随后半个世纪处于领先地位的经济学家查尔德，他也是东印度公司的总裁和最善于为东印度公司辩解的人，他讨论了合理的最高的利息率水平的问题，这也是他所强调和要求的，这可能会导致荷兰的"货币"从英国撤出。他发现一种治疗这种不利的货币流出的方法，那就是使用比较容易转让的债券，如果这些债券被当作货币来使用，那“将会导致全国所使用的货币的供应减少一半”。另外一名经济学家配第就完全没有受到利息争论的影响，他认为随着货币量的增加，利息率会“自然地”下降，从10%降低到6%，并认为对一个“铸币”过多的国家来说，最好的补救方法就是为了获得利息而把货币出借出去（《货币论》，1682年），在其他方面，他的观点与其他经济学家是一致的。

当然，这种论证不仅只限于英国。例如，几年之后（1701—1706年），法国的商人和政治家都抱怨由于较高的利息率而导致铸币的稀缺，他们渴望用增加货币流通的方法来降低利息率[1]。

洛克与配第进行了争论，在争论过程中，洛克是首先用抽象的词语表达利息率和货币数量之间关系的人[2]。他反对配第的关于保持最高的利息率的主张，他认为这如同给土地规定最高租金一样是不切实际的，保持最高的利息率也是不切实际的，因为“货币的自然价值，体现在通过货币可以每年得到一定的利息收入，取决于同时在一个国家流通的货币量与这个国家的总贸易量之间的比例关系[3]。”洛克认为货币有两种价值：①使用价值，这是由利息率决定的，“同时这种性质与土地的自然属性是相似的，也就是我们所称的租金。”②交换价值，“它具有商品的属性”，它在交换中的价值“仅仅取决于货币的数量或稀缺性与某种商品的数量或稀缺性之间的比例，而不是利息率”。所以，洛克是两种货币数量理论的鼻祖。首先，他认为利息率取决于货币数量（考虑了货币的流通速度）与总的贸易价值之间的比例。其次，他认为货币在交换中的价值取决于货币数量与市场中的物品总量之间的比例。但是他的双脚，一只踏入重商主义的世界里，另一只却在古典学派的世

[1]　赫克歇尔，《重商主义》的第2卷，第200~201页，略有删节。

[2]　《对降低利息率和提高货币价值所造成的结果的思考》，1692年，但是写作时间在数年之前。

[3]　洛克补充说：“不仅取决于货币数量，还取决于货币的流通速度。”

界里[1]——他混淆了这两种价值之间的比例关系，并忽略了流动性偏好波动的可能性，而其竭力解释，利息率的减少对价格水平没有直接的影响，只有在“贸易中利息率的改变能够吸引货币或商品的进口或出口，从而使二者之间的比例在英国比之前有所变化时”才会影响价格。也就是说，只有利息率的减少能够导致现金出口或者产量增加时，才会出现这种情况。但是他从来没有进行真正的综述[2]。

重商主义对利息率与资本边际效率之间的区分可以通过洛克《给朋友的关于高利贷的一封信》看出，他在信中这样写道：“高的利息率有损于贸易。如果从利息率获得的好处大于贸易中的利润，富商就会放弃贸易，并把他们的资金用于赚取利息，而资金不足的商人就要破产”。福特雷（《英国的利息率及改进》，1663年）提供了另外一个例子，来说明降低利息率可以作为财富增加的手段。

重商主义者并没有忽视这一点，即如果过多的流动性偏好是把之前的金属流入撤离出来而用于贮藏，利息率的优势就会消失。在一些情况下，增加国家实力的方法就是提倡国家财富的积累。但是另外一些人则坦率地反对这种政策：

例如，施勒特利用重商主义者经常用到的论点勾勒了一幅可怕的图画：一个国家的货币流通怎样通过增加国家财富的政策被抢劫，造成货币数量的减少……他同样认为寺院对财富的积累和贵金属向国外的流出净额具有逻辑

[1] 较晚时期，休谟的一只脚踩在古典学派的世界里。因为在经济学家中，休谟强调了均衡位置的重要性，这与时刻变化的转换相比，趋于均衡状态的过渡状态就显得不那么重要了。可是他仍然具有重商主义的思想，也没有忽视我们所生活的世界时刻变换的事实：“只有在获得货币和价格提高之前的位置，金银数量的增加才是有助于工业的发展……一个国家国内的高兴状态与货币数量的多少没有因果关系。如果可能，最好的政策是继续增加货币数量，因为这意味着执政者能够使得国内的工业充满活力并增加劳动力，保持国家的繁荣富裕。假如一个货币数量不断减少的国家，另一个国家虽然没有前者货币数量多但却是一直在不断增长，如此相比较下，前者会更加贫弱。”（《论货币的论文》1752年）

[2] 它阐述了重商主义关于利息就是货币利息的观点（我也赞同这种观点的正确性），但是这个观点几乎被人们所遗忘，赫克歇尔教授作为一个古典学派的经济学家，对洛克的理论作了概括性的评论“如果利息真的与货币贷款的价格相等，那么洛克的论证将无可辩驳。但是利息率并非如此，所以其论证毫不相干”（《重商主义》第2卷，第204页）。

上的一致性，对他来说，这是他所能想到的最坏的事情。达文南特解释了很多东方国家的极端贫穷——这些国家比其他的国家具有更多的金银等贵金属——是由于这样的事实，即财富“在国王的金库中是停滞的”，如果贮藏对某个国家来说也许还会有好处的话，那么对于私人贮藏来说，就像害虫一样，是百害无一利且常常是危险的。无数的重商主义者所具有的趋势之一就是攻击私人财富的积累，我不认为能够找到一种反对的声音[1]。

（2）重商主义者知道与一个国家过度的贸易竞争所带来的危险，也知道商品的价格低廉所带来的弊病。所以马里纳斯在其《商法》（1622年）中写道：“不要以增加贸易为幌子削弱价格，从而损害本国利益。因为当商品的价格很便宜时，贸易是不会增加的；如果具有充足的货币，而且商品价格相对变得较高时，贸易量就会增加。”赫克歇尔教授对这一重商主义的思想总结如下：

在一个半世纪的时间内，这个观点以这种方式一次又一次地形成，即如果一个国家与其他国家相比，具有较少的货币，那么这个国家就能“低价卖出，高价买入……”

即使在16世纪中期的《公共福利的论述》一书的初版中，这个态度已经被表达出来了。事实上海尔斯这样说：“如果外国人愿意用其东西和我们的东西进行交换，那么为什么要让别人提高东西的价格（我们从他们那里购买的东西），而让我们把自己的东西的价格定得很低呢？当他们以较高价把东西卖给我们，而我们以较低价格把东西卖给他们时，这样就富裕了他们而贫穷了我们；他们就成了胜利者，而我们就成了失败者。所以我们不如像他们那样提高产品的价格，正如我们现在正在做的这样。尽管也会存在一些失败者，但是这比我们以较低价格卖给他们东西所产生的失败者要少。”在这一点上，随后出现的校订者对此观点仍然非常认同。在17世纪，这个观点再次

[1] 赫克歇尔，《重商主义》第2卷，第210页~211页。

出现，而没有任何重大的意义上的改变。所以马里纳斯认为，这个不幸的位置的出现是由于他所担心的事态发展的结果，即英国的外汇贬值……相同的意见以后会相继出现。在配第的《哲言》（1665年写作，1691年出版）一书中，他认为强烈地增加货币数量的努力只有“当我们确信无论从绝对比例上还是从相对比例上，我们所具有的货币数量比我们的邻国要多时（尽管不是多很多）”才会停止。在他的这本书写作和出版的这段时期内，库克宣称：“如果我们的国家所具有的财富比相邻的国家要多，那么即使我们只比这些国家多五分之一的财富，我们也不会介意”。

（3）重商主义者最早把“商品恐惧”和货币的稀缺性看作失业的原因，但是在两个世纪之后，这种想法被古典学派认为是荒谬的：

最早的例子发生在1426年的佛罗伦萨，此时把失业作为禁止进口的原因……英国对这件事情的立法可以至少追溯到1455年……几乎同一时期，1466年法国也颁布了法令，据此形成了里昂丝织工业的基础，最后变得非常出名，但是它并没有直接指向反对国外贸易，所以没有引起人们的兴趣。可它也谈到了把工作提供给成千上万的失业者的可能性。由此可见，这个论证当时已经存在于社会中……

关于这个问题的首次大规模的讨论，几乎像所有的社会和经济问题一样，最早出现在大约16世纪中叶或者更早时期的英国，此时处于亨利八世和爱德华六世的执政时期。在此，我只提一些作品，写作的时间至少在16世纪30年代，其中有两本书被认为是克莱门特·阿姆斯特朗所写的著作……例如，他如此阐述这个问题：“由于每年都有大量的国外商品进入英国市场，所以这不仅在英国造成货币的稀缺，还摧毁了整个工业，也使很多平民不得不依靠乞讨或者盗窃来维持生活，而这些平民本来是可以通过工作来得到支付他们的食物和饮料的货币的。”

据我所知，最典型的关于重商主义的讨论发生在英国的众议院关于货币稀缺性的讨论中。这次讨论发生在1621年，此时英国面临严重的经济萧条，尤其是纺织品的出口更为萧条。这个问题被当时非常具有影响力的议员埃德温爵士提出，他提出几乎所有的农民和工匠都在受苦受难，由于这个国家缺少货币，纺织机处于闲置的状态，而农民也被迫违背合约，“不是因为土地的产出不足，而是因为货币不足”。这种情况引导我们更为详细地探讨货币究竟去了哪里，使得对货币的需求变得非常难以得到满足。凡是对贵金属的出口做出贡献的人，或者在国内的活动造成贵金属消失的人，都是受攻击的对象。

重商主义者意识到，他们的政策正如赫克歇尔教授所指出的那样，“起到了一箭双雕的作用”。“一方面国家可以摆脱不受欢迎的商品剩余，这种不受欢迎的商品剩余会造成失业现象，另一方面这个国家的货币存量会增加”，这样就会导致利息率的下降，从而给这个国家带来好处。

如果我们没有认识到从整个人类历史来看所具有的趋势，即储蓄的倾向要大于投资的诱惑，那么想要研究重商主义者从实际经验中得出的观念是不可能的。投资诱惑的薄弱一直是经济问题的关键。今天，对这种投资诱惑的薄弱作出的解释可能主要在于现存的资本积累的程度；在以前，各种风险因素可能起到很大的作用，但是结果却是相同的。个人可以通过节制消费来增加自己的财富，企业主可以通过雇用劳动力来生产耐用的资本设备来增加国家的财富，但是个人增加财富的愿望比国家增加财富对企业主的诱惑要更加强烈。

（4）重商主义者明白，他们的政策具有国家主义的色彩，具有挑起战争的趋向。他们承认所追求的是国家的优势和国家的相对力量[1]。

我们也许会批评重商主义者，认为他们接受了这种不可避免的国际货币体系所造成的结果，对此却漠然处之。但是，对当前有人主张采取国际金本

[1]　“在国家之内，重商主义者追求完全动态的目标，但是，重要的事情是这个动态的目标与整个世界中经济资源的静态概念相联系的；因此二者结合到一起构成了基本的不和谐，从而导致无休止的商业战争……这是重商主义者的悲剧。重商主义者在中世纪普遍的静态观点和动态观点都避免了这种结果的出现”（赫克歇尔，《重商主义》第2卷，第25~26页）。

洛里昂的港口，法国画家贝尔特·莫里索绘制于1869年。从画面上，我们可以看到印象派画家眼中的静水和布雷顿港口的船只，一位身穿白色衣服的妇女坐在海堤上。地理大发现扩大了世界市场，给工商业、航海业以极大的刺激，从15世纪开始，西欧一些国家运用国家力量支持工商业资本的发展，逐渐形成了重商主义的理论

位制和对国际信贷采取自由放任政策的混乱主张相比，重商主义者的现实主义比较容易被人们所接受。

因为在一个受到货币契约和货币习惯在一段相当长的时期之内固定不变影响的经济体制中，国内的货币流通数量和利息率主要是由国际收支所决定。正如第一次世界大战之前的英国，那时对政策权威者来说，除了争取出口剩余和损害别国利益而进口贵金属外，没有任何方法可以对付国内的失业问题。从历史来看，国际金本位制是最有效地使各国的利益彼此之间相冲突的办法。因为在这个制度下，国内的繁荣直接取决于市场的竞争和对贵金属的竞争性争夺。当金银的新的供应相对来说较充足的时候，这种竞争可能就会稍微减弱。可是随着财富的增长和边际消费倾向的减少，这种冲突变得越

来越猛烈。对正统经济学家来说，他们的尝试不足以纠正其逻辑错误，他们所起的作用自始至终都是非常糟糕的。因为当一些国家在盲目进行挣扎时，另外一些国家已经抛弃了某些责任，这种责任在之前能够使利息率的自由变动成为不可能。与此同时，那些经济学家就会告诉我们，对一般的经济体来说，首要的步骤就是恢复金本位。

事实上，恰好与之相反。正是不受国际关系支配的利息率自主政策和直接为了使国内的就业维持在最优水平的国家投资计划才是能够同时帮助我们和邻国的方法。目前这些国家同时采取的都是这些政策，使得这些国家能够恢复经济健康和在国际上的经济力量。不论我们是用国内的就业水平还是国际贸易量来衡量经济的健康程度和国际的经济力量[1]。

四

重商主义者觉察到存在的问题，但是却没有能力解决。而古典学派则忽视这一问题，因为这个学派的前提之一就是忽视这个问题的存在。这样所造成的结果就是制造了一条位于经济理论的结论和普遍尝试之间的裂缝。古典学派的成就就是克服了“自然人”的理念，同时其本身也是错误的。正如赫克歇尔教授所表达的：

如果对货币的态度以及对创造货币的原材料的基本态度从十字军东征到18世纪始终不变，那么就可以知道我们所对付的是根深蒂固的观念。也许同样的观念已经持续了500多年，包括我们上面所说的这段时期，只是这种观念还没有达到“商品恐惧”的程度……除了自由放任时期外，任何时期都没有摆脱这种观念。只有像自由放任的学说一样，才可以在这一点上克服“自然

[1] 国际劳工组织对这种办法始终采取赞成的态度，首先是在艾尔伯特·托马斯的领导下，其次是在H.B.巴特勒的领导下。在战后国际的组织机构中，国际劳动组织的见解可谓卓尔不凡。

人”的观念[1]。

在货币经济中，“商品恐惧”是“自然人”的最自然的态度，要克服这种“商品恐惧”，就需要信任自由放任的学说。自由贸易否认这些看起来很明显的要素的存在，所以只要自由放任的学说不再被人们所信服，那么自由贸易就注定受到人们的唾弃[2]。

博纳·洛在面对其他经济学家的时候，之所以具有愤怒和困惑相交织的态度，是因为这些经济学家拒绝显而易见的事实。他受一种解释影响极深，我们可以将古典学派的经济理论与那些宗教统治进行比较。因为古典学派的理论否认了明显的事实，而宗教思想则让人们相信虚无缥缈的、遥远的东西，而且古典学派所施加的思想力量比宗教思想所施加的力量要大得多。

五

千百年来，甚至是数千年来，还存在一种相关但是具有区别的学说，开明的评论都认为这个理论具有明显的、确定的原则，而古典学派则认为这个理论是比较幼稚的，但是这个理论是值得我们进行复原和尊敬的。我所说的学说的原则是：利息率不会自我调整到最高的水平来符合社会的好处或优势，而是会经常上升到较高的位置。所以，明智的政府都会通过法令、习惯甚至道德的制裁来对此进行约束、控制。

反对高利贷的规定是我们所知道的有记载的最古老的经济实践。在古代和中世纪，过度的流动性偏好对投资诱惑的破坏是非常令人讨厌的，是阻碍财富增长的主要障碍。自然地，由于经济生活的某些风险和危害会降低资本的边际效率，而其他部分则会增加流动性偏好。因此在一个没有人认为是安全的世界中，利息率因上升到较高的程度而对充足的投资诱惑造成破坏就是

[1] 赫克歇尔，《重商主义》第2卷，第176~177页。

[2] 赫克歇尔，《重商主义》第2卷，第335页。

不可避免的，除非社会能够用尽各种办法来抑制利息率。

我是在这样的教育下成长的，即中世纪的教会对利息率的态度具有内在的荒谬性，而教会对货币贷款所获得的收入和投资所获得的收入之间进行微妙讨论的目的就是为错误的理论寻找实际的解脱。但是我现在认为教会所进行的这些微妙的讨论是一种诚实的知识上的努力，他们把古典学派所混淆的概念进行了区分，也就是对利息率和资本边际效率的概念进行了区分。现在看起来非常清楚的是，学院派进行研究的直接目的就是探寻一种解决问题的公式或办法，这种办法能够使资本边际效率保持在较高的程度，而同时又用规则、习惯和道德法律使利息率不会太高。

英国军队正在搜捕卢德分子。1811年3月初，英国诺丁汉的工厂主们削减工人工资，愤怒的工人捣毁了几个工厂的60多台纺织机。工厂主们开始收到署名为“卢德将军”和“卢德王”的恐吓信。最后，军队被调来镇压工人，卢德运动失败了

甚至亚当·斯密对禁止高利贷法的态度也是很温和的。因为他意识到社会个人的储蓄或者被投资所吸收，或者会被债务所吸收，他很清楚如果个人储蓄被投资所吸收，则没有安全感。而且其支持采用较低的利息率从而增加储蓄用于投资的可能性大于用于债务的可能性。由于这样的原因，他主张温和地利用高利贷法，为此，边沁批评亚当·斯密对“创始人”过于谨慎，而且规定最高的利息率，这给合法的收入留下很少的报酬空间。本瑟姆所说的创始人“包括这样的人，他们以追求财富或者其他对象为目的，通过财富的帮助，他们设法寻求新的发明……他们追求任何事务的过程都可以称之为改进……总之，这样会打击人类才能的应用，从而为财富的积累设置障碍。”当然，边沁在反对这种阻碍人们获取合法收入的法令方面是正确的，他继续说：“一个深思熟虑的人在这种情况下将不会从项目群中选出好项目，因为他根本就不想创办新项目[1]。”

上面的话是否清楚地表达了亚当·斯密的意思，我们不得而知。或者我们所听到的边沁的评论（尽管是在1787年3月写的）是以19世纪的英国人来向18世纪的人讲的。因为只有在投资诱惑处于最强的时期，才能让人们在理论上看到投资诱惑不足所造成的理论上的可能性。

六

在这里，我们很容易联想到一位古怪的而没有被完全忽视的预言学家西尔维奥·格塞尔（1862—1930年），其著作中不乏真知灼见，但是他最终也没有抓住事情的本质。在战后的几年里，他的信徒把其著作的拷贝版本寄给我。然而，由于其论述中存在明显的缺点，我没有发现其论证的本质。这就

[1] 既然引用了边沁的话，那么我必须提醒读者注意他最精彩的一段话：“工艺创新事业是创始者开创出来的伟大事业，这项事业看上去是一望无际的广袤大平原，可是其上却布满陷阱，并不安全；正如科蒂斯（Curtius）所总结的，每个陷阱都要通过吞噬一个人才能填平，之后它就不会再具有危险性了，前面的道路对后来者来说也就是安全的了。”

像经常出现的情况一样，直到用自己的方式得出自己的结论之后，我才能发现这些论述的重要性变得较为明显。同时如同其他的经济学家一样，我把他的原创性的努力看成了怪人的异想天开。由于这本书的读者之中很少一部分人比较熟悉格塞尔学说的重要意义，所以我将用不成比例的空间来对其进行说明。

格塞尔是一位成功的德国商人。他在布宜诺斯艾利斯经商，通过19世纪80年代后期对阿根廷造成特别严重破坏的危机的认识，开始对货币问题进行研究。其第一本著作《货币制度的改革》首先于1891年在布宜诺斯艾利斯出版。他对货币问题的基本观点于同年以《事物精华》的书名在布宜诺斯艾利斯出版，直到1906年退休后去瑞士之前，他还出版了很多著作和小册子。他退休后，把退休生活分为两件身心愉悦的事情，这两件事情都不是以谋生作为出发点的，而完全是兴趣，那就是写作和试验农业。

其代表性作品的第一部分于1906年在瑞士出版，书名为《劳动产权物权的实现》；第二部分于1911年在柏林出版，书名为《利息新论》。这两部分合订本在战争期间（1916年）的柏林和瑞士出版，一直出版到第6版，书名为《自然的经济秩序》（由菲利普·派伊翻译成英文版本）。在1919年4月，格塞尔加入昙花一现的巴伐利亚苏维埃政权，担任财政部部长，后来又因此受到军事法庭的审判。他生命的最后时光是在柏林和瑞士度过的，并把精力用到宣传自己的学说中。格塞尔被尊奉为先知，取代了亨利·乔治之前在土地改革中的地位，并吸引了遍及全世界的数以千计的半宗教式的信徒。1923年，瑞士以及德国的自由土地和自由货币协会以及其他类似国际组织在巴塞尔召开第一次国际会议。自从1930年格塞尔去世之后，其学说所能激发的各种特殊种类的热情被转移到其他先知身上（在我看来，这些后来的先知都不如格塞尔有名）。布池博士就是一位英国的运动领袖，但是他的作品看起来来自得克萨斯州的圣安东尼奥，其学术的主要力量影响范围在美国，只有美国的欧文·费雪教授认识到它的重要性。

格塞尔对货币和利息理论的主要贡献可以表述如下。第一，他清楚地区分了利息率和资本边际效率，并认为正是利息率为真实资本的增长速度设定了限制。然后他指出利息率是一种纯粹的货币现象，货币利息率的重要性在于货币的特性，而货币的特性在于对货币的所有权是一种贮藏财富的办法，它包括持有者要忽略持有的成本。例如，商品库存这种贮藏财富的形式的确会包括持有成本，而实际上它也会产生收益，因为货币具有价值尺度的功能。他比较了不同时期利息率的相对稳定性，并以此来作为证据说明利息率并不是由纯粹的物质特征所决定的，因为纯物质的差别在每个时代之间是非常大的，这种差别比我们所观察到的利息率的变化要大得多。也就是说，（用我的话来说）利息率取决于不变的心理特征，是比较稳定的，而主要决定资本边际效率曲线的变动极大的特征并不决定利息率，而是决定在给定的利息率条件下实际资本存量的增长速度。

但是，格塞尔的理论也具有比较大的缺陷。他表明了仅仅由于利息率的存在而允许从出借的商品中获得收益。他关于鲁滨孙·克鲁索与一个陌生人之间的对话是一段绝妙的经济寓言——与其他任何寓言一样——充分说明了这一点。但是在给出为什么货币的利息率不能像其他商品的利息率一样可以为负值的原因之后，他完全忽略了对另外一种情况进行解释的必要。这种情况就是货币的利息率是正的，他也没有解释为什么货币的利息率不是（正如古典学派所认同的）由生产资本的收益这种标准来决定的。这是因为他没有树立起流动性偏好的思想，所以其建立的只是半个利息率理论。

然而，他理论的不完整性毫无疑问体现在其著作没有得到学术界的关注。尽管他的理论可以提出实践性的建议，但是其建议却没有办法实施。我们姑且认为他找到了事情的本质。他认为实际资本的增长受到货币利息率的限制，如果这种制约被移除，那么在现代世界中，实际资本的增长速度将是非常快的，以致货币的利息率可以调整为0，这种调整不是马上发生，而是发生在一段相对较短的时期。所以最直接的必要性是降低利息率，同时他指出这种利息率的降低受到货币的持有成本的影响，正如受到其他具有稀缺性的物品库存量大小的影响是一样的。这引导他得出著名的“加印”货币的方案，正是这一方案使格塞尔一举成名并受到费雪教授的赞许。按照其建议，流通的纸币（尽管它能够很清楚地包括至少银行货币这种形式）只有在每个月都加贴印花的时候才能保持其价值，如同保险单那样，印花可以通过邮局购买。当然印花的成本会被规定在合理的水平上。根据我的理论，印花大致等于货币的利息率超过资本边际效率的部分，在这里，资本边际效率是指与充分的就业状态相适应的新投资量相对应的资本边际效率。格塞尔所建议的实际成本为0.1%，相当于每年5.4%。这个数字在现有的条件下显然过高，但是正确的数值应该随着时间的不同而不同，只有通过不断地测试才能达到正确的数值。

加印货币所体现的思想是合理的。的确，可以在实际中找到实施这种办法的可能。但是还存在很多格塞尔所没有面对的困难，尤其是他没有意识到货币并不是唯一具有流动性升值的东西。而实际上货币的流动性升值与其他物品是不同的。区别在于货币的流动性升值要大于其他物品的流动性升值。所以如果通过加印系统来使得流通中的货币失去它的流动性升值，那么就会

《拉克瓦纳山谷》，美国画家乔治·英尼斯绘于1856年。这幅画是由特拉华、拉克瓦纳和西部铁路公司委托绘制的。与其说是在赞美自然，不如说是纪念美国工业时代的到来

出现一系列的代替物——银行货币、随时可偿还的债权、外国的货币、珠宝和贵金属，以及其他物品。我已经提到过，存在某种时期，人们都想拥有土地的所有权而不管土地的收益，结果导致利息率的上升。尽管在格塞尔的系统中，这种可能性已经通过土地国有化而被消除。

七

我们在上面讨论的理论实际上都指向有效需求的构成，它取决于投资诱导的充足与否。然而这不是新的事物，不能把失业的弊端归因于其他构成要素不充分（即归因于消费倾向的不足）。但是对这种经济弊端的可选择解释，并不受古典学派经济学家的欢迎。它在16世纪和17世纪只起到很小的作用，只是在相对较近的时代才形成聚集的驱动力。

尽管对消费不足的抱怨是重商主义思想占据的次要位置的方面，但是赫克歇尔教授还是列举了很多例子。那就是他所谓的“根深蒂固的思想，即奢侈有益，节俭有害。事实上，节俭之所以被看作失业的原因，是因为两个原因：一是因为人们相信随着没有进入交换中的货币数量的增加，人们的实际收入是减少的；二是因为储蓄被认为可以把货币从流通中抽离出来”。1958年，拉菲马斯在《使国家繁荣的贵金属》一书中，谴责了那些反对使用法国丝织品的人，因为所有对法国奢侈品的购买都会为贫穷的人创造生计，而守财奴则会使这些贫穷的人失去谋生之道而使他们的生活变得非常困难。在1662年，配第为“娱乐业、奢华的节目和修建凯旋门等”辩护，认为这些活动的成本最终还是要回到酿酒师、面包师、裁缝和鞋匠等人的口袋里。福特雷为“过量的服装”辩护。施勒特（1686年）不赞成节约，并声明他希望人们所穿的衣服要更加讲究一些。巴尔邦（1690年）这样写道：“挥霍浪费是一种坏习惯，它不利于个人，但并不是不利于商业的发展……贪婪是一种罪恶，它对于商业和个人来说都不是有利的。”1695年，卡里也这样认为，即如果每个人花费的开支都比较多，那么每个人都可以获得比之前多的收入，

"同时可能以比较富裕的状态生活"。

但是，经过伯纳德·曼德威尔的《蜜蜂的寓言》一书的大肆渲染，巴尔邦的观点变得流行起来。这本书在道德科学的历史中名声不是很好，在1723年，它被英国的中艾塞克斯的陪审团认为是一本有伤风化的书。据记载，只有一个人为这本书说过好话，他就是约翰逊博士，他认为这本书没有使他迷惑，而是"使他的眼睛睁开了，从而清楚地看到真实的生活"。关于这本书不好的地方，莱斯利·斯蒂芬在《全国名人字典》已经做了概括：

曼德威尔的书引起公众的愤怒，在该书中，关于道德的讽刺性系统通过巧妙的论述变得非常具有吸引力……他认为通过支出的增加会使经济更加繁荣，储蓄的减少无法实现经济的繁荣，这个理论可以被看作迄今为止尚未绝迹的经济谬论之一。假如人们的愿望基本上都是邪恶的，就会让人产生邪念，同时又接受一般的意见，即财富是"公共的福利"，他很容易地指出所有的文明都是向着邪恶的方向发展……

《蜜蜂的寓言》开篇是一个寓言诗——"满是抱怨的蜂群或变成诚实的骗子"。诗中描述了一个富裕社会中令人吃惊的突变——所有公民都突然中止奢华的生活，国家也开始削减军备开支，储蓄的好处因此显示出来：

所有的荣誉都无法让人知足，
只希望具备该有的生活、器具。
掮客把制服搁置在商号里，
他们高兴地告别了四轮马车；
为还钱，他们把乡间别墅卖掉，
还卖掉富丽堂皇的整套马匹。
众蜂远离虚伪的价值与骗术，
他们在国外已经不再设防御；
众蜂讥讽异国蜜蜂自命不凡，

讥讽以战争获取的空洞虚荣。
傲慢的克洛伊为了生活奢华，
一度逼迫她丈夫去抢劫国家。
而如今她把所有的家具变卖，
靠着劳动挣钱来维持生计，
年复一年都只穿耐磨的布衣。

那么，这样做的结果如何呢？

土地和房屋的价格迅速回落，
雄浑瑰丽的殿宇宫墙开始贬值；
就像底比斯宫殿被充当赌注，
寻求出租；
而身处殿堂的众神虽曾经欢欣，
如今却甘心被焚，
也不希望目睹门上简陋的镌铭
讥讽那被众神所憎恨的虚荣。
建筑业也基本上全都被废弃，
所有人都不想雇用建筑工匠。
没有一个测绘师声名远播，
石匠和雕刻匠也都隐姓埋名。
压抑欲望的众蜂在好好学习，
不学怎样花钱，而学如何节约。
蜜蜂数量减少到敌国的百分之一，
尽管无法抵挡众仇家的骚扰，
仍英勇地与其劲敌顽强抗衡。
直至最后一刻，他们才想撤退，
或死于战斗，或与国土共存。

《海岸的马车》，雅各布·马里斯绘于1885年。荷兰人多地少，农业资源贫乏，是欧洲人口密度最大的国家。但是荷兰也是世界农业强国，在渔业方面，荷兰也在国际市场上占有举足轻重的地位

所以，“道德”是：

单靠它不能使国家生存，
想要恢复过去的美好光景，
既要致力于节俭，
又要致力于国计民生。

从在寓言之后的评论，我们可以看出上述的观点并非没有理论基础：

这个节俭的经济被很多人称之为储蓄，在普通家庭中，是最常用来增加地产的方法。而不论这个国家是贫穷的还是富裕的，如果人们认为可以实行同样的方法增加国家财富，那么对整个国家来说，就会产生与寓言相同的影响。例如，有人说英国人都像邻国的国民那样喜欢储蓄，那么英国应该会比现在富裕。我认为此说法没有道理[1]。

相反，曼德威尔的结论总结如下：

使一个国家繁荣的方法就是给每个人提供被雇用的机会。为了实现这个目标，政府首先要鼓励和提倡发展制造业、技术业和工艺品制造业；其次是鼓励农业和渔业及其分支部门的发展，使全部土地都能像人一样，各尽所能。正是这样的政策，而不是限制奢侈、提倡节俭的规章制度，才能让国家繁荣。因为如果黄金和白银的价格上升或者下降，社会中的所有就业量将主要取决于土地的果实和人们的劳动力。将二者结合起来，才是比巴西的黄金和玻利维亚的白银更为可靠、现实的财富。

毫无疑问，两个世纪以来，这种奇怪的观点受到经济学家的指责。他们认为，按照他们的理论，除了个人或者国家可以实行最大可能的节俭和节约之外，找不到任何更为合理的补救方法。配第的“娱乐、宏伟的展示、凯旋门等”的观点被格拉斯通学派的理财方法所代替，国家没有实力开办医院、创办广场和建豪华大厦，甚至都不能保护古代的纪念碑，更不用说发展音乐和话剧事业了，所有的这些都只能指望私人慈善部门或者资金实力雄厚的人的资助。

直到马尔萨斯的晚年时期，也就是说，在大约1个世纪之后，这个理论才出现在上流社会中。有效需求不足的概念已经作为对失业现象的一种科学解释，慢慢有了一定的地位。由于我在论马尔萨斯的书中已经对这个问题进行

[1] 比较古典学派的创始人之一亚当·斯密的说法，“对每个私人的工业来说，都有自己的精明的办法，从而对整个英国也不是愚蠢的方法。”——这些话很可能是对曼德威尔的那些话来说的。

了详细的论述，所以在这里只引用几段具有代表性的就足够了：

几乎在世界的每个地方，我们都可以看到没有应用的大量闲置的生产力，我们把这种现象解释为：由于实际产品分配存在问题，继续生产缺乏足够的动力……我坚持认为，迅速积累的尝试，必然意味着非生产性消费的大量减少，通过对平常生产动机的大量调整，必定会在财富增长尚未成熟的时候遇到阻碍……但是，如果积累财富的尝试会偶然地引起这种劳动力和利润之间的区分，并破坏未来积累的动机和力量，从而破坏维持和雇用增加的人口的力量，那么我们就不能承认这种尝试是能够积累的，或者储蓄太多，这些也许是真正对国家不利的。

问题是这种资本的停滞，以及后来所发生的来自增加的生产中对劳动力需求的停滞，在对国家没有害处的时候是否会发生？在这里所说的增加的生产与非生产性的消费之间不成充分的比例关系。如果非生产性的消费与社会的自然过剩成适当的比例，那么就可以保持续不断的生产动机，表现在劳动力需求方面，就是既阻碍了生产开始时的扩张，又阻止后来生产的突然缩减。那么，这种情况是否比第一种情况要好呢？如果答案是肯定的，那么节俭是否会对生产者有利而对国际不利呢？对于生产动机不足的情况，如果资本家增加了生产性的消费，那么这在某些时候是否是恰当的对策呢？

亚当·斯密曾经说过，节俭使资本增长，他还说过，每个节俭的人都是公众的恩人，财富的增长取决于生产是否超过消费。毫无疑问，此说法大体上是正确的……但是显然也不是所有的理论都是正确的，例如储蓄原则，如果储蓄超过了一定的度，就会摧毁生产动机。如果人们都满足于最简单的食物、最朴素的服饰和最简陋的住房，那么可以肯定的是，其他需求（比如食品、衣服和住所等）就不会存在……两种极端的情况是很明显的。所以，其中必然会存在中间点，在该点上，虽然政治经济的资源不能肯定存在该点，但是在考虑了生产力量和消费意愿之后，对财富增加才具有最大的诱导力量。

据我所知，在所有这些有能力的聪明人所提出的观点之中，在我看来，萨伊的观点是与这些理论直接相左的，与事实最不符的。他提出了新的规则，认为商品之间都是具有联系的而与消费者之间是没有关系的。如果除了面包和水之外，对其他商品的消费都停滞半年，那么大家不禁要问，对商品的需求会变成什么样子呢？商品就会堆积如山。这种情况一旦发生，就需要很庞大的市场。

然而，李嘉图对马尔萨斯的话却充耳不闻。他们之间争论的最后反响可以在约翰·斯图亚特·穆勒关于工资基金理论的探讨中找到[1]，这个理论在驳斥马尔萨斯的晚期思想方面起了很重要的作用。当然他本人也是在这种讨论中逐渐成长起来的。穆勒的继任者们反对其工资基金学说，但却忽视如下事实，即穆勒对马尔萨斯学说的驳斥是依赖于其工资基金学说的。这些继任者所采用的方法就是不把这个问题看成是经济问题，这并不是说这个问题已经解决了，而是他们不再提这个问题，这些问题就从争论中消失了。凯恩克洛斯先生从维多利亚时代搜集这个问题的来龙去脉，但是结果可能不是期望的那样，极可能收效甚微。消费不足的理论直到1889年穆莫瑞和霍布斯的《工业生理学》一书才又重新出现，50年来，霍布斯一直在追求这种具有首要意义的学说，虽然他付出很多努力，但还是没有撼动正统经济学家的地位。尽管今天人们已经淡忘了这本书，然而在某种意义上来说，这本书的出版却标志着经济思想新纪元的开始[2]。

《工业生理学》是霍布斯与穆莫瑞合作完成的。霍布斯曾这样描述过该书的写作过程：

直到19世纪80年代中期，我的经济学思想才开始形成。虽然亨利乔治反对土地价值的战斗和早期社会主义团体反对可见的各种压迫的斗争，以及对

[1] J.S.穆勒，《政治经济学》第1篇第5章。在穆莫瑞和霍布斯的《工业生理学》一书中，有关于这个穆勒所提出的理论的最重要、最透彻的讨论，尤其是这本书中有对穆勒所提出的原则“对商品的需求并不是对劳动力的需求”的讨论（马歇尔对工资基金理论的讨论虽然不是很令人满意，但是他在竭尽全力对其进行解释）。

[2] J.M.罗伯森，《储蓄的谬论》，出版于1892年，该书的出版得到了穆莫瑞和霍布斯的支持。但是这不是一本具有重要意义的著作，因为其缺少《工业生理学》一书中所具有的透彻和直觉。

1865年，《画报伦敦新闻》刊载的版画，展现了伦敦底层人民的悲惨生活

伦敦贫穷现象的揭露都给我留下深刻的印象，但它们没有在政治经济学方面动摇我的信念。我的信念的动摇可以说来自偶然的接触。当我在艾克塞特的一所中学教书时，我与一个叫穆莫瑞的商人建立了良好的私人关系，他也是著名的登山家，并发现了通往马特洪恩山峰的新道路，但是他在试图登上喜马拉雅山的南加帕特山峰时遇险身亡。不用说，我和他的交往并不是建立在这一运动的基础上。但是他也是思想上的攀登者，他具有独特的眼光和傲视学术权威的态度。这个人和我争论过关于过度储蓄的问题，他认为过度储蓄应该为不好的贸易时期中资本的利用不足和劳动力的利用不足负责。很长一段时间以来，我都在用正统的经济学武器来反对他的观点。但是最后他说服了我，我随后和他合作发表了关于过度储蓄观点的著作《工业生理学》，这本书在1889年出版。这是我的异端生涯的第一步，我当时没有意识到该书产

生的影响会如此之大。当时我刚刚辞去中学教师的职务，开始在大学讲授经济学和文学。另外，使我感到惊讶的是，伦敦课程委员会拒绝让我教授政治经济学。我后来才知道这是由于一个读过我的经济学著作的教授的干预而造成的，因为这名教授认为我的理论同试图要证明地球是方的是一样的不合理。如果所有的储蓄都用来增加资本结构和工资基金，那么有用的储蓄数量怎么会受到限制呢？明智的经济学家痛恨这个学说，因为这个学说试图找到所有工业进步的来源[1]。另一个有趣的个人经历让我有一种负罪感。尽管我被禁止不能在伦敦教授政治经济学，但是我被牛津大学的课程普及运动所带来的自由所允许，能够在这里授课，也允许去外省讲学，但是要把我自己的演讲限定在关于工人阶级的实际问题方面。当时有一个慈善组织在计划进行一场关于经济学科的演讲运动，并邀请我准备一堂演讲。我表达了愿意接受邀请的意愿，但是后来，突然在没有任何解释的情况下，该组织就撤销了对我的邀请。即使在这样的情况下，我还是没有意识到被撤销邀请的原因是我怀疑无限节约这种美德。我已经被视为经济学界的异类。

在这本早期著作中，霍布斯和其合作者以更为直接的方式对古典学派的学说进行了批评（霍布斯本人也是在古典学派的影响下成长的），这种批评的方式比霍布斯后期的作品要更加直接。由于这个原因，同时因为这是他第一次披露自己的理论，所以我们不妨摘录其中的一些内容，以表明这两位作者的批评和直觉的重要性及充分性。在他们的著作的序言中，所攻击的结论的自然属性如下：

储蓄使个人和社会富裕，消费使个人和社会贫穷。可以用下面一句话来概括表达，即对货币的有效爱好是一切经济利益的源泉。储蓄不仅可以使节俭的本人致富，而且可以提高工资，给失业者工资，使各方面都得到好处。

[1] 《工业生理学》第26页，霍布斯以不恭敬的语气这样写道：“节俭是国家财富的源泉，一个国家越是节俭，它就会变得越富有。这对于所有的经济学家来说都是相同的认识。很多经济学家都推崇无限制的节约，认为这是一种道德上的尊严。在他们的歌声中，只有那些道貌岸然的曲调才受公众的欣赏。”

从每天的报纸到最近出版的经济学著作，从教堂讲坛到下议院，这个结论不断地被重复，甚至如果有人对此提出怀疑，就好像亵渎了神灵。然而，一直到李嘉图著作问世并否认了这种原则，被大多数的经济学说所支持的受到教育的人们还都认同这种学说，这种学说之所以被人们接受，是因为他们不反对已经流行的工资基金学说。现在工资基金学说正在分崩离析，但是该学说还能存在的原因只是由于坚持这个学说的人的声望比较高。经济学上对它的批评都集中在细节方面，而没有碰触到这个理论的主要结论。我们的目的在于表明这些结论是不能成立的、储蓄的习惯可能会实施过度、这种储蓄的实施过度会使社会变得贫穷，使工人失业，降低工资，并使商业的衰退笼罩在工商业的世界……

生产的目的是向消费者提供“效用和方便”。从对原材料的初步处理，一直到它能够作为一种效用或者方便而被消费者所消费，这个生产过程是连续不断的。资本的唯一用处就是有助于这些效用和方便性的生产，所使用的资本总量与人们所消费的每天或每周的效用或方便性的总量是不同的。储蓄虽然能够增加现有的总资本，但是同时它也能减少所消费的效用和方便性的数量。因此储蓄的习惯过度会引起资本的积累超过实际的需求量，这种资本过剩会以一般的生产过剩的形式存在。

在这一段话的最后一句，出现了霍布斯错误的根源，即他认为使实际的资本积累超过实际的需求量的因素是过度的储蓄行为。而事实上，它是一个由错误的预期形成的次要原因；主要原因是充分就业条件下的消费倾向大于实际需要的资本数量。所以除非预测有错误，否则便不会出现充分就业的状态。然而在一两页之后，在我看来，霍布斯已经说了一半的问题，并且具有绝对的准确性。尽管他仍然忽视利息率和商业的信心可能发生改变的事实，在其论述中假定这些要素是既定的：

因此，我们可以得出结论：自亚当·斯密以来的所有经济学家教给我们的基础都是错误的，这些基础是指每年生产的数量是由总的自然资源、资本和可用的劳动力决定的。相反，尽管生产的数量不能超过这些要素所规定的上限，但实际上，过度的储蓄和相应的总供给超过生产的供给会使生产的数量远远在这个规定的上限之下。换句话说，在现代工业社会的正常状态下，消费制约着生产，而不是生产制约着消费。

最后，霍布斯注意到自己的理论与正统的自由贸易观点的有效性有关联：

我们也注意到，正统的经济学家随心所欲地指责美国和其他实行贸易保护主义的国家为商业白痴，迄今为止所举出的自由贸易论证不能再这样认为了，因为所有的这些都是建立在供给过剩是不可能的假设基础上的。

霍布斯随后所做的论证被认为是不完整的。但是他首次明确地提出这样的事实，即资本不是由于储蓄倾向而出现的，而是由于实际的和预期的消费所引起的需求差而出现的。下面的文字可以表达霍布斯的思想：

可以清楚地看到，一个社会的资本如果没有商品消费的增加是不会以有利的方式增加的……储蓄和资本的每一次增加都要求有立即增加的未来消费与之相适应……我们所说的未来的消费，并不意味着未来的10年、20年或者50年，而是指不久的将来……如果增加节俭或者谨慎的行为能够导致人们现在进行更多的储蓄，那么人们必须同意在将来有更多的消费……由此可见，一个人的节俭行为不会影响全社会的节俭行为，而只是决定总的节俭的一部分是由我来进行还是由其他人来进行。我们将在后面指出，一个社会中一部分人的节俭是如何影响另一部分人的行为的……很多现代经济学家都否认消费不足的可能性。我们是否能够找到使社会出现这种过度状态的经济力量？如果这种经济力量存在，那么商业机制能够有效地阻止这种状态继续出现吗？以下将要说明：第一，在每一个具有高度组织性的工业社会中，总有一种驱动力在起作用，它能够自然地引导节俭行为出现过度；第二，可以断言，商业机制的力量要么完全不起作用，要么不足以防止严重的商业后果……李嘉图用来反驳马尔萨斯和查默斯论点的简要论证，看起来似乎已经被后来的大多数经济学家所接受，认为其理由充分。李嘉图的表述为："生产品总是会被生产品或劳务所购买，货币只是一种中介，一种受到交易影响的中介。所以，增加的生产总是会由相应的增加的购买和消费能力相伴随，不存在生产过剩的可能性"（李嘉图，《政治经济学原理》第362页）。

霍布斯和穆莫瑞知道，利息除了作为对货币使用的支付之外，什么都不是。他们也同样知道，其反对者会宣称存在"利息率的降低，来阻止储蓄，从而恢复生产与消费之间的适当关系"。霍布斯和穆莫瑞回复道："如果利润的下降可以诱导人们减少储蓄，那么这种减少必然是通过两种方式达到的，或者是诱导人们进行更多支出，或者诱导人们减少生产，二者必有其一"。就前者而言，他们认为当利润下降时，社会的总收入会减少，"我们不能想象，当平均收入下降时，个人将被会诱导增加他们的消费量，这是由于人们的节俭所带来的报酬在相应减少才会发生个人增加消费量的事情"。而对于第二种情况来说，"我们的目的绝不是要否认利润的下降是由于过度的供给造成的，也不是要否认利润的下降会阻碍生产；相反，承认这种阻碍作用，恰恰是我们论证的核心"。尽管如此，他们的理论还不是很完备，尤其是他们的理论没有包括自己独立的利息率理论。这样造成的结果就是霍布斯把太多的重点放在了消费不足所引起的过度投资问题上（这里所说的过度投资是指不能获得利润的投资）。而霍布斯没有解释相对较弱的消费倾向有助于引起失业，这是因为相对较弱的消费倾向需要但是却不能得到相应的新投资量作为补偿，即使有时通过盲目乐观也暂时会引起若干的新投资量，但是一般而言，只要预期利润低于利息率所设定的标准，这种新的投资量就不会出现。

自从第一次世界大战以来，各种关于消费不足的异端邪说层出不穷，其中道格拉斯的理论最为出名。当然，道格拉斯的观点之所以有影响，是因为正统的学说不能对他的破坏性的批评提出有效的回复。另外，他对经济相信情况的分析，尤其是所谓的A+B理论，包括了很多故弄玄虚的成分。如果道

1942年，购买战争债券，山姆大叔的第二次世界大战期间的海报

格拉斯把他的B项目限于企业主尚未动用的财政准备金，那么就不会发生对折旧和更换设备的支出行为，那么他的学说就会更加接近真理。但是，即使在这样的假设之下，我们还是必须允许这些准备金能够被其他方向的新投资所抵消，也能够被增加的消费开支所抵消。与正统的经济学家相比，道格拉斯略胜一筹，至少他没有完全忘记当代经济体制中的主要问题。然而他却不能与——在勇敢的异教徒大军中，他只能算是一个小兵，而不是大将——曼德威尔、马尔萨斯、格塞尔和霍布斯相比较，因为这些人凭着他们的直觉，对真理做了一知半解的探究，而没有坚持错误的真理，而道格拉斯虽然得出了清楚的、前后一致的以及较易理解的逻辑的结论，但是都是建立在不符合事实的假设基础上的。

第24章　《通论》可能产生的社会哲学的总结

一

我们的社会具有一个重大的缺点——那就是它不能提供充分就业，对财富和收入的分配也有失公平。本书的理论对我们所生活的社会第一个缺点论述是很明显的。但是在两个重要的方面，也与第二个缺点有关。

在19世纪末期，英国通过采取直接的税收工具，如所得税、超额所得税和遗产税等，在消除财富和收入的差距方面取得很大的成就。很多人希望这个进步继续深入进行下去，但是他们又被两种顾虑打消了积极性。部分原因是担心如此下去会助长人们的偷税漏税之风，并因此削弱人们愿意承担风险的动力。但是我认为最主要的还是受到一种观念的影响，那就是资本的增长取决于个人的储蓄动机的强弱，而大部分的资本增长主要是取决于富人出自过剩收入的储蓄。我们的分析没有受到第一种顾虑的影响，但是在面对第二种顾虑的时候，我们或许应该考虑修改我们的观点。因为我们已经看到，在达到充分就业之前，资本的增长并不是全部取决于较低的消费倾向，而是相反甚至受到较低的消费倾向的阻碍；只有在充分就业的状态下，较低的充分就业才能有利于资本的增加。并且经验告诉我们，在现有的条件下，机构和偿债基金所引起的储蓄是充分的，通过对收入进行重新分配来达到提高消费倾向的方法或许有助于资本的增长。

一般来说，公众会觉得征收遗产税是要为国家资本财富的减少负责，公众对这个问题的困惑还有待阐述。假如国家将它征收的遗产税用于普通开支，那么收入或者消费所面临的税收会相应减少，当然在这种情况下，征收高额的遗产税这种财政政策就具有增加社会消费倾向的作用。可是按照惯例，消费倾向的增加（除去充分就业的情况）一般会同时引起投资诱导的增加，所以公众的一般推论往往与实际情况相反。

据此我们得到如下结论，即在当前条件下，财富的增长并不是人们所认为的那样，通过富人的节制实现的，这种节制很可能起到负面作用，甚至会阻碍财富增长。因此，关于财富极大的不均衡的主要社会评判就站不住脚了。我并不是说就没有特殊情况。但是我们的理论确实清除了其中一个最重要的理由，正是这个最重要的理由，才使我们必须谨慎从事。这一点特别影响我们对遗产税的看法，因为有些支持收入不平等的论据不适用于遗产的不平等。

就我本人而言，相信的确存在社会的和心理的理由能够为收入和财富的不均等辩解，但是却不能解释今天较大的社会贫富差距。有价值的人类活动需要赚钱的动机和私人财富所有权的环境才能完全生效。而且由于存在赚钱和私人财富增加的机会，危险的人类活动可能变得相对来说没有恶意，可是如果人们不能得到满足，那么他们就会以残暴的方式、不顾一切地追求个人权利或其他形式的狂妄自大。我们宁可看到一个人对其银行存款为所欲为，也不愿看到他对同胞为所欲为。虽然前者有时是后者的一种手段，但有时前者也是后者的一种替代。但是没有必要使得游戏的筹码这么大，以对人们的这些活动进行模拟。只要人们习惯了这种活动，那么即使筹码较小，也可以达到目的。人的本质和管理它的任务绝对不可以混为一谈。虽然在乌托邦式的理想社会中，可以通过教育、感化和熏陶来使持有普通财富的人们对这些筹码没有兴趣，但是实现可能性不高。最明智和最谨慎的做法还是允许这些赚钱的活动在一定的规则和范畴内存在，只要一般的社会公众或者具有重要意义的社会部分不会沉溺于这种赚钱的激情之中即可。

二

然而，从我们的论证中可以得到第二个更为重要的推论。那就是关于未来财富分配的不均，或者说，我们的利息率理论。对高的利息率进行适当地修改被认为是提供充分储蓄诱惑的必要举措。但是我们已经表明，有效需求的程度必然取决于投资量的大小和较低的利息率所引起的投资量的大小，前提是只要控制利息率不超出某点的范围。因此，我们最好的优势就是减小利息率到一点，且在该点上，利息率等于充分就业条件下的资本边际效率。

这个标准将会导致一个比现行利息率更低的利息率；如同我们对与增加的资本量相适应的资本边际效率所进行的猜测，如果较低的利息率或多或少对继续保持充分就业有用，那么利息率可能会比较平稳地下降，除非包括国家在内的社会消费总倾向发生变化。

我相信对资本的需求具有非常严格的限制，因为很难把资本量增加到一点，且在该点上，资本边际效率降低到非常低的水平。这并不意味着资本工具的使用所耗费的成本很小，而仅仅意味着从资本工具中所获得的收入在补偿了它的折旧和老化的费用，再减去偿付风险以及技能和决策运用的费用之后，剩下的属于资本所有者的收入就不会那么多了。总之，耐用品在其生命周期中的总收入正好可以补偿它们生产的劳动力成本加上负担风险，以及施行技能和管理等所必须付出的代价。

尽管这种情况与某种程度的个人主义非常符合，但是这并不意味着食利者会自动消失，资本家利用资本稀缺性的价值来扩大其影响力的现象也不会自动消失。当前的利息率与土地的地租类似，都不是牺牲的报酬。但是正如土地的稀缺性是其内在价值的本质一样，资本稀缺性也是资本能够获得利息的原因。然而土地的稀缺具有真正的内在原因，资本稀缺就不具有真正的内在原因。这里所说的真正原因是一种真正的牺牲，这种牺牲可以通过利息率的形成所得到的报酬而得到满足，如果没有利息作为报酬，那么长期中这种牺牲就不会存在，除非个人的消费倾向能够证明具有这样的特点，即充分就业状态下的净储蓄在资本变得有充足的剩余之前就被使用完毕。但是即便如此，国家机构仍然可以使社会的储蓄维持在一定水平上，在该水平上，资本的增长能够达到一点，在该点上，资本就不具有稀缺性了。

所以，我认为资本主义制度中存在的食利阶层是一种过渡现象，当它完成自身的历史使命时，就会退出历史舞台。随着食利阶层的消失，资本主义制度将会大为改观。除此之外，该主张还有一个好处：那就是食利阶层或投资阶层不是突然消失的，就像我们在英国看到的那样，它们的消失是一个逐渐而漫长的过程，其中也需要革命。

因此，我们实际中的目标就是增加资本量到一定程度，直到资本变得不再稀缺。所以此时投资者不能收取渔翁之利，我们也可以建立直接的税收制度使金融家、企业主（企业主当然对自己的产品很感兴趣，他们的劳动力能以比现在便宜的价格得到）和类似的人物的智慧、决策，以及行政管理等能力都在合理的报酬下为社会服务。

与此同时，我们必须认识到，只有经验才能告诉我们体现于国家政策之中的群众意愿应该在何种程度上直接用于投资诱导的增加和补充。在不妨碍我们在一两代人的时间范围内达到剥夺资本稀缺性的目的，需要在多大程度上刺激平均的消费倾向。消费者倾向很可能因容易受到利息率下降的影响而变得更加大，那么就可以在比现在较多的资本积累的条件下达到充分就业。在此情况下，对高收入和继承权征收较高税收的方案可能会遭到反对，因为只有此方案使资本积累减小到小于当前的水平，才能导致充分就业的出现。我拒绝承认上述结果出现的可能性。在此情况下，一般人很着急预测人们对环境变化会做出什么反应。然而如果在资本积累比现在的积累要小的情况下就达到充分就业的状态，那么此时我们突出的问题至少已经得到解决了。至于用什么方法限制当代人的消费达到什么样的程度，以便让现在生活的人限制其消费，为人们创造一个充分就业的环境，则是另外一个需要单独进行分析的问题。

三

相对来说，本书在其他方面的理论是比较保守的。因为对那些仍然受到个人影响的问题来说，某种程度的中央调控具有重要意义，还有其他未受国家管理的情况。国家将不得不对消费倾向施加引导性的影响，部分是通过国家的税收方案影响消费倾向，部分是通过利息率，部分是通过其他方式。而且似乎有一点看起来是不可能的，那就是银行政策对利息率的影响不足以充分到能够决定最优的投资量。因此我认为只有综合性从社会总体上控制投资量，才能达到接近充分就业的状态。当然这并没有排除所有国家当局和私人的主动性相结合起来的妥协和折中的办法。但是除此之外，没有明显的例子证明实行国家社会主义的经济系统包括社会大部分的经济生活。对于国家而言，最重要的并不是生产工具的国有化，如果国家能够确定用于增加生产工具的资源总量是多少，以及那些拥有资源的报酬应该是多少，那它就是尽到了职责。而且实行社会化的必要步骤可以逐渐地介绍，而不用打破社会的一般传统。

我们对人们所接受的古典经济学理论的评论，主要不是发现这种理论逻辑上的错误，而是指出这些理论所依赖的假设是非常少见的或者是根本就不存在的，这样造成的结果就是这种理论不能解决真实世界的经济问题。但是如果我们对建立与充分就业相适应的总产量的中央控制与实际情况是非常接近的、成功的，那么古典学派的理论从我们所研究的这点出发，就可以重新又回到他们的理论。如果我们假定产量是给定的，即假定产量是由古典学派所分析的驱动力决定的，那么对古典学派做出的分析就不会出现任何反对。古典学派的分析包括私人对自身利益的追求将决定生产什么、生产要素之间用什么样的比例混合以用于这种产品的生产，以及最后产品的价值如何

1875年由柯里尔和艾夫斯绘制的平版印刷画。从金融区向北眺望纽约百老汇公园街，中间是美国邮局，左边是圣保罗教堂

在生产要素之间进行分配等。再者，虽然我们在节约问题上与古典学派的分析不同，但对古典学派关于在完全竞争和不完全竞争的情况下，私人利益和公共利益的一致程度却没有意见。所以，除了通过中央调控的必要性来实现消费倾向和投资诱导之间的协调之外，我们没有更多的理由来使经济生活社会化。

具体来说，我没有任何理由认为现在的经济系统比较严重地误用了正在使用中的生产要素。当然其中存在预见的错误，但是这些错误即使在中央集中管理之下也是难免会犯错误的。当1 000万有能力工作的人愿意工作，而只有900万人找到工作，被雇用时，没有理由认为这900万人工作不力。人们对现行经济系统的抱怨并不意味着这900万人应该被安排各种不同的工作，而是这些任务其实也可以让剩下的100万人来完成。现行经济体制的失败并不在于决定实际的就业方向上，而是在于决定实际的就业量上。

格塞尔认为补充古典学派的理论缺口所造成的结果不是把"曼彻斯特制度"清除掉，而是指出如果需要经济实现它全部的生产潜力，那么经济驱动力的自由运行所需要的自然环境是什么。这一点我也同意。当然，保证充分就业所必需的中央调控包括传统的政府管理功能的扩展。而且现代的古典学派也提醒人们注意，经济驱动力自由运行所需要的各种条件也许需要进行控制或引导。但是仍然会留下很大的空间为个人的原创性和责任心发挥作用提供舞台。在这个空间中，个人主义的传统优势依然有用。

在这里我们要努力提醒自己，这些优势是什么。一部分是效率高的优势——这是分散化和自我利益所带来的好处。现在，决策分散化和个人的责任心的优势比19世纪时所具有的优势要大。对利息率的吸引做出的反应可能有更加深远的影响。但是总的来说，如果能够除掉其缺陷和弊端，那么个人主义还是个人自由的最好保障。在这个意义上，与其他经济系统相比，个人主义能够扩大个人的选择所发挥作用的空间。个人主义也是各种不同社会生活的最好保障，各种社会生活来源于个人选择空间的扩大。个人主义的损失是所有同质损失中最大的，因为这种生活的多样性保存了传统，这种传统体现了各代人最容易得到和最成功的选择，它使现实生活丰富多彩。由于它是经验、传统和想象的结晶，它也是改善未来的最有力的工具。

政府功能的扩大包括调节消费倾向和投资诱导，使它们之间互相适应。这在19世纪的公共学家或当代的美国财政学家看来是一种对个人主义的严重侵犯。与之相反，我要为这种政府功能的扩大辩护，因为它不仅是避免现行的经济形态毁灭的唯一可用的方法，而且也是个人的积极性得以充分发挥的条件。

因为如果有效需求不足，不仅公众难以忍受浪费资源的行为，而且那些想要利用这些资源的私人企业主势必要承担失败的可能。企业主所玩的这种赌博具有很多数值为零的筹码，如果所有参与者都有精力，并都希望玩遍所有的纸牌，那么他们最后都是输的。迄今为止，世界财富的增长量总是低于个人储蓄的增加，两者之间的差额正好由那些企业主的损失所弥补，尽管他们有胆识、有热情，但是他们缺乏足够的技术和异常的好运气。不过如果有效需求量足够大，情况就完全不同了，哪怕这些企业主只具有一般的技艺和运气，也足以赚钱了。

当今集权国家的制度牺牲了效率和自由，但是似乎解决了社会失业问题。可以肯定的是，世界不会长时间地忍受失业的现象，除了短暂的兴奋期外，在我看来，会不可避免地与现在的资本主义形式的个人主义产生联系。但是在保证效率和自由不变的情况下，我们对失业问题进行正确的分析就可以治愈这个顽疾。

四

前面我曾经提过，新的经济系统可能比旧的经济系统更有利于和平。这里有必要再次强调这一点。

战争的发生是由很多原因造成的。独裁和其他与之类似的人之所以发动战争，是因为他们觉得战争在期望上至少是令人兴奋和愉快的事情，而且他们发现在战争情况下很容易利用人们天然好斗的特征。但是在这之上，使他们喜欢战争烟火的正是经济原因所引发的战争。也就是说，在人口的压力和为市场的竞争而进行的战争。在19世纪，第二个战争的原因起到了决定性的作用，本文所讨论的正是这个因素。

在上一章已经指出，如果像19世纪后半期一样，在国内自由竞争和国际黄金本位制的影响下，除了通过市场的自由竞争，政府没有可以利用的方法来医治国内的经济问题。因为除了改变国际收支的贸易顺差之外，其他所有的方法都不能解决长期的、间断性的失业问题。

所以，尽管经济学家习惯了为现行的国际经济系统喝彩，因为它既提供了国际劳动力分工的好处，同时又能够使不同的国家之间的利益相互协调。但是这种系统中隐藏着不好的影响。这些政治家根据常识和对经济事态发展实际情况的正确理解，相信如果一个传统的富裕国家忽略了市场竞争，其繁

1874年，美国铁路闪电特快列车离开交汇处。在19世纪，铁路作为一种交通和货运方式，对世界产生了重大影响，小规模的地方经济被串联到一起，产品的生产也得以实现规模化

荣终将终结。但是如果一个国家认识到了通过其国内政策能够给它们提供充分就业（我们必须补充，如果他们也能在人口的趋势中找到均衡），那么就不会有重要的经济原因，从而使一个国家的利益与另一个国家的利益相冲突。在适当的条件下，这里仍然会存在国际劳动力分工和国际借贷分工的余地。但是不会存在迫切向外推销本国的商品却拒绝接受外国商品的动机，这不是因为要使国家之间的收支相抵，而是为了有意打破贸易均衡，以发展有利于本国的贸易差额。国际贸易将不再是为了维持国内的就业而竭力向国外推销自己的商品。限制进口外国的商品这种政策如果成功了，也仅仅是把劳动力的失业问题转移到另外一个国家，但是国际贸易应该是一种互惠互利的行为，是各国自愿地、不受任何限制地进行商品的交易。

新奥尔良港口繁忙的场景，1884年彩色平版印刷画。新奥尔良位于路易斯安那州，内河船在河堤上卸下棉花和其他货物，新奥尔良港也是美国南部一个较大的内河港口

五

实现这些思想是不着边际的吗？这种思想与管理政治社会改革的动机难道不具有联系吗？这些思想所反对的利益比它们为之服务的利益要更强烈更明显吗？

在这里，我并不是尝试给出答案。采取什么样的方法才能把这些不同的特征表达出来，并用实际方法来阐述它们可能具有的作用，是需要大量篇幅的。但是如果这些思想是对的——作者在写作时所必须依据的——那么我预言，对它们未来的潜力大小进行否定判断将是一个错误。现在，人们总是渴望得到一个更为基本的诊断，尤其是做好了接受这个诊断的准备。渴望进行一下尝试，如果它是合理的。但是除了这些当代的情绪，经济学家和政治哲学家的思想不管是对还是错，其影响之大总会超过常人的理解。事实上，统治世界的就是这些思想。从事实际工作的人认为自己不会受到任何理性的影响，却总是成为很多已故经济学家的奴隶。掌握政权的狂人，只服从上天的命令，实际上他们的狂热往往是来自数年前某个学者的思想。我相信，既得利益集团的力量与思想逐渐渗透的力量相比，前者被人们夸大了。事实上它并不比思想逐渐渗透的力量大，当然这并不是指马上，而是指经过一段时间之后。因为在经济和政治哲学的领域，能在25岁或者30岁之后接受新理论的人并不是很多，所以公务员、政客甚至煽动者所用的那些理论都不可能是最新的。但是不论是好是坏，真正危险的不是既得利益，而是思想。